季羡林·沉思录

季羡林
远游沉思录

季羡林 著

中国财经出版传媒集团
中国财政经济出版社

图书在版编目（CIP）数据

季羡林远游沉思录 / 季羡林著． ― 北京：中国财政经济出版社，2017.11

（季羡林沉思录）

ISBN 978-7-5095-7793-6

Ⅰ.①季… Ⅱ.①季… Ⅲ.①游记-作品集-中国-当代 Ⅳ.①I267.4

中国版本图书馆CIP数据核字(2017)第252049号

出 版 人：黄　琦
项目统筹：党海鹏　王芝文
策 划 人：崔岱远
选 编 者：王佩芬
责任编辑：崔岱远
特约编辑：李　强　李　淼
装帧设计：刘　洋
责任印制：刘志豪
推广总监：张丽萍
责任校对：杨瑞琦

中国财政经济出版社 出版

URL: http://www.cfeph.cn

E-mail: cfeph@cfeph.cn

（版权所有　翻印必究）

社址：北京市海淀区阜成路甲28号　邮政编码：100142
营销中心电话：88190406
北京新华印刷有限公司印刷　各地新华书店经销
710×1000毫米　16开　19.5印张　270 000字
2017年11月第1版　2017年11月北京第1次印刷
定价：39.00元
ISBN 978-7-5095-7793-6
（图书出现印装问题，本社负责调换）
本社质量投诉电话：010-88190744
打击盗版举报热线：010-88190414　　QQ：447268889

目录

祖国盛景

石林颂	3
换了人间——北戴河杂感	8
西双版纳礼赞	11
访绍兴鲁迅故居	16
春城忆广田	21
火焰山下	29
在敦煌	34
登黄山记	51
星光的海洋	68
富春江上	72

观秦兵马俑	78
别稻香楼——怀念小泓	86
深圳掠影	93
登蓬莱阁	97
游石钟山记	103
登庐山	106
法门寺	110
虎门炮台	115
洛阳牡丹	118
延吉风情	122
逛鬼城	126
血浓于水	132

义　工 …… 138
佛山陶瓷厂 …… 141
西樵山 …… 145
发思古之幽情 …… 148

海外风光

山中逸趣 …… 165
歌唱塔什干 …… 170
忆日内瓦 …… 183
五色梅 …… 189
科纳克里的红豆 …… 191
马里的芒果城 …… 195

巴马科之夜	198
琼楼玉宇，高处不胜寒	203
回到历史中去	209
孟买，历史的见证	214
天雨曼陀罗 ——记加尔各答	220
海德拉巴	226
佛教圣迹巡礼	233
德里风光	245
游唐大招提寺	248
下瀛洲	253
日本人之心	257
乌鸦和鸽子	269
雾	272

游兽主大庙	275
望雪山——游图利凯尔	278
别加德满都	283
报德善堂与大峰祖师	286
鳄鱼湖	291
奇石馆	298

祖国盛景

季羡林

石林颂

我怎样来歌颂石林呢？它是祖国的胜迹，大自然的杰作，宇宙的奇观。它能使画家搁笔，歌唱家沉默，诗人徒唤奈何。

但是，我却仍然是非歌颂它不可。在没有看到它以前，我已经默默地歌颂了它许多许多年。现在终于看到了它，难道还能沉默无言吗？

在不知道多少年以前，我就听人们谈论到石林，还在一些书上读到有关它的记载。从那时候起，对这样一个神奇的东西，我心里就埋上了一颗向往的种子。以后，我曾多次经过昆明，每次都想去看一看石林；但是，每次都没能如愿，空让那一颗向往的种子寂寞地埋在我的心里，没有能够发芽、开花。

我曾有过种种的幻想。我把一切我曾看到过的同"石"和"林"有关的东西都联系起来，构成了我自己的"石林"。我幻想：石林就像是热带的仙人掌，一根一根竖在那里，高高地插入蔚蓝的晴空。我幻想：石林就像是木变石，不是一株，而是千株万株，参差不齐，错错落落，汇成一片大森林。我又幻想：石林就像是一堆太湖石，玲珑剔透，嵯峨巉岩，布满了一座美丽的大花园。我觉得，自己创造出来的这些形象都是异常美妙的，我沉湎于自己的幻想中。

然而今天，我终于亲眼看到石林了。我发现，不管我那些幻想是多么奇妙，多么美丽，相形之下，它们都黯然失色，有些简直显得寒伧得可笑了。我眼前的石林完全不是那个样子。

季羡林（中）站在向往已久的石林前

走到离开石林还有十几里路的地方,我就看到一块块的灰色大石头耸立在稻田中,孤高挺直,拔地而起,倒影映在黄色的水面上,再衬上绿色的禾苗,构成一幅秀丽动人的图画。这些石头错错落落地站在那里,从远处看去,就像是一团团的乌云,像是一头头的野象,又像是古代神话中的巨人,手执刀枪,互相搏斗。我兴奋起来了,自己心里想:石林原来是这个样子呀!

然而,过了不久,我就发现,石林也还不完全就是这个样子。

到了石林的最胜处,我看到一块块的青灰色的大石头,高达几十丈几百丈,仿佛是给魔术师从大地深处咒出来似的,盘根错节,森森棱棱,形成了一座巨大的迷宫。这些石头都洋溢着无穷无尽的力量,威慑地挺立在我们眼前。迷宫里面千门万户,窦窈玲珑,说不清有多少曲涧,数不清有多少幽洞。我仿佛走进了古代的阿房宫,"五步一楼,十步一阁。廊腰缦回,檐牙高啄。各抱地势,钩心斗角"。一条条的羊肠小道,阴暗崎岖。一处处的岩穴洞府,老藤穿壁,绿苔盈阶。有时候,我以为没有路了,但是转过一座石壁,却豁然开朗,眼前有清泉一泓,参天怪石倒影其中,显得幽深渺远,恍如仙境;有时候,我以为有路,但是穿涧越洞,猱升蛇行,爬得我昏头昏脑,终于还是碰了壁,不得不回头另找出路;也有时候,我左转右转,上上下下,弯腰曲背,碰头擦臂,以为不知道已经走了多远,然而站下来,定睛一看,却原来又回来了。我就像是陷入了八阵图中,心情又紧张,又兴奋。

但是,在紧张和兴奋中,我并没有忘记欣赏四周的瑰奇伟丽的景色。面对着各种各样的怪石头,我的脑海里映起了种种形象。我有时候想到古代希腊的雕塑,于是目光所到之处,上下左右，全是精美的雕塑，有留着小胡子的阿波罗，有断了一只胳臂的维纳斯，我仿佛到了奥林匹亚神山之上，身处群神之中。我有时候想到"曹衣出水，吴带当风"这两句话，眼前立刻就出现了一幅幅吴道子的绘画，笔触遒劲，力透纸背。一转眼，我眼前又仿佛出现了一座古罗马的大剧院，四周围着粗大的石柱，一根根都有撑天的力量。稍微换一个角度，我又看到南印度海边上用一块块大石头雕成的婆罗门教的神庙，星罗棋布地排在那里。再向前走两步，迎面奔来一群野象，一个个甩起了长大的鼻子，来势汹汹，漫山遍野。然而，眼睛一眨，野象又变成了狮子，大大小小，跳踉游戏，爪子对着爪子，尾巴缠住尾巴，我仿佛能听到它们的吼声。如果眼睛再一瞬，野兽就突然会变成花朵。这里是一朵云南名贵的茶花，那里是一朵北地萻声的牡丹，红英映日，绿萼蔽天。这里是芙蓉花来自阆苑仙境，那里是西方极乐世界里的红莲。只要我心思一转，花朵又转成了人物。仙人骑着丹顶鹤驾云而至，阿罗汉披着袈裟大踏步地走下兜率天……

我左思右想，眼花缭乱。眼前这一片森森棱棱的石头仿佛都活了起来，它们仿佛都具有大神通力，变化多端。我想到什么东西，眼前就出现什么东西。也可以说，眼前出现什么东西，我就想到什么东西。我平常总认为自己并不缺乏想象力。可是今天面对着这一堆石头，我的想象却像是给剪掉了翅膀，没法活动了。我只好停下来，干脆什么都不想，排除一切杂念，让自己的心成为一面光洁的镜子，这一堆鬼斧神工凿成的大石头就把自己的影子投入我这一面晶莹澄澈的镜中。

我现在觉得，倒是本地人民的幻想要比我的幻想好得多。他们是这样说的：有一天，仙人张果老用鞭子赶着一群石头，想把南盘江口堵住，把路南一带变成大海，让村庄淹没，人畜死亡。这时候，正巧有一对青年男女在旷野里谈情说爱。他们看到这情形，就同张果老打起来。结果神仙被打败了，一溜烟逃走，丢下这一群石头，就变成了现在的石林。

这幻想的故事是多么朴素，但又多么涵义深远呀！相形之下，自己那些幻想真显得华而不实、毫无意义了。我于是更下定了决心，再不胡思乱想，坐对群石，潜心静观，让它们把影子投入我心里那一面晶莹澄澈的镜中。

但是，我却无论如何也抑压不住自己的激情，我不能沉默无言。石林能使画家搁笔，歌唱家沉默，诗人徒唤奈何。我既非画家，又非歌唱家，更非诗人。我只能用这样粗鄙的文字，唱出我的颂歌。

1962年1月末在思茅写成初稿

6月11日在北京重写

换了人间
——北戴河杂感

对我来说,北戴河并不是陌生的。解放后不久,我曾来住过一些时候。

当时,我们虽然已经使旧时代的北戴河改变了一些面貌,但是改变得还不大。所以,我感到有点不调和:一方面是各式各样大大小小五颜六色的避暑别墅,掩映于绿树丛中,颇有一些洋气;另一方面,却只有一条大街,路基十分不好,碎石铺路,坎坷不平,两旁的店铺也矮小阴暗,又颇有一些土气。

今年夏天,我又到北戴河来住了几天。临来前,我自己心里想:北戴河一定改变了吧。但是,我却万没有想到,它改变得竟这样厉害,我简直不认识它了。如果没有人陪我同来,我一定认为走错了路。这哪里是我回忆中的北戴河呢?

我回忆中的北戴河完全不是这个样子。

我们就从火车站说起吧。我回忆中当然会有一个车站,但那只是几间破旧的房子,十分荒凉。然而现在摆在我眼前的却是一片现代化的建筑,灰瓦红墙,光彩夺目。车站外还有新建的商店、公共汽车站等等。人们熙熙攘攘,来来往往。在这一瞬间,我感觉到,我回忆中的那个破旧荒凉的北戴河车站已经永远从人间消失了。

走出车站,用洋灰铺的高级马路一直通到海滨。汽车以每小时四五十公里的速度在上面飞驶。两旁的田地里长满了高粱、豆子、老玉米等，郁郁葱葱，浓绿扑人眉宇。我上次来的时候，这一条路还是一条土路；下了大雨，交通就要断绝。我也曾因汽车不能开而被阻一日。这样的事情同今天这样一条马路无论如何也连不起来了。

到了海滨，我那陌生的感觉就达到了顶点。除了大海还有点"似曾相识"之外，其余的东西都是陌生的。上次在这里住的时候，每逢下雨天，我总喜欢到海边上来散步。在海湾拐弯的地方，我记得有一座破旧的亭子似的建筑。周围是一些小饭铺，前面是卖西瓜和香瓜的摊子。我曾在这里吃过几次瓜。远望海天渺茫，天际帆影点点，颇涉遐想，嘴里的瓜也似乎特别香甜。我很喜欢这个地方，现在很想再找到它。然而，我来往徘徊，远望海天依然渺茫，天际依然帆影点点，大海并没有变样子。可是那一座破旧的亭子却不见了。

我并没有感到失望。正相反，我感到兴奋和愉快。因为，即使那一座破旧的亭子再值得留恋，但是同今天宽广马路旁那些崭新的房子比起来，又算得了什么呢？我意识到：北戴河已经大大地变了，必须用新的眼光来看它。

我于是就走上海滩，站在那一块高出海面的大石头上，纵目四望，身后是混混茫茫的大海，眼前是郁郁葱葱的北戴河。右望东山，左望西山，山树相连，浓绿一片，真令人心旷神怡。东山我从来没有去过，现在我看到那里一幢幢的红色楼房，高出丛林之上；万绿丛中，红色点点，宛如海上仙山，引起人美妙的幻想。西山我是去过的，当时印象并不特别好。可是今天看起来，也是碧树红房，一片兴盛气象。遥想山中也有了很大的变化了吧。

北戴河已经大大改变了。

我十分兴奋、愉快。在我们辽阔的祖国的土地上，北戴河只是一个小点。只因它是一个避暑胜地，所以在比较大的地图上才能找到它的名字。然而，小中可以见大。北戴河难道不也可以算是我们祖国的缩影吗？我们祖国的飞跃进步、迅速变化，可以在北京看到，可以在上海、天津、广州等大城市看到，也可以在像北戴河这样小的地方看到。这一件事实充分说明，我们祖国面貌的改变是无远弗届、无微不至的。有人认为这是奇迹，到处去寻找原因。我却只想到毛主席有关北戴河的一首词里面的一句话：

换了人间。

1962 年 8 月 14 日

西双版纳礼赞

在北京的时候,我就常常想到西双版纳。每一想到,思想好像要插上翅膀,飞呀,飞呀,不知道要飞多久,飞多远,才能飞到祖国的这一个遥远的边疆地区。

然而,今天我到了西双版纳,却觉得北京就在我跟前。我仿佛能够嗅到北京的气味,听到北京的声音,看到北京的颜色;我的一呼、一吸、一举手、一投足,仿佛都与北京人共之。我没有一点辽远的感觉。这是什么原因呢?

这原因,我最初确是百思莫解。它对我仿佛是一个神秘的谜,我左猜右猜,无论如何也猜不透。

但是,我终于在无意中得到了答案。

有一天,我们在允景洪参观一个热带植物园。一群男女青年陪着我们。听他们的口音,都不是本地人:有的来自南京,有的来自上海,有的来自湖南,有的来自江苏。尽管故乡不同,方音各异,现在却和睦融洽地生活在一起,工作在一起。在浓黑的橡胶树荫里,在五彩缤纷的奇花异草的芳香中,这些青年兴致勃勃地给我们解释每一棵植物的名称、特点、经济价值。有一个女孩子,垂着一双辫子,长着一对又圆又大又亮的眼睛,双颊像苹果一般地红艳。她浑身洋溢着青春的活力,眼睛里闪烁着动人的光芒。她正巧走在我的身旁,我就同她闲谈起来:

"你是什么地方人呢?"

"福建厦门。"

"来了几年了？"

"五年了。"

"你不想家吗？"

女孩子嫣然一笑，把辫子往背后一甩，从容不迫地说道："哪里是祖国的地方，哪里就是我可爱的家乡。"

我的心一动。这一句话多么值得深思玩味呀。从这些男女青年的神情上来看，他们早已把西双版纳当做自己的家乡。而我自己虽然来到这里不久，也在不知不觉中把西双版纳当做自己的家乡了，我已经觉得它同北京没有什么差别了。

我曾不止一次地听日本朋友说到中国青年的眼睛特别亮，这个观察很细致。西双版纳的青年们，确实都像从厦门来的那个女孩子，眼睛特别明亮。这眼睛不但看到现在，而且看到将来；里面洋溢着蓬勃的热情、炽热的希望和美丽的幻想。

西双版纳是一个"黄金国"，是一个奇妙的地方，是一个能引起人们幻想的地方。到了这里，青年们的眼睛怎能不特别明亮呢？

就看看这里的树林吧。离开思茅不远，一进入西双版纳的原始密林，你就会为各种植物的那种无穷无尽、充沛旺盛的生命力所震惊。你看那参天的古树，它从群树丛中伸出了脑袋，孤高挺直，耸然而起，仿佛想一直长到天上，把天空戳上一个窟窿。大叶子的蔓藤爬在树干上，伸着肥大浓绿的胳臂，树多高，它就爬多高，一直爬到白云里去。一些像兰草一样的草本植物，就生长在大树的枝干上，骄傲地在空中繁荣滋长。大榕树劲头更大，一棵树就能繁衍成一片树林。粗大的枝干上长出了一条条的腿；只要有机会踏到地面上，它立刻就深深地牢牢地钻进去，仿佛想把大地钻透，任凭风多大，也休想动摇它丝毫。芭蕉的叶子大得惊人，一片叶子好像就能搭一个天棚，影子铺到地上，浓黑一团。总之，在这里，各种的树，各种的草，各种的花，生长在一起，纠缠在一起，长呀，长呀，长成堆，长成团，长成了一块，郁郁苍苍，浓翠欲滴，连一条蛇都难钻进去。

这里的水果蔬菜，也很惊人。一棵香蕉树能结成百上千只香蕉。肥大的木瓜，簇拥在一起，谁也不让谁；力量大的尽量扩大自己的身体，力量小的只好在夹缝中谋求生存。白菜一棵有几十斤重，拿到手里，像是满手翡翠。萝卜滚圆粗大，里面的汁水简直就要流了出来。大葱有的长得像小儿的胳臂，又白又嫩。其他的蔬菜无不肥嫩鲜美。我们初看到的时候，简直有点觉得它们大得浪费，肥得荒谬，瞠目结舌，不知道究竟应该说什么好了。

所有这一切从地里生长出来的东西，仿佛从大地的最深处带出来了一股丰盈充沛的生命活力，汹涌迸发，弥漫横溢。它在一切树木上，一切花草上，一切山之巅，一切水之涯，把这一片土地造成了美丽的地上乐园。

再说到这里的自然风光，那更是瑰丽奇伟。这里也可以说是有四季的，但却与北方不同，不是春夏秋冬，而是三个春季和一个夏季。我来到这里的时候，北方正是"千里冰封，万里雪飘"，这里却风和日暖，花气袭人，大概只能算是一个春季吧。我最爱这里的清晨，当一百只雄鸡的鸣声把我唤出梦境的时候，晓星未退，晨雾正浓。各种各样花草的香气，在雾中仿佛凝结了起来，成团成块，逼人欲醉。我最爱这里的月夜，月光像水一般从天空中泻下来，泻到芭蕉的大叶子上，泻到累累垂垂的木瓜上，泻到成丛的剑麻上，让一切都浸在清冷的银光中。芭蕉的门扇似的大叶子，剑麻的带锯齿的叶子，木瓜树的长圆的叶子，阴影投在地上，黑白分明，线条清晰。我最爱这里的白云。舒卷自如，变化万端，流动在群山深处，大树林中；流动在茅舍顶上，汽车轮下。它给森林系上腰带，给群峰戴上帽子。每当汽车驶入白云中的时候，下顾溪壑深处，白云仿佛变成了银桥，驮着汽车走向琼楼玉宇的天宫。我最爱这里的青山，簇簇拥拥，层层叠叠，身上驮满了万草千树，肚子里藏满了珍宝奇石，像是一条条翠绿的玉带，环绕着每一个坝子，千峰争秀，万壑竞幽。——我最爱这，我最爱那，我最爱的东西是数也数不完的。

现在这里不但获天时，有地利，最主要的还是得人和。在过去几千年的历史上，这里是有名的瘴疠地，也是有名的民族矛盾冲突的地方。许多古书上记载着一些有关此地的骇人听闻的事情，说这里的空气满含瘴气，呼吸不得；这里的水是毒泉，喝不得；许多美丽的花草也是有毒的，摸不得，嗅不得；森林里蚊子大得像蜻蜓，毒虫肥得像老鼠，简直把这里描绘成一个人间地狱。但是，今天的西双版纳却"换了人间"，完全是另一番景象，另一个天地了。所谓蛮烟瘴雨，早为光天化日所代替，初升的朝阳照穿了神秘的原始密林。花显得更香，叶显得更绿，果实蔬菜显得更肥更大，风光显得更美更妙。工厂里的白烟与山中的白云流在一起，分不清哪是烟，哪是云；人们的歌声与林中的鸟声汇在一起，分不清哪是歌声，哪是鸟声。许多外地的、甚至外国的植物在这里安了家；许多外地的人也在这里安了家。十几个语言不同、信仰不同、服装不同、风俗不同的民族聚居在一个村子里，和睦融洽地生活在一起，工作在一起,像是一个大家庭。现在这里真正够得上称做人间乐园了。

在这样一个地方,青年们的眼睛特别明亮,他们把自己的理想和前途,同祖国的前途,同这个地方的前途联系起来,把这个地方当做了自己的家乡,这也是很自然的事情了。

从前,在离开这里不远的思茅,流行着两句话:"要下思茅坝,先把老婆嫁。"但是,今天,我们这群来参观访问的人,都一致同意把它改成:"要到思茅来,先把老婆带。"我们兴奋地相约:十年后,二十年后,我们一定要再回西双版纳来。到了那时候,西双版纳不知道究竟会美丽奇妙到什么程度。我希望,到了那时候,我能够写出比现在好的礼赞来。

1962 年 8 月

访绍兴鲁迅故居

一转入那个地上铺着石板的小胡同，我立刻就认出了那一个从一幅木刻上久已熟悉了的门口。当年鲁迅的母亲就是在这里送她的儿子到南京去求学的。

我怀着虔敬的心情走进了这一个简陋的大门。我随时在提醒自己：我现在踏上的不是一个平常的地方。一个伟大的人物、一个文化战线上的坚强的战士就诞生在这里，而且在这里度过了他的童年。

对于这样一个人物，我从中学时代起就怀着无限的爱戴与向往。我读了他所有的作品，有的还不止一遍。有一些篇章我甚至能够背诵得出。因此，对于他这个故居我是十分熟悉的。今天虽然是第一次来到这里，我却感到我是来到一个旧游之地了。

房子已经十分古老，而且结构也十分复杂，不像北京的四合院那样，让人一目了然。但是我仍觉得这房子是十分可爱的。我们穿过阴暗的走廊，走过一间间的屋子。我们看到了鲁迅祖母给他讲故事的地方，看到长妈妈在上面睡成一个"大"字的大床，看到鲁迅抄写《南方草木状》用的桌子，也看到鲁迅小时候的天堂——百草园。这都是一些普普通通的东西和地方，一点也看不出有什么神奇之处。但是，我却觉得这都是极其不平常的东西和地方。这里的每一块砖、每一寸土、桌子的每一个角、椅子的每一条腿，鲁迅都踏过、摸过、碰过。我总

"今天虽然是第一次来到这里,我却感到我是来到一个旧游之地了。"图为1963年季羡林(后排左三)参观绍兴鲁迅纪念馆留影。

想多看这些东西一眼,在这些地方多流连一会。

鲁迅早已离开这个世界了。他生前,恐怕也很久没有到这一所房子里来过了。但是,我总觉得,他的身影就在我们身旁。我仿佛看到他在百草园里拔草捉虫,看到他同他的小朋友闰土在那里谈话游戏,看到他在父亲严厉监督之下念书写字,看到他做这做那。

这个身影当然是一个小孩子的身影。但是,就是当鲁迅还是一个小孩子的时候,他那坚毅刚强的性格已经有所表露。在他幼年读书的地方三味书屋里,我们看到了他用小刀刻在桌子上的那一个"早"字。故事是大家都熟悉的:有一天,他不知道是由于什么原因,上学迟到了,受到了老师的责问。他于是就刻了这一个字,表示以后一定要来早。以后他就果然再没有迟到过。

这是一件小事。然而,由小见大,它不是很值得我们深思自省吗?

这坚毅刚强的性格伴随了鲁迅一生。"他没有丝毫的奴颜和媚骨",他一生顽强战斗,追求真理。"横眉冷对千夫指,俯首甘为孺子牛"。他对人民是一个态度,对敌人是完全不同的另一个态度。谁读了这样两句诗,不深深地受到感动呢?现在我在这一间阴暗书房里看到这一个小小的"早"字,我立刻想到他那战斗的一生。在我心目中,他仿佛成了一块铁,一块钢,一块金刚石。刀砍不断,石砸不破,火烧不熔,水浸不透。他的身影突然大了起来,凛然立于宇宙之间,给人带来无限的鼓舞与力量。

同刻着"早"字的那一张书桌仅有一壁之隔,就是鲁迅文章里提到的那一个小院子。他在这里读书的时候,常常偷跑到这里来寻蝉蜕，捉苍蝇。院子确实不大，大概只有两丈多长、一丈多宽。墙角上长着一株腊梅，据说还是当年鲁迅在这里读书时的那一棵。按年岁计算起来，它的年龄应该有一百八十岁了。可是样子却还是年轻得很。梗干茁壮坚挺，叶子是碧绿碧绿的。浑身上下，无限生机；看样子，它还要在这里站上一千年。在我眼中，这一株腊梅也仿佛成了鲁迅那坚毅刚强的、威武不能屈、富贵不能淫的性格的象征。我从地上拾起了一片叶子，小心地夹在我的笔记本里。

把树叶夹在笔记本里，回头看到一直陪我们参观的闰土的孙子在对着我笑。我不了解他这笑是什么意思。也许是笑我那样看重那一片小小的叶子，也许是笑我热得满脸出汗。不管怎样，我也对他笑了一笑。我看他那壮健的体格，看他那浑身的力量，不由得心里就愉快起来，想同他谈一谈。我问他的生活情况和工作情况，他说都很好，都很满意。我这些问题其实都是多余的。从他那满脸的笑容、全身的气度来看，他生活得十分满意、工作得十分称心，不是很清清楚楚的吗？

我因此又想到他的祖父闰土。当他隔了许多年又同鲁迅见面的时候，他不敢再承认小时候的友谊，对着鲁迅喊了一声"老爷"。这使鲁迅打了一个寒噤。他给生活的担子压得十分痛苦，但却又说不出。这又使鲁迅吃了一惊。可是他的儿子水生和鲁迅的侄儿宏儿却非常要好。鲁迅于是大为感慨：他不愿意孩子们再像他那样辛苦辗转而生活，也不愿意他们像闰土那样辛苦麻木而生活，也不愿意他们像别人那样辛苦恣睢而生活。他们应该有新的生活。

这样的生活鲁迅没有能够亲眼看到。但是，今天这新的生活却确确实实地成为现实了。他那老朋友闰土的孙子过的就是这样的新生活,是他们所未经生活过的。按年龄计算起来,鲁迅大概没有见到过闰土的这个孙子,但这是不重要的。重要的是,鲁迅一生为天下的"孺子"而奋斗,今天他的愿望实现了。这真是天地间一大快事。如果鲁迅能够亲眼看到的话,他会多么感到欣慰啊!

我从闰土的孙子想到闰土,从现在想到过去。今昔一比,恍若隔世。我眼前看到的虽然只是闰土的孙子的笑容;但是,在我的心里,却仿佛看到了普天下千千万万孩子们的笑容,看到了全国人民的笑容。幸福的感觉油然流遍了我的全身。我就带着这样的感觉离开了那一个我以前已经熟悉、今天又亲眼看到的门口。

1963年11月23日写毕

春城忆广田

昆明素有春城之称。这个称号真正是名副其实的。哪一个从外地来到这里的人，一下飞机，一下火车，不立刻就感到这里是春意盎然，春光无限呢？我们读旧小说，常常遇到"四时不谢之花，八节长春之草"之类的句子。我从前总以为，这是小说家言，不足信的；这只是用来描绘他们心目中的阆苑仙境的，然而，到了昆明以后，才知道，这并非幻想，而是事实。如果人世间真有阆苑仙境的话，那么昆明就是一个。

我对昆明并不陌生，我来到这里已经有五六次之多了。二十多年前，当我第一次到昆明的时候，我立刻就惊诧于这座城市风光之美丽，民风之淳朴。但是，我当时觉得，这里的街道还是比较狭窄的，铺的全是石头；街旁的建筑物也比较古老，都是用木头建成的。我脑海里立刻浮现出"边城"两个字，虽然我对于什么叫"边城"也并不是十分清楚的。

但是，这里的自然风光之美毕竟是非常可爱的。谈到这里的自然风光，那真可以说是有口皆碑。五百里滇池当然是名闻天下的。即如西山的巍峨，龙门的险峻，圆通山的花潮，曹溪寺的元梅，黑龙潭的清幽，华亭寺的堂皇，筇竹寺的五百罗汉和孔雀杉，金殿的铜瓦铜柱的大殿，大观楼的长联，省图书馆的收藏，所有这一切都给人留下深刻的印象，屡见于古往今来文人骚客的文章中，蔚为天下奇观。再谈到昆明以及云南各处的茶花，那真可以说是天下无二。我们平常见到的花，雄奇的很多，秀丽的也不少。但兼有二者之长的，却绝无仅有。"国色朝酣酒，天香夜染衣"，秀丽固秀丽矣，但雄奇则有所不足。高树顶上的槐花，雄奇固雄奇矣，秀丽则大为欠缺。兼有二者的，在印度我见到的有木棉花，在中国则是茶花。试想在高大的树上开着碗口大的五颜六色的花朵，秀色夺人眼目，姿态快人胸怀，绚丽多彩，宛如天空中一朵朵云霞，我们这些生长在北国的只见过雄奇而不秀丽，或只秀丽而不雄奇的花朵的人，看到这一些，难道能不为之惊叹不置吗？

倘若我们再登上龙门远眺，我们那惊叹不置的程度决不会下于看到茶花。这里真称得上是天下奇景。试闭目想一想，在壁立千仞的悬岩峭壁上，硬是用人力一斧一凿，凿出了一条曲径、几座庙宇、许许多多的对联、无数尊的神像，难道不感到简直有点不可思议吗？这些对联决不是空话俗套，而是描写了眼前的景色，抒发了人们登临的感受。"一径起细雨，千林散绿阴"，情景宛在眼前。"仰笑宛离天尺五，凭临恰在水中央"，把山高水长的景色描绘得具体生动。这只能用到龙门，决不能移用到别处。所谓"水中央"当然是指的滇池。我们站在龙门最高处，俯瞰滇池，下临无地，五百里滇池尽收眼底。风帆点点，烟水茫茫，稻田青青，堤岸长长。古人诗云："气吞云梦泽，波撼岳阳城。"我们站在这里，大有"波撼昆明城"之感。甚至在水天渺茫中，我们仿佛还感到我们所在的龙门，都在随着水波的滚翻而轻轻地震摇。这就不仅是"波撼昆明城"，而是"波撼龙门巅"了。这还只是眼前的景色。这里还有许多优美的神话传说。比如对孝牛泉的传说等等。最优美的还是关于龙门最高处那一个奎星像的传说。这一座奎星像也是同其他庙宇神像一样是完全用石头雕成的。据说一个石匠用了毕生精力,雕凿这一座神像。雕到最后,只剩下奎星手中拿着的那一支笔了。也许是因为耗尽了精力,竟然失手把笔凿断。他一时怒恨交加,纵身投下悬崖,以身殉艺。不管这传说是真是假,不是对我们都很有启发吗?

这样的自然风光固然非常迷人。这里的淳朴民风迷人的程度决不下于自然风光。外地到过昆明的人都会异口同声表示同感。我常常跟朋友开玩笑说,我不但迷信相面,而且还迷信相声(不是那个曲艺的相声)。我相信,从一个人的方言的声调中可以听出他的性格来。昆明的方言的声调透露出什么样的性格来呢?透露的是:淳朴、正直、热情、忠厚。当我第一次到昆明来的时候,从本地人说话的声调中,我就得了这样一个印象。以后我多次到过昆明,同本地人接触越来越多,就充分证实了我的印象。许多大大小小的事情,越来越证明我的看法颇有一些道理。前几天我在宾馆里同一位老同志开玩笑,说到我的迷信。他经过仔细地品味和考虑,竟然同意了我的看法。这就使我颇有点沾沾自喜了。真的,到过昆明的人,同本地人一接触,谁会不为他们那种诚恳淳朴的言谈举动所感动呢?谁会不感到来到这座春城就像处在盎然的春意中而怡然自得呢?在这样的情况下,我也就越来越喜欢昆明,越来越爱昆明人了。

昆明风光之美丽,民风之淳朴,确实都是值得赞美的,值得怀念的。但是昆明,也像全国各地一样,曾经经受过一番剧烈的凄风苦雨。在风雨交加中,我是泥菩萨过江,自身难保。有时候,特别是在失掉自由的时候,也胡思乱想,想到自己平生美好的际遇,想到所见所闻给我印象最深的人物和地方,其中当然也有昆明。一想到昆明的风光和民风,脑海里立刻就横七竖八地插上了一些茶花的影子、龙门的影子,耳边也仿佛响起了昆明人说话淳朴的声音。但是紧接着想到的就是：这些都是过去的事情了，与自己无缘了。自己今生大概再也不会重新见到昆明了。我是多么想念昆明啊！

但是，出我意料之外地快，凄风苦雨终于过去了。我没有敢期望再见到的东西又见到了。对我来讲，简直像是一个奇迹：我现在又来到了昆明。我的那种边城之感，在前几次来的时候已经消逝无踪。现在看到的昆明是一座充满了阳光、花朵、诗情、画意的春城，同全国各地一样，昆明在经过了一番磨炼之后，现在不是磨倒，而是磨炼得更美丽、更明朗、更生动、更清新。我感到在这里太阳特别明亮，天空特别蔚蓝，空气特别新鲜，微风特别宜人，树木特别浓绿，花朵特别红艳。到了春城，我自然而然地想到唐代诗人韩翃的一首著名的诗《寒食》：

  春城无处不飞花，
  寒食东风御柳斜。
  日暮汉宫传蜡烛，
  轻烟散入五侯家。

又是出我的意料，我在到昆明的当天下午带一位年轻的同志游翠湖的时候，竟在那里举办的一个花展和画展上看到有人用酣畅的书法书写的这一首诗。可见昆明人也是把这座春城同这一首名诗联系在一起的。我心里窃窃自喜。从此我又想到，昆明是一座有文化的城，这里的人是有高度文化的人。你只要看一看那些花盆上雕刻的字和画，甚至蒸鸡用的汽锅上的画和字，就能够知道，这里文化水平是多么高了。

我来到这里,当然不仅仅是欣赏花盆上和汽锅上的诗与画。我又到处去走了走。昆明的名胜古迹很多,我前几次来时,都已游遍,而且游了不止一次。但是这些地方都是百看不厌的,我这次当然不会放过重游的机会。我又游了龙门、华亭寺、太华寺、筇竹寺、曹溪寺、圆通寺、珍珠泉、温泉等地,在所谓"天下第一汤"的泉水洗了澡,而且还长途跋涉重游了石林,到处风光如旧而胜于旧。我到处重温旧梦,颇多感慨。在风雨飘摇中,这些古迹基本上没有遭到破坏,这是十分令人宽慰的。特别是游圆通寺的时候,我的感慨更是特别多。上一次来游时,大殿神像,完整无缺,回廊清池,一片肃穆气象,颇有"曲径通幽处,禅房花木深"之感。这次重游,寺院正在修缮,到处零乱地堆砖石,许多塑像都已不见。我一方面慨叹那种罪恶的破坏,使我憎恨过去的那一些蠢事。但是,在另一方面,看到重新油漆彩绘的殿堂,我眼前好像是乌云消尽,阳光普照,又对当前和将来,充满了希望。我们伟大的祖国,我们伟大祖国的未来,毕竟是蒸蒸日上、光辉无量的,不是任何人可以破坏得了的。我能不兴会淋漓、逸兴遄飞吗?

特别令我忆念难忘的是著名京剧演员关肃霜同志,她主演了全本《铁弓缘》。我虽然看了几十年京剧,但对京剧却完全是一个外行。不过外行也有外行的优点,他没有框框,不懂得清规戒律,他能看出一般内行人因囿于习惯而看不出来的东西。我自命就是这样一个外行。我真是惊诧于她那技巧的纯熟,功力的深厚,文武双全,唱做俱佳。在全国京剧演员中,像她这样的人才,恐怕已如凤毛麟角绝无仅有了。以半百之年,而且在饱经风霜之后,竟然还能达到这样炉火纯青的水平,我们所有观看她演出的人们无不啧啧称扬,赞不绝口,难道是偶然的吗？当我们上台感谢她的演出时，她再三强调，自己演得不好。这种虚怀若谷的精神，更使我们非常感动。我上面再三讲到昆明人情之美。据我了解，关肃霜同志不是昆明人，但在昆明已经住了几十年，我现在把她也当做昆明人的代表，我想昆明人和她自己大概都不会出来反对吧！

总之，所有这一些风光之美，人情之美，这一次重游昆明，我都已经充分地享受到了。我真是感到无限的喜悦，无限的兴奋。在昆明短暂的停留，日子过得简直像在天堂里一般。但是，在我的内心深处我总感到好像缺少点什么，我感到有点不足，有点惘然，有点寂寞，有点凄凉，有点惆怅，有点悲哀。古人的诗说："冠盖满京华，斯人独憔悴。"我想改一改："冠盖满昆明，斯人独已逝。"昆明就缺少了一个人，这一个人在我前几次来昆明时，总是要见一面的。尽管时间极短，但是情谊很深。我之所以常常怀念昆明，同他也是不无关联的。然而，这一次重来，他却到哪里去了呢？我是多么怀念这个人啊！

这个人不是别人，就是李广田同志。

他原名曦晨，不知从什么时候改名广田。我们在中学并不是同学，第一次见面的情景，现在也回忆不清了。不知怎么一来，我们就认识了。在北京读书的时候，他在北大，我在清华。距离虽然很远，但也时常见面。他有时候从城内长途跋涉，到清华园去看我。相聚的时间不长，我却是非常喜欢他的。他的为人，正如他的诗文一样，恳切真挚，朴素无华，真正是文如其人，或者人如其文。后来，我离开祖国，到一个很遥远的地方去呆了十多年。因为当时我们国家和世界上都正是多事之秋，我们没有能够通信。我回国以后，到了北京，他不久也到了北京。碰巧我们俩都担任了北京一个中学的校董。开会时又常常见面，一面叙旧，一面谈新，过了一段非常愉快的日子。又过了不久，他调到昆明在云南大学担任领导职务。我那时还没有到过昆明，只是从书本上和人们的口中知道昆明的情况，是所谓"四时无寒暑，一雨便成冬"的容易引起人们幻想的地方。曦晨这样一个人，到昆明这样一个地方来，我觉得真是珠联璧合，相得益彰。我为他祝贺，也为昆明祝贺。他调来昆明的第三年，我第一次到了昆明，同曦晨见了面。一别三年，他乡音无改，衣着如旧，站在我面前的还是那一个恳切真挚、朴素无华的我多年见惯了的曦晨。我们都没有想到我们竟在万里之外见了面，我心里真是非常地高兴。以后，我几次到过或经过昆明，又同曦晨见过几次面，都给我带来了极大的愉快。有时候在报刊杂志上读到他写的诗文，也都感到异常的亲切。

然而，好景不长，上面已经提到的那一阵凄风苦雨突然飞袭过来。有一段相当长的时间，我同曦晨都失掉了自由。在那些暗无天日的日子里，我什么人、什么事都不能想，当然也不会想到曦晨。不知怎么一来，我竟然活了下来，又恢复了自由。由于一个偶然的机会，我听到了他的噩耗。我当时并不怎样悲哀：那种事情我已经听惯了，不以为怪了。我的心灵已经麻木了。

今天我又由于一个偶然的机会，来到了这一座我梦寐以求的春城。我重游了许多地方，重温了旧梦。自然风光之美和人情之美越使我高兴，我就越惘然若有所失，时时处处不禁悲从中来。那一个在我的记忆中同这一座春城总是联系在一起的人哪里去了呢？大街上，我看到熙熙攘攘的行人。这些人都是好人，都有愉快地自由地生存的权利，都有为祖国献身的权利，都有享受这一座春城的权利。然而我怀念的那一个人就没有这权利吗？在林林总总的人群中为什么独独竟少了那一个人呢？他同我岁数差不多，他是能够活下来的。他热爱新中国，热爱新中国的教育事业；他热爱生活，热爱这一座春城。他有一颗热忱的心，能够为祖国的教育事业贡献力量。他手里有一支生花的妙笔，他能够鼓吹升平，歌唱我们这一个太平盛世。他曾经高歌：

春光似海，
盛世如花。

他是多么热爱这似海的春光、如花的盛世啊！然而，这样一个人到哪里去了呢？我也是热爱这似海的春光、如花的盛世的，但我只觉得茫茫大地，独缺此人。我心灵里的空虚是无论如何也填补不起来的。我感到寂寞，感到凄凉；为了他，我将永远感到寂寞，感到凄凉。

我本来就是热爱这春城昆明的，现在又增加了一个促使我爱的因素。这里是广田生活过的地方，工作过的地方，他的遗骨又埋在这里。这就会使我的记忆的丝缕永远萦绕在一座美丽的春城周围。我将永远怀念广田，永远爱这座春城。

1979 年 3 月 2 日

火焰山下

从前读《西游记》,读到火焰山,颇震惊于那火势之剧烈。后来,听人说,火焰山影射的就是吐鲁番。可是吐鲁番我以前从未到过,没有亲身感受,对于火焰山我就只有幻想了。

万没有想到,我今天竟来到火焰山下。

火焰山果然名不虚传。在乌鲁木齐,夜里看电影,须要穿上棉大衣。然而,汽车从乌鲁木齐开出,开过达坂城,再往前走一段,一出天山山口,进入百里戈壁,迎面一阵热风就扑向车内,我们仿佛一下子落到蒸笼里面;而且是越走越热。中午到了吐鲁番县,从窗子里看出去,一片骄阳,闪耀在葡萄架上,葡萄的肥大的绿叶子好像在喘着气。有人告诉我,吐鲁番的炎热时期已经过去;我们来的前两天,气温是摄氏四十多度;今天已经"凉爽"得多了,只有三十九度。但是,从我自己的亲身感受中,同乌鲁木齐比较起来,吐鲁番仍然是名副其实的火焰山。

这让我立刻想到了非洲的马里。我曾在最热的时期访问过那个国家,气温是五十多度。我们被囚在有空调设备的屋子里,从双层的玻璃窗子看出去,院子里好像是一片火海。阳光像是在燃烧,不是像在吐鲁番一样燃烧在葡萄架上,而是燃烧在参天的芒果树上。芒果树也好像在喘着气。树下当然是有阴影的;但是连那些阴影看上去也决不给人以清凉的感觉,而仿佛是火焰的阴影。

我眼前的吐鲁番俨然就是第二个马里。

我们就在类似马里那样炎热的一个下午驱车近百里去探望高昌古城的遗址。

一走出吐鲁番县,又是百里戈壁,寸草不生,遍布砂粒,极目天际,不见人烟。阳光毫无遮拦地照射在这些砂粒上,每一粒都闪闪发光,仿佛在喷着火焰。远处是一列不太高的山,这就是那有名的火焰山。上面没有一点绿的东西,没有一点有生命的东西。石头全是赤红色的,从远处望过去,活像是熊熊燃烧着的火焰,这不是人间的火,也不是神话中的天堂里的火和地狱之火。这是火焰已经凝固了的火,纹丝不动,但却猛烈;光焰不高,但却团聚。整个天地,整个宇宙仿佛都在燃烧。我们就处在上达苍穹下抵黄泉的大火之中。

我从前读《西游记》,读到那一段关于火焰山的描绘,我只不过觉得好玩而已。书上描绘说,离开火焰山不远,房舍的瓦都是红的,门是红的,板榻也是红的,总之是一切都是红的,连卖切糕的人推的车子也是红的。那里"有八百里火焰,四周围寸草不生。若过得山,就是铜脑盖、铁身躯,也要化成汁哩"。八百里当然是夸大之词;但是在我眼前,整个山全是红的,周围寸草不生,这些全是实情。我现在毫无好玩的感觉。我只有一个渴望,一个十分迫切的渴望,渴望得到铁扇公主那一把芭蕉扇,用手一扇,火焰立刻熄灭,清凉转瞬降临。

我现在很不理解,为什么当年竟在这样一个地狱似的酷热的地方建筑了高昌城。唐朝的高僧玄奘到印度去求法,曾经路过高昌。《大慈恩寺三藏法师传》里面,对他在高昌的情况有细致生动的描绘。这里讲到了城门,讲到了王宫,讲到了王宫中的重阁,讲到了王宫旁边的道场。虽然没有讲到市廛的情况，但是有上述的那些地方，则王宫之外，必然是市廛林立，行人熙攘。每当黄昏时分，夜幕渐渐笼罩住大漠，黑暗弥漫于每一个角落，跋涉过千山万水，横绝大戈壁的商队迤逦入城，驼铃丁当，敲碎了黄昏的寂静。每一间黄土盖成的房子里也必然有淡黄的灯光流出，把窄窄的长街照得朦胧虚幻，若有若无……但是今天我们来到这里，早已面目全非，城市的轮廓大体可见，城门和街道历历可指。然而看到的却只有断壁颓垣，而且还不同于一般的断壁颓垣。这里根本没有砖瓦，所有的建筑——皇宫、佛寺、大厅、住宅，统统是黄土堆成。这种黄土坚硬似铁，历千年而不变，再加上这里根本很少下雨，因此这一座黄泥堆成的城才能保存到今天。我们今天看到的是一片淡黄，没有一棵树，没有一根草。"春风不度玉门关"，春天好像已经被锁在关内，这里与春天无份了。

在这里，我无论如何也想象不出，当年玄奘来到这里是什么情景。我想象不出，他是怎样同麴文泰会面，怎样同麴文泰的母亲会面的。他在这里住了一段时间，大概每天也就奔波于一片淡黄之中。麴文泰也像后来唐太宗一样想劝玄奘还俗。玄奘坚持不动，甚至以绝食至死相威胁，终于感动了麴文泰母子，放玄奘西行。这是多么热烈的人类生活的场面。然而今天这一些都到哪里去了呢？我一时忍不住发思古之幽情，前不见古人，后不见来者。但是我却并没有独怆然而泪下。在历史的长河中，人人都是这样，后之视今亦犹今之视昔。我丢开了这种幽情，抬眼四望，这一座黄土古城的断壁颓垣顿时闪出了异样的光辉。

第二天，我们又在同样酷热的天气中去凭吊交河古城。这座古城正处在同高昌相反的方向。从表面上看上去，它同高昌几乎没有什么不同之处：一样是黄土堆成的断壁颓垣，一样是寸草不生，一样是一片淡黄。"西风残照，汉家陵阙"，一样能引起人们的思古之幽情。但是，从环境上来看，却与高昌迥乎不同。"交河"这个名称就告诉我们，它是处在两河之交的地方。从残留的城墙上下望，峭壁千仞，下有清流，绿禾遍野，清泉潺湲。我从前读唐代诗人李颀的诗《古从军行》："白日登山望烽火，黄昏饮马傍交河。行人刁斗风沙暗，公主琵琶幽怨多。野云万里无城郭，雨雪纷纷连大漠。胡雁哀鸣夜夜飞，胡儿眼泪双双落。"我无论如何也想象不出，交河究竟是什么样子。今天亲身来到交河，一目了然，胸无阻滞，我那思古之幽情反而慢慢暗淡下去，而对古人所说的"读万卷书，行万里路"由衷地钦佩起来了。

就这样，我在吐鲁番住了几天，两天看了两座历史上有名的古城。这两座名城同火焰山当然不一样，但是其炎热的程度却只能说是不相上下。我上面讲到的看到火焰山时的那一个渴望得到铁扇公主芭蕉扇的幻想，时时萦绕在我脑际，一刻也不想离去。然而我的理智却让我死心塌地地相信，那只是幻想，世界上哪里会有什么铁扇公主？哪里会有什么芭蕉扇？吐鲁番这地方注定是火焰山的天下了。

然而，到了黄昏时分，当我们凭吊完古城乘车回宾馆的时候，招待我们的主人提出来要到葡萄沟去转一转。我根本不知道，葡萄沟是什么样子。"去就去吧！"我在心里平静地想，我万万没有想到，在这个地方，在这个时候，能会出现什么奇迹。

可是，汽车转了几转，奇迹就在眼前出现了。两行参天的杨树整整齐齐地排在大路两旁，潺潺的水声透过杨树传了出来。浓密的葡萄架散布在小溪岸边，杨柳树下。这里绿意葱茏，浓荫四布。身上还感到有一些凉意。我一下子怔住了：我现在是在火焰山下吗？是不是真有人借来了铁扇公主的芭蕉扇把火焰扇灭了呢？我自凝神细看：绿杨葡萄，清泉潺湲，丝毫也不容怀疑。我来到葡萄沟了。

车子开上去，最后到了一座花园。园子里长满葡萄，小溪萦绕。山脚下有一个小池子，泉水从石缝中流出，其声清脆。有一群红色游鱼在池中摇摆着尾巴游来游去。我们坐在葡萄架下，品尝着有名的新疆葡萄。此时凉意渐浓，仿佛一下子从酷热的三伏来到凉爽的深秋，火焰山一下子变成了清凉世界。看来，铁扇公主的那一把芭蕉扇在唐代大概是缺少不了的。但是，到了今天，已经换了人间，这扇子就没有作用了。

新疆毕竟是一块宝地，有火焰山，也有葡萄沟，而葡萄沟偏偏就在火焰山下。这就是我们的吐鲁番，这就是我们的新疆。

1979年8月26日在库车写成初稿
1980年4月22日在北京修改完成

在敦煌

刚看过新疆各地的许多千佛洞，在驱车前往敦煌莫高窟千佛洞的路上，我心里就不禁比较起来：在那里，一走出一个村镇或城市，就是戈壁千里，寸草不生；在这里，一离开柳园，也是平野百里，禾稼不长；然而却点缀着一些骆驼刺之类的沙漠植物，在一片黄沙中绿油油地充满了生意，看上去让人不感到那么荒凉、寂寞。

我们就是走过了数百里这样的平野，最终看到一片葱郁的绿树，隐约出现在天际，后面是一列不太高的山冈，像是一幅中国水墨山水画。我暗自猜想：敦煌大概是来到了。

果然是敦煌到了。我对敦煌真可以说是"久仰大名，如雷贯耳"了。我在书里读到过敦煌，我听人谈到过敦煌，我也看过不知多少敦煌的绘画和照片。几十年梦寐以求的东西如今一下子看在眼里，印在心中，"相见翻疑梦"，我似乎有点怀疑，这是否是事实了。

敦煌毕竟是真实的。它的样子同我过去看过的照片差不多，这些我都是很熟悉的。此处并没有崇山峻岭，幽篁修竹，有的只不过是几个人合抱不过来的千岁老榆，高高耸入云天的白杨，金碧辉煌的牌楼，开着黄花、红花的花丛。放在别的地方，这一切也许毫无动人之处；然而放在这里，给人的印象却是沙漠中的一个绿洲，戈壁滩上的一颗明珠，一片淡黄中的一点浓绿，一个不折不扣的世外桃源。

至于千佛洞本身，那真是琳琅满目，美不胜收，五光十色，云蒸霞蔚。无论用多么繁缛华丽的语言文字，不管这样的语言文字有多少，也是无法描绘，无法形容的。这里用得上一句老话了："只能意会，不能言传。"洞子共有四百多个，大的大到像一座宫殿，小的小到像一个佛龛。几乎每一个洞子里都画着千佛的像。洞子不论大小，墙壁不论宽窄，无不满满地画上了壁画。艺术家好像决不吝惜自己的精力和颜料，决不吝惜自己的光阴和生命，把墙壁上的每一点空间，每一寸的空隙，都填得满满的，多小的地方，他们也决不放过。他们前后共画了一千年，不知流出了多少汗水，不知耗费了多少心血，才给我们留下了这些动人心魄的艺术瑰宝。有的壁画，就暴露在光天化日之下，经过了一千年的风吹、雨打、日晒、沙浸，但彩色却浓郁如新，鲜艳如初。想到我们先人的这些业绩，我们后人感到无比地兴奋、震惊、感激、敬佩，这难道不是很自然的吗？

我们走进了洞子，就仿佛走进了久已逝去的古代世界，甚至古代的异域世界；仿佛走进了神话的世界，童话的世界。尽管洞内洞外一点声音都没有，但是看到那些大大小小的雕塑，特别是看到墙上的壁画：人物是那样繁多，场面是那样富丽，颜色是那样鲜艳，技巧是那样纯熟，我们内心里就不禁感到热闹起来。我们仿佛亲眼看到释迦牟尼从兜率天上骑着六牙白象下降人寰，九龙吐水为他洗浴，一下生就走了七步，口中大声宣称："天上天下，唯我独尊。"我们仿佛看到他读书、习艺。他力大无穷，竟把一只大象抛上天空，坠下时把土地砸了一个大坑。我们仿佛看到他射箭，连穿七个箭靶。我们仿佛看到他结婚，看到他出游，在城门外遇到老人、病人、死人与和尚，看到他夜半乘马逾城逃走，看到他剃发出家。我们仿佛看到他修苦行，不吃东西，修了六年，把眼睛修得深如古井。我们又仿佛看到他翻然改变主意，毅然放弃了苦行，吃了农女献上的粥，又恢复了精力，走向菩提树下，同恶魔波旬搏斗，终于成了佛。成佛后到处游行，归示，度子，年届八旬，在双林涅槃。使我们最感兴趣、给我们印象最深的是那许许多多的涅槃的画。释迦牟尼已经逝世，闭着眼睛，右胁向下躺在那里。他身后站着许多和尚和俗人。前排的人已经得了道，对生死漠然置之，脸上毫无表情地站在那里。后排的人，不管是国王，各族人民，还是和尚、尼姑，因为道行不高，尘欲未去，参不透生死之道，都号啕大哭，有的捶胸，有的打头，有的击掌，有的顿足，有的撕发，有的裂衣，有的甚至昏倒在地。我们真仿佛听到哭声震天，看到泪水流地，内心里不禁感到震动。最有趣的是外道六师，他们看到主要敌手已死，高兴得弹琴、奏乐、手舞、足蹈。在盈尺或盈丈的墙壁上，宛然一幅人生哀乐图。这样的宗教画，实际上是人世社会的真实描绘。把千载前的社会现实，栩栩如生地搬到我们今天的眼前来。

在很多洞子里，我们又仿佛走进了西方的极乐世界，所谓净土。在这个世界里，阿弥陀佛巍然坐在正中。在他的头上、脚下、身躯的周围画着极乐世界里各种生活享受：有妓乐，有舞蹈，有杂技，有饮馔。好像谁都不用担心生活有什么不足，衣来伸手，饭来张口。而且这些饮食和衣服，都用不着人工去制作。到处长着如意神树，树枝子上结满了各种美好的饮食和衣着，要什么，有什么，只须一伸手一张口之劳，所有的愿望就都可以满足了。小孩子们也都兴高采烈，他们快乐得把身躯倒竖起来。到处都是美丽的荷塘和雄伟的殿阁，到处都是快活的游人。这些人同我们这些凡人一样，也过着世俗的生活。他们也结婚。新郎跪在地上，向什么人叩头。新娘却站在那里，羞答答不肯把头抬。许多参加婚礼的客人在大吃大喝。两只鸿雁站在门旁。我早就读过古代结婚时有所谓"奠雁"的礼节，却想不出是什么情景。今天这情景就摆在我眼前，仿佛我也成了婚礼的参加者了。他们也有老死。老人活过四万八千岁以后，自己就走到预先盖好的坟墓里去。家人都跟在他后面，生离死别。虽然也有人磕头涕哭，但是总起来看，脸上的表情却都是平静的、肃穆的，好像认为这是人生规律，无所用其忧戚与哀悼。所有这一切世俗生活的绘画，当然都是用来宣扬一个主题思想：不管在什么样的生活环境中，只要一心念阿弥陀佛，就可以往生净土，享受天福。这当然都是幻想，甚至是欺骗。但是艺术家的态度是认真的，他们的技巧是惊人的。他们仔细地描，小心地画，结果把本是虚无缥缈的东西画得像真实的事物一样，生动活泼地、毫不含糊地展现在我们眼前，让我们对于历史得到感性认识，让我们得到奇特美妙的艺术享受。艺术家可能真正相信这些神话的，但是这对我们是无关重要的，重要的是他们的画。这些画画得充满了热情，而且都取材于现实生活。在世界各国的历史上，所有的神仙和神话，不管是多么离奇荒诞，他们的模特儿总脱离不开人和人生，艺术家通过神仙和神话，让过去的人和人生重现在我们眼前。我们探骊得珠，于愿已足，还有什么可以强求的呢？

最使我吃惊的是一件小事：在这富丽堂皇的极乐世界中，在巍峨雄伟的楼台殿阁里，却忽然出现了一只小小的老鼠，鼓着眼睛，尖着尾巴，用警惕狡诈的目光向四下里搜寻窥视，好像见了人要逃窜的样子。我很不理解，为什么艺术家偏偏在这个庄严神圣的净土里画上一只老鼠。难道他们认为，即使在净土中，四害也是难免的吗？难道他们有意给这万人向往的净土开上一个小小的玩笑吗？难道他们有意表示即使是净土也不是百分之百的纯洁吗？我们大家都不理解，经过推敲与讨论，仍然是不理解。但是我们都很感兴趣，认为这位艺术家很有勇气，决不因循抄袭，决不搞本本主义，他敢于石破天惊地去创造。我们对他都表示敬意。

在许多洞子里，我们还看到了许多经变，什么法华经变，楞伽经变，金光明经变，如此等等。艺术家把经中的许多章节，不是根据经文，而是根据变文，用绘画的形式表现出来。在这些经变里，法华经普门品似乎是最受欢迎的一品。普门品说，谁要是一心称观世音菩萨的名，入大火，大火不能烧；入大水，大水不能漂；入海求宝遇到黑风，船飘堕罗刹国，可以解脱罗刹之难；遭迫害临刑，刑刀段段坏；女子求生男孩，就可以生福德智慧之男；求生女孩，就可以生端正有相之女。总之，威灵显赫，有求必应。画上最多的是临刑刀寸寸断的情景。这似乎是最能形象地表现观音菩萨的法力的一个题材。但是我们也可以看到许多描绘人民生活和生产的情景。一个农民赶着耕牛去耕地。许多小手工业者坐在那里制作什么东西。人们在家里面安静地宴客。人们在花园中游乐。人们到灞桥去送别亲友，折杨柳为赠。我曾在不知多少唐诗中读到这情景，今天才第一次在绘画上看到。最有意思的、最耐人寻味的是许多绘画，画的是人们大便的情景，刷牙的情景，据我所知道的，在世界各国任何时代的任何绘画中都难找到这样的绘画。这好像也成了绘画的禁区。然而我们的艺术家却有勇气冲破这不成文而事实上却存在的禁区，把这种细微并不那么太雅观的情景画给我们看。除了佩服以外,我还能说些什么呢?此外,描绘舞蹈的场面和杂技的场面,也是非常动人的。一个个乐队,一个个乐工,手中执着各种各样的乐器,什么箫、笛、筝、琴、箜篌、排箫、阮咸、琵琶,还有尺八,神情是这样逼真,人物是这样细致,我们耳中仿佛能听到各种乐器和谐的弹奏声,静静的洞子一时喧闹起来。舞蹈的场面也很动人。男女舞人,翩翩起舞,有人甩着长大的袖子,有人动作非常强烈,所谓"胡旋舞"大概就是这个样子吧。我们看到的虽然不是真正舞蹈,而只是绘画,但是我们也恍然感到"观者如山色沮丧,天地为之久低昂。爅如羿射九日落,矫如群帝骖龙翔,来如雷霆收震怒,罢如江海凝清光"。至于杂技,更是动人心魄。一个演员站在那里,头上顶着长竿,竿顶上站着一个人,人头顶上还站着一个小孩子。看那摇摇欲坠的样子,我们不禁为画上的古人担忧起来。然而,不要怕,两旁还站着两个人哩。他们好像是为了防备万一而站在那里。虽然都戴着纱帽,斯斯文文的,看来好像也满有把握。我们可以放心了。前面坐着一些人,这大概就是观众。画面上人数不算多,但看上去却热闹得很。在古代文化交流中,音乐、舞蹈和杂技,好像是占着突出的地位。在新疆的许多千佛洞中,这样的场面也是随时可见的。

  在所有的经变中,维摩诘经变是最常见的。这一部经在唐代大概非常流行、非常受欢迎的。唐代一个姓王的大诗人,取名维,字摩诘,合起来就是维摩诘,就是一个很好的证明。我们在很多洞子里,都看到关于维摩诘的壁画。尽管大小不同,洞子不同;但是他的形象却基本上是一致的。维摩诘手执麈尾或者扇子,傲然地斜坐在一张床上,眼神嘴角流露出一副能言善辩、轻蔑藐视的神态。这一部经本身就是一部很好的长篇小说，讲的是一个佛教的居士，名叫维摩诘，唐玄奘译为无垢称。他深通佛法，辩才无碍。有一次他病了，如来佛派大弟子舍利弗去问疾。舍利弗吃过他辩才的苦头，有点发怵不敢去。佛又派大目犍连、大迦叶、须菩提、富楼那多罗尼子、摩诃迦旃延、阿那律、优波离、罗睺罗、阿难、弥勒菩萨、善德等等去，但是谁也没有胆量去。最后文殊师利膺命前往。维摩诘以神力空其室内，只留下了一张床，他生病坐在上面。于是二人展开了一场辩才战。诸菩萨、大弟子、群释、四天王等都赶来瞧热闹。后来舍利弗和大迦叶也赶了来。最后文殊师利和维摩诘一起来见佛。这一篇小说似的经文以如来把正法付嘱于弥勒佛而结束。小说本身内容很丰富，辩论很激烈，描绘很生动，对话很犀利。壁画更发展了这一部经文，把故事画得热闹非常、生动活泼，具有极大的感染力。维摩诘仿佛就要从床上站立起来，而且要走下墙来，同我们展开一场唇枪舌战……

在许多洞子里，除了神话故事以外，还画着许多世俗画。开洞的窟主往往把自己以及一家人都画在墙上。有时候画上一队男官人，前面的几个都是秃头的和尚；一队贵妇前面几个是秃头的尼姑。这是本家庭里面出家的人，是他们的光荣，是他们的骄傲，所以才被画在前面。这些男女贵人排成队，好像要向佛爷走去。他们为什么要把自己的像画在这千佛洞里呢？是为了宗教功德吗？还是为了永垂不朽？恐怕二者都有一点吧。最引人注目的是张义潮出游图。唐代这一个独霸一方的大军阀、大官僚，在河西一带很有势力，很有影响，他一跺脚，整个河西走廊都会震动。他的家族开凿了不少的洞子，在一个洞子里就画着自己出游的情景。他自己巍然骑在马上，前面是部队开路，也都骑着马，有的手里拿着乐器，有的手里举着旗帜。拿乐器的正在猛吹猛奏，好像是要行人回避，也好像是在为军容壮声威。后面跟的是成群的扈从，都是宽衣博带，雍容华贵。乐器中除了喇叭等之外，还有画角，我从小念唐诗，不知多少次碰到"画角"这个字眼，但是始终没有见过画角是什么样子。今天见面，宛如故友重逢，分外感到亲切。总之，这一幅一千多年前的出游行乐图，色彩鲜艳地、生动活泼地摆在我们眼前。当时的情景跃然壁上。我们今天站在下面看壁画的人，恍惚间成了当时站在路旁的旁观者，看人马杂沓，车如流水，乐声喧腾，尘土飞扬，好像正从墙壁的一端走向另一端，转瞬即逝。

在一个洞子里，我们还看到一幅巨大的五台山图。既然是五台山，当然与宣扬文殊菩萨是分不开的。但是我们今天看到的却是一幅用绘画形式表现出来的地图和人民生活图。这幅图上画的是从镇州（正定）一直到并州（太原）旅途的情景。这条绵延数百里的路是同绵延数百里的五台山分不开的。这座大山峰峦起伏，山头林立，宛如雨后的春笋一般。山上的名刹都画出了房舍，标出了名字。山下则是一条商路。商人们熙熙攘攘，车水马龙，牲口背上驮着货物，匆匆忙忙向前趱行。旅途是遥远的，就必然要有住宿的客店。于是在图上许多地方都画着客店。店主人、店小二在热情地招呼客人，客人则是出出进进，热闹非常。我们今天的中国青年，甚至中年老年，习惯于住北京饭店、国际饭店一类的高楼大厦，对古代商人旅人行路困难丝毫没有认识。读到"鸡声茅店月，人迹板桥霜"，还有什么"夕阳西下，断肠人在天涯"，也许还能引起一些遐思，但是决不会引起同情，我们对那种生活已经非常非常隔膜了。但是这一幅五台山图，会把我们带回到当年的生活环境中去，让我们做一个思古的梦。从这个意义上来讲，这一幅壁画无疑是我们的国宝之一。当年有一个帝国主义国家要出十万美元，收买这一幅壁画，没有得逞，否则我们的这件国宝早已到了波士顿博物馆之类的地方去了。岂不惜哉！

在另外一些洞子里，我们还看到一些和尚西行求法的壁画。这也是必然的。开凿这些洞子主要的是为了宣扬佛教。"千佛洞"这个名词本身就说明了一切。佛教来自印度，这里画着许多出生在印度的佛爷和菩萨，是很自然的。但是如果没有中国和尚到印度去取经，没有印度和尚到中国来送经，佛教是决不会自己走了来的。因此，我们总是期望，在某一些洞子里能够看到中国西行求法的和尚，事实上也正是这样，我们看到了，而且看到的还不少。一提到西行求法，谁都会立刻就想到唐代高僧玄奘。在一个洞子里，我们确实看到了唐僧取经的壁画。这是一幅水月观音的巨大的壁画，水月观音巨大的身躯几乎占满了全壁。他身上衣着金碧辉煌，头上冠冕富丽堂皇。令人吃惊的是，他嘴上居然还留着一撮小胡子。他神态倨傲又慈悲，伸脚坐在那里。在壁画的右下角一块小小的地方画着玄奘，双手合十站在一个悬崖上，面向水月观音，好像就正向他致敬。他身后是大徒弟孙悟空，手里牵着那一匹小白龙变成的马。二徒弟猪八戒和三徒弟沙僧跑到哪里去了呢？看样子他们并没有去寻山探路，也不是去托钵求斋，他们还站在壁画外面，正在向着壁画里走哩。

同求法高僧有联系的是商人。宗教按理说是出世的，和尚尼姑是不许触摸金银的。而"商人重利轻别离"，他们总是想赚大钱的。他们之间是风马牛不相及的，哪里会有什么联系呢？但是所有在中国境内的千佛洞都是开凿在丝绸之路沿线的,丝绸之路顾名思义是一条商业大道。这就有力地说明了二者间的密切关系。在印度佛教史上,从佛祖释迦牟尼开始,就同商人有亲密地往来,和尚和商人,不但相辅相成,而且相依为命。所以丝绸之路,同时也是宗教之路。中国、印度和其他国家的高僧很大一部分是走丝绸之路来往的。因此,在千佛洞里除了求法高僧外,看到商人的壁画,也是很自然的。在新疆拜城克孜尔千佛洞中,我曾在一壁佛画的中间一小块空隙中看到一个穿伊朗服装的商人,赶着几匹骆驼,上面驮着中国出产的丝,正在走路的样子。一个佛爷站在旁边,好像把自己的右手的两个指头像点蜡烛一样点了起来,发出万丈光芒,照亮了丝绸之路。这幅壁画的用意是再清楚不过的,这里用不着多说。在敦煌的千佛洞里,丝绸之路也有所表现。贩运丝绸的中外商人,赶着骆驼和马,向西方迈进。沙路茫茫,前途万里,而商人毫不气馁。有的地方画着商人在路上走路的情况。路大概是很难走,马走得乏了,再也不想前进,于是一个商人在前面用力牵,另一个商人在后面拼命地用鞭子抽打,人忙马嘶的情景宛在目前,宛在耳边。还有不少地方画着商人遇劫的情况。一些绿林豪客手执明晃晃的钢刀,耀武扬威地挡在那里。商人们则卑躬屈膝,甚至跪在地上求饶,觳觫之状可掬,他们仿佛是在对话,声音就响在我们耳边。可见,虽然有佛光照亮万里长途,但人间毕竟是人间,行路难之叹,唐代诗人早就发出来了,何况是漫漫数万里呢?至于海上商路,虽然不在丝绸之路上,但是我们的艺术家也不放过。我们在几个地方都看到航海的商船。船并不大,上面画着几个人,好像都已经把船占满了,有点象征主义的味道。但是船外的海涛决不含糊地告诉我们,这是漂洋过海的壮举。为什么在万里之外的甘肃新疆大

祖国盛景

沙漠里，竟然画到海上贸易呢？这一点，我还不十分清楚，也还要推敲而且研究。

总之，洞子共有四百多个，壁画共有四万多平方米，绘画的时间绵延了一千多年，内容包括了天堂、净土、人间、地狱、华夏、异域、和尚、尼姑、官僚、地主、农民、工人、商人、小贩、学者、术士、妓女、演员，男、女、老、幼，无所不有。在短短的几天之内，我仿佛漫游了天堂、净土，漫游了阴司、地狱，漫游了古代世界，漫游了神话世界，走遍了三千大千世界，攀登神山须弥山，见到了大梵天、因陀罗，同四大天王打过交道，同牛首马面有过会晤，跋涉过迢迢万里的丝绸之路，漂渡烟波浩渺的大海大洋，看过佛爷菩萨的慈悲相，听维摩诘的辩才无碍。我脑海里堆满色彩缤纷的众生相，错综重叠，突兀峥嵘，我一时也清理不出一个头绪来。在短短几天之内，我仿佛生活了几十年。在过去几十年中，对于我来说是非常抽象的东西，现在却变得非常具体了。这包括文学、艺术、风俗、习惯、民族、宗教、语言、历史等等领域。我从前看到过唐代大画家阎立本的帝王图，李思训的金碧山水，宋朝朱襄阳朱点山水，明朝陈老莲的人物画，大涤子的山水画，曾经大大地惊诧于这些作品技巧之完美，意境之深邃，但在敦煌壁画上，这些都似乎是司空见惯，到处可见。而且敦煌壁画还要胜它们一筹：在这里，浪漫主义的气氛是非常浓的。有的画家竟敢画一个乐队，而不画一个人，所有的乐器都系在飘带上，飘带在空中随风飘拂，乐器也就自己奏出声音，汇成一个气象万千的音乐会。这样的画在中国绘画史上，甚至在别的国家的绘画史上能够找得到吗？

不但在洞子里我们好像走进了久已逝去的古代世界，就是在洞子外面，我们倘稍不留意，就恍惚退回到历史中去。我们游览国内的许多名胜古迹时，总会在墙壁上或树干上看到有人写上的或刻上的名字和年月之类的字，什么某某人何年何月到此一游。这种不良习惯我们真正是已经司空见惯，只有摇头苦笑。但要追溯这种行为的历史那恐怕是古已有之了。《西游记》上记载着如来佛显示无比的法力，让孙悟空在自己的手掌中翻筋斗，孙悟空翻了不知多少十万八千里的筋斗，最后翻到天地尽头，看到五根肉红柱子，撑着一股青气。为了取信于如来佛，他拔下一根毫毛，吹口仙气，叫"变！"变作一管浓墨双毫笔。在那中间柱子上写一行大字云："齐天大圣，到此一游。"还顺便撒了一泡猴尿。因此，我曾想建议这一些唯恐自己的尊姓大名不被人知、不能流传的善男信女，倘若组织一个学会时，一定要尊孙悟空为一世祖。可是在敦煌，我的想法有些变了。在这里，这样的善男信女当然也不会绝迹。在墙壁上题名刻名到处可见，这些题刻都很清晰，仿佛是昨天才弄的。但一读其文，却是康熙某年，雍正某年，乾隆某年，已经是几百年以前的事了。当我第一次看到的时候，我不禁一愣：难道我又回到康熙年间去了吗？如此看来，那个国籍有点问题的孙悟空不能专"美"于前了。

我们就在这样一个仿佛远离尘世的弥漫着古代和异域气氛的沙漠中的绿洲中生活了六天。天天忙于到洞子里去观看。天天脑海里塞满了五光十色丰富多彩的印象，塞得是这样满，似乎连透气的空隙都没有。我虽局处于斗室之中，却神驰于万里之外；虽局限于眼前的时刻之内，却恍若回到千年之前。浮想联翩，幻影杳来，是我生平思想最活跃的几天。我曾想到，当年的艺术家们在这样阴暗的洞子里画画，是要付出多么大的精力啊！我从前读过一部什么书，大概是美术史之类的书，说是有一个意大利画家，在一个大教堂内圆顶天篷上画画，因为眼睛总要往上翻，画了几年之后，眼球总往上翻，再也落不下来了。我们敦煌的千佛洞比意大利大教堂一定要黑暗得多，也要狭小得多，今天打着手电，看洞子里的壁画，特别是天篷上藻井上的画，线条纤细，着色繁复，看起来还感到困难，当年艺术家画的时候，不知道有多少困难要克服。周围是茫茫的沙碛，夏天酷暑，而冬天严寒，除了身边的一点浓绿之外，放眼百里惨黄无垠。一直到今天，饮用的水还要从几十里路外运来，当年的情况更可想而知。在洞子里工作，他们大概只能躺在架在空中的木板上，仰面手执小蜡烛，一笔一笔地细描细画。前不见古人，我无法见到那些艺术家了。我不知道他们的眼睛也是否翻上去再也不能下来。我不知道是一种什么力量在支撑着他们，在那样艰苦的条件下给我们留下了这样优美的杰作，惊人的艺术瑰宝。我们真应该向这些艺术家们致敬啊！

我曾想到，当年中国境内的各个民族在这一带共同劳动，共同生活，有的赶着羊群、牛群、马群，逐水草而居，辗转于千里大漠之中；有的在沙漠中一小块有水的土地上辛勤耕耘，努力劳作。在这里，水就是生命，水就是幸福，水就是希望，水就是一切，有水斯有土，有土斯有禾，有禾斯有人。在这样的环境中，只有互相帮助，才能共同生存。在许多洞子里的壁画上，只要有人群的地方，从人们的面貌和衣着上就可以看到这些人是属于种种不同的民族的。但是他们却站在一起，共同从事什么工作。我认为，连开凿这些洞的窟主，以及画壁画的艺术家都决不会出于一个民族。这些人今天当然都已经不在了。人们的生存是暂时的，民族之间的友爱是长久的。这一个简明朴素的真理，一部中国历史就可以提供证明。我们生活在现代，一旦到了敦煌，就又仿佛回到了古代。民族友爱是人心所向，古今之所同。看了这里的壁画，内心里真不禁涌起一股温暖幸福之感了。

我又曾想到，在这些洞子里的壁画上，我们不但可以看到中国境内各个民族的人民，而且可以看到沿丝绸之路的各国的人民，甚至离开丝绸之路很远的一些国家的人民。比如我在上面讲到如来佛涅槃以后，许多人站在那里悲悼痛哭，这些人有的是深目高鼻，有的是颧骨高而眼睛小，他们的衣着也完全不同。艺术家可能是有意地表现不同的人民的。当年的新疆、甘肃一带，从茫昧的远古起，就是世界各大民族汇合的地方。世界几大文明古国，中国、印度、希腊的文化在这里汇流了。世界几大宗教，佛教、伊斯兰教、基督教在这里汇流了。世界的许多语言，不管是属于印欧语系，还是属于其他语系也在这里汇流了。世界上许多国家的文学、艺术、音乐，也在这里汇流了。至于商品和其他动物植物的汇流更是不在话下。所有这一切都在洞子里留下了不可磨灭的痕迹。遥想当年丝绸之路全盛时代，在绵延数万里的路上，一定是行人不断，驼、马不绝。宗教信徒、外交使节、逐利商人、求知学子，各有所求，往来奔波，绝大漠，越流沙，轻万生以涉葱河，重一言而之奈苑，虽不能达到摩肩接踵的程度，但盛况可以想见。到了今天，情势改变了，大大地改变了。出现在我们眼前的是流沙漫漫，黄尘滚滚，当年的名城——瓜州、玉门、高昌、交河，早已沦为废墟，只留下一些断壁颓垣，孤立于西风残照中，给怀古的人增添无数的诗料。但是丝路虽断，他路代兴，佛光虽减，人光有加，还留下像敦煌莫高窟这样的艺术瑰宝，无数的艺术家用难以想象的辛勤劳动给我们后人留下这么多的壁画、雕塑，供我们流连探讨，使世界各国人民惊叹不置。抚今追昔，我真感到无比地幸福与骄傲，我不禁发思古之幽情，觉今是昨亦是，感光荣于既往，望继承于来者，心潮起伏，感慨万端了。

薄暮时分，带着那些印象，那些幻想，怀着那些感触，一个人走出了招待所去散步。我走在林荫道上，此时薄霭已降，暮色四垂。朱红的大柱子，牌楼顶上碧色的琉璃瓦，都在熠熠地闪着微光。远处砂碛没入一片迷茫中，少时月出于东山之上，清光洒遍了山头、树丛，一片银灰色。我周围是一片寂静。白天里在古榆的下面还零零落落地坐着一些游人，现在却空无一人。只有小溪中潺潺的流水间或把这寂静打破。我的心蓦地静了下来，仿佛宇宙间只有我一个人。我的幻想又在另一个方面活跃起来。我想到洞子里的佛爷，白天在闭着眼睛睡觉，现在大概睁开了眼睛，连涅槃了的如来也会站了起来。那许多商人、官人、菩萨、壮汉，白天一动不动地站在墙壁上，任人指指点点，品头论足。现在大概也走下墙壁，在洞子里活动起来了。那许多奏乐的乐工吹奏起乐器，舞蹈者、演杂技者，也都摆开了场地，表演起来。天上的飞天当然更会翩翩起舞，洞子里乐声悠扬，花雨缤纷。可惜我此时无法走进洞子，参加他们的大合唱。只有站在黑暗中望眼欲穿，倾耳聆听而已。

在寂静中，我又忽然想到在敦煌创业的常书鸿同志和他的爱人李承仙同志，以及其他几十位工作人员。他们在这偏僻的沙漠里，忍饥寒，斗流沙，艰苦奋斗，十几年，几十年，为祖国，为人民立下了功勋，为世界上爱好艺术的人们创造了条件。敦煌学在世界上不是已经成为一门热门学科了吗？我曾到书鸿同志家里去过几趟。那低矮的小房，既是办公室、工作室、图书室，又是卧室、厨房兼餐厅。在解放了三十年后的今天，生活条件尚且如此之不够理想，谁能想象在解放前那样黑暗的时代，这里艰难辛苦会达到何等程度呢？门前那院子里有一棵梨树。承仙同志告诉我，他们在将近四十年前初到的时候，这棵梨树才一点点粗，而今已经长成了一棵粗壮的大树，枝叶茂密，青翠如碧琉璃，枝上果实累累，硕大无比。看来正是青春妙龄，风华正茂。然而看着它长起来的人却垂垂老矣。四十年的日日夜夜在他们身上不可避免地会留下了痕迹。然而，他们却老当益壮，并不服老，仍然是日夜辛勤劳动。这样的人难道不让我们每个人都油然起敬佩之情吗？

我还看到另外一个人的影子，在合抱的老榆树下，在如茵的绿草丛中，在没入暮色的大道上，在潺潺流水的小河旁。它似乎向我招手，向我微笑，"翩若惊鸿，宛若游龙；荣曜秋菊，华茂春松"，这影子真是可爱极了。我是多么急切地想捉住它啊！然而它一转瞬就不见了。一切都只是幻影。剩下的似乎只有宇宙和我自己。

剩下我自己怎么办呢？我真是进退两难，左右拮据。在敦煌，在千佛洞，我就是看一千遍一万遍也不会餍足的。有那样桃源仙境似的风光，有那样奇妙的壁画，有那样可敬的人，又有这样可爱的影子。从内心深处我真想长期留在这里，永远留在这里。真好像在茫茫的人世间奔波了六十多年才最后找到了一个归宿。然而这样做能行得通吗？事实上却是办不到的。我必须离开这里。在人生中,我的旅途远远不到结束的时候,我还不能停留在一个地方。在我前面,可能还有深林、大泽、崇山、幽谷,有阳关大道,有独木小桥。我必须走上前去,穿越这一切。现在就让我把自己的身躯带走,把心留在敦煌吧。

1979年10月9日初稿
1980年3月3日定稿

登黄山记

早就听人说过:"五岳归来不看山,黄山归来不看岳。"又经常遇到去过黄山的人讲述那里的奇景,还看到画家画的黄山,摄影家摄的黄山,黄山在我的心中就占了一个地位。我也曾根据那些绘画和摄影,再搀上点传闻,给自己描绘了一幅黄山图,挂在我的心头。我带着这样一幅黄山图曾周游国内,颇看了一些名山大川。五岳之尊的泰山,我曾凌绝顶,观日出。在国外,我也颇游览了一些国家,徜徉于日内瓦的莱茫湖畔,攀登了雪线以上的阿尔卑斯山,尽管下面烈日炎炎,顶上却永远积雪皑皑。所有这一切都是永世难忘的。但是我心中的那一幅黄山图,尽管随着游览的深广而多少有所修正,但毕竟还是非常美的,非常迷人的。

今天我就带着我心中的那一幅黄山图,到真正的黄山来了。

汽车从泾县驶出,直奔黄山。一路上,汽车蜿蜒绕行于万山丛中。我的幻想也跟着蜿蜒起来。眼前是千山万岭,绵延不绝;但是山峰的形象从远处看上去都差不多。远处出现了一个耸入晴空的高峰,"那就是黄山了吧!"我心里想。但是一转眼,另一个更高的山峰呈现在我的眼前,我只好打消了刚才的想法。如此周而复始,不知循环了多少遍。还有一个问题一直萦回在我的脑际:在这千山万岭中,是谁首先发现黄山这一个天造地设的人间仙境呢?是否还有另一个更美的什么山没有被发现呢?我的幻想一下子又扯到徐霞客身上。今天我们乘坐汽车来到这里，还感到有些疲惫不堪。当年徐霞客是怎样来的呢？他只能自己背着行李，至多雇上一个农民替他背着，自己手执藤杖，风餐露宿，踽踽独行于崇山峻岭中，夜里靠松明引路，在虎狼的嗥叫声中，慢慢地爬上去。对比起来，我们今天确实是幸福多了……

就这样，汽车一边飞快地行驶，我一边在飞快地幻想。我心里思潮腾涌，绵绵不断，就像那车窗外的绵延的万山一样。

汽车终于来到了黄山大门外。

一走进黄山大门，天都峰就像一团无限巨大的黑色云层，黑乎乎地像泰山压顶一般对着我的头顶压了下来，好像就要倒在我的头上。我一愣：这哪里是我心中的那个黄山呢？然而这毕竟是真实的黄山。我几十年蕴藏在心中的那一幅黄山图一下子烟消云散了。我心中怅然若有所失，但是我并不惋惜。应该消逝的让它消逝吧！我现在已经来到了真实的黄山。

从此以后，真实的黄山就像一幅古代的画卷一样，一幅一幅地、慢慢地展现在我的眼前。

出宾馆右行，经疗养院右转进山。山势一下子就陡了起来。我曾经听别人说过，从什么地方到什么地方是多少多少华里。在导游书上，我也看到了这样的记载。我原以为几华里几华里都是在平面上的，因此我对黄山就有了一些不正确的理解。现在，接触了实际，才知道这基本上是按立体计算的。在这里走上一华里，同平地上不大一样，费的劲儿要大得多。就是向上走上一尺，也要费上一点力气。没有别的办法，只好喘气流汗了。我低头看着脚下的台阶，右手使劲地拄着竹杖，一步一步地向上爬行。我眼睛里看到的只是台阶，台阶，台阶。有时候，我心里还数着台阶的数目。爬呀，数呀，数呀，爬呀，以为已经很高了。但是抬眼一看，更高、更陡、更多的台阶还在前面哩。想当年登泰山的时候，那里还有一个"快活三里"。这里却连一个快活三步都没有。但是，既来之，则安之，爬就是一切。

我到黄山来，当然并不是专为来走路的。我还是要看一看的。但是，在黄山，想看也并不容易。有经验的人说："走路不看山，看山不走路。"这确实是至理名言。这有点像鱼与熊掌的关系，不可得而兼之。谁要想"兼之"，那就有失足坠下万丈深涧的危险。我只在爬到了一定的阶段时，才停下脚步，小心地抬头向身后和左右看上一看，但见峭壁千仞，高岭入云，幽篁参天，苍松夹道，鸟鸣相和，蝉声四起。而且每看一次，眼前的情景都不一样，扑朔迷离，变幻万端。就连同一个地方，从不同的角度去看，都能看出不同的形象。从慈光阁看朱砂峰，看到天都峰上的金鸡叫天门。但是登上龙蟠坡，再抬头一看，金鸡叫天门就变成了五老上天都。在什么地方才能看到黄山真面目呢？我想，在什么地方也是看不到的。我很想改一改苏东坡的诗："横看成岭侧成峰，远近高低各不同。不识黄山真面目，即使身在此山中。"

我有时候也有新的发现，我简直觉得其中闪现着"天才的火花"，解人难得，我只有自己拍手（这里没有案）叫绝。比如，我看远山上的竹石树木，最初只觉得一片蓊郁。但细看却又有明暗之别。有的浓绿，有的淡绿。经过我再三研究揣摩，我才发现，明的是竹，暗的是松，所谓"苍松翠竹"，大概指的就是这个意思吧。我又想改陆游的两句诗："山穷水复疑无路，松暗竹明又一山。"

一想到陆游，我又想到了徐霞客。我们且看看他登上慈光

寺以后是怎样看黄山的:

> 由此而入,绝巘危崖,尽皆怪松悬结;高者不盈丈,低仅数寸,平顶短鬣,盘根虬干,愈短愈老,愈小愈奇。不意奇山中又有此奇品也。

他看到了奇山,又看到了奇松。他看到的山同我们今天看到的几乎完全一样,这毫无可怪之处。但是他看到的松,有多少是我们今天还能看到的呢?"愈短愈老,愈小愈奇",难道在这几百年的漫长时间内,它们就一点也没有长吗?就是起徐霞客于地下,我这样的问题恐怕也无法回答了。

我就是这样一边爬,一边看,一边改着古人的诗,一边想到徐霞客,手、脚、眼、耳、心,无不在紧张地活动着,好不容易才爬到了天都峰脚下。这是一个关键的地方。向右一拐,走不多远,就可以登上台阶,向着天都峰爬上去。天都峰是黄山的主峰。不到天都非好汉,何况那天险鲫鱼背我已经久仰大名,现在站在天都峰下,一抬头就可以看到,上面有蚂蚁似的人影在晃动,真是有说不出的诱惑力啊!但是一看到那一条直上直下的登山盘道,像一根白而粗的线绳一样悬在那里,要爬上去,还真需要有一把子力气呢。我知道,倘若给我半天的时间,登上去也是没问题的。可惜现在早已经过了中午,到我们今天的住宿的地方玉屏楼还有一段路要走。我再三斟酌,只好丢掉登天都峰的念头,这好汉看来当不成了。我一步三回头地向左一拐,拾级而上,一直爬到了一线天的门口。这时我们坐了下来,背对一线天口,脸朝前望,可以看到近在咫尺的蓬莱三岛。所谓蓬莱三岛只是三个石笋似的小山峰,上面长着几棵松树。下面是一片深不见底的山谷。据说，白云弥漫时，衬着下面的云海，它们确确实实像蓬莱三岛。但现在却是赤日当空，万里无云，我只能用想象力来弥补天公的不作美了。

一线天真正是名副其实。在两个峭壁中，只有一条缝隙，仅容人体，抬眼一看，只见高处露出一线光明，上面是蓝蓝的天，这一团光明就召唤着我们，奋勇前进。我们也就真地一个个精神抖擞，鼓足了余勇，爬了上去。低头从我们两条腿中间向后看去，还可以看到悬挂在天都峰上的那一条白练似的磴道。

过了一线天，再向右一拐就走上了玉屏楼，这里是从温泉到北海去的必由之路。一般人都是在这里过夜的。徐霞客时代，这里叫玉屏风。他在《游记》里写道："四顾奇峰错列，众壑纵横，真黄山绝胜处。"可见徐霞客对此处评价之高。原来这里有一座庙，叫做文殊院。古人曾说过："不到文殊院，没见黄山面。"这同徐霞客的意见是一致的。

这里有什么特点呢？这里是万山丛中一块比较平坦的地方，好像天造地设，就是一个理想的中途休息的地方。一转过山角，就能看到峭壁上长着一棵松树。提起此松，真是大大地有名。全中国人民和全世界人民大概都经常能看到它的形象。挂在人民大会堂里的那一幅叫做"迎客松"的照片，就是它。这棵松树的大名就叫做"迎客松"。许多来访的外国领导人，以及名人、学者会见中国领导人时，就在那个照片下面照相。你看它伸出双臂，其实是不知道多少臂，仿佛想同来游的人握手、拥抱，它那青翠的枝头仿佛能说出欢迎的语言，它仿佛就是黄山好客的象征，不，它实际上成了中国人民好客的象征。你若问它的高寿，那就很难说。它干并不粗，也不特别高，看样子它至多也不过几十年至百年，然而据人说，它挺立在这里已经有一千多年的历史了。这里山高风劲，夏有酷暑，冬有寒冰，然而它却至今巍然屹立，俊秀挺拔，苍翠欲滴，枝头笼烟，仿佛正当妙龄青春。我在这里祝它长寿！

至于玉屏楼本身，可看的东西并不多。只是因为此地处万山之中，抬眼四顾，前有大谷深壑，下临无地，上面有参天云峰，耸然并立。同前一段的地无三尺平的情况比较起来，当然显得空阔辽廓，快人心目。当白云弥漫时，云海苍茫，必然另有一番景色。可惜我们没有这个福气，只看到了一片干涸了的大海。在玉屏楼的右边，就是那一棵在名声上稍逊一筹的送客松。它也像迎客松一样，伸出了它那许多胳臂，好像向游客告别，祝他们身强体健，过一些时候再来黄山。我也祝它长寿！

我们就是在住宿一夜之后，怀着还要再回来的心情走过这一棵松树向黄山深处前进的。一走过送客松，山路就好像一反昨天上山时的规律，陡然下降，下降，下降，再下降，一直降到涧底。这一段路走起来非常舒服，似乎还要超过泰山的"快活三里"。我们虽低头走路，仍可以抬头望山。走过望客松，蒲团松，右边可以看到指路石，回头则见牛鼻峰上的犀牛望月。下到深涧涧底以后，一泓清泉，就在道旁，清澈见底，冷冽可饮。拿做文章来比，我们走这一段山路，好像是在作"承"的那一段，"起"得突兀，"承"得和缓，我们过了一段舒服的时光。

但是，再拿做文章来比，"承"过以后，就来了"转"，这一"转"，可真不得了。到了涧底，抬眼一看，前面是八百级的莲花沟。这八百级仿佛是直上直下，令人看了真有点发怵。实际上，往上攀登的时候，比在下面仰望时更令人感到可怕。

我们面前好像只有这一条窄窄的石阶，只能向上，不能回转，"马行在夹道内，难以回马"，不管流多少汗，喘多少气，到此也只有奋勇攀登，再没有回旋的余地了。

皇天不负有心人。爬上了八百石阶，一转就到了莲花峰脚下。这一座莲花峰也是黄山主峰之一。从它的脚下上山好像比从天都峰脚下攀登天都峰要容易得多，只需往右一转，爬上几个台阶就可以达到峰顶。然而，正唯其觉得容易，也就失掉了吸引力。同时，我们今天的目标是到北海。我于是只在莲花峰下少坐片刻，抬头看到不远的峰顶上游人多如过江之鲫，然后左转走上前去。要说到黄山的险境，仿佛现在才算是开始。身右峭壁凌空，左边却是悬崖无地。山路是整修过的，在最危险的地方加了石头栏杆或铁链。但栏外就是危险境地，好像泰山上的阴阳界一样。走在这样的地方，连昨天奉行的"看山不走路，走路不看山"的箴言都无法奉行，无已，只有一心一意埋头苦走而已。这里就是鼎鼎大名的万丈云梯，真可以说是名不虚传。但是，大自然最憎恨的是单调，它决不会让百步云梯成为千步云梯、万步云梯。过了百步云梯，又是一段比较平直的山路。此时我仿佛已经过了险关，大有闲情逸致，观赏山景。蓦抬头，在远处的山崖上，忽然看到"万绿丛中一点红"。此时正是盛夏，早过了春暖花开的时节，这一点红是哪里来的呢？我无法攀上悬崖去看，无从探索与研究。我只有沉入幻想中，幻想暮春四五月间，黄山漫山遍野开满了杜鹃花的情况。我眼前的黄山一下子变了样，"日出山花红胜火"，红色的火焰仿佛燃遍了全山，直凌太空，形成了一幅红透宇宙的奇景。

就这样，一路幻想下去。平路走尽，又上山路，穿过鳌鱼洞，就到了天海。这一段路更平了，仿佛已经离开黄山，到了平地上。一路树木葱郁,翠竹夹道,两旁蝉声啼不住,轻身已到北海边。

北海真是个好地方。人们已经看过了天都峰和莲花峰,奇景险境,久已身履,大概总会觉得黄山胜境已经探过,到了北海已经成为尾声了。

然而实则不然。

我先讲一个口头传说。距北海不远有一个山峰,叫做始信峰。什么叫始信峰呢?这里熟于掌故的人说,就是"开始相信",意思就是,到了这里才开始相信黄山之美。不管这个解释是否正确,是否就是原意,我确确实实是相信的。我到了北海以后,才知道,北海决不是黄山之游的尾声,而是高峰,是顶端。上文曾引过一句古语:"不到文殊院,没见黄山面。"我想改一改:"走不到北海,黄山没有来"。再拿写文章作比,如果过了玉屏楼算是"转",那么,到了北海就算是"合"。一篇精巧的文章写到这里,才算是达到精妙的顶点,黄山乃山中之奇山,北海是众奇并备,万巧同臻。游黄山到此,真可以说是叹观止矣。

然而究竟"合"出一些什么东西来呢?

三言两语是说不完的。以北海为中心,三五华里的半径内,景色万千,名目繁多。大则崇山峻岭,小至一石一树,无不奇绝人寰。从宾馆右转,走不多远,在深山绝谷的边缘上,出现了散花精舍,前面不远就是梦笔生花,笔架峰,骆驼石,上升峰和老翁钓鱼,再往前走就是始信峰。登上始信峰顶,下临无地,隔着深涧远处可见仙女峰、石笋矼,石笋壁立千仞,真仿佛天上有一个顶天立地的金刚巨无霸从上面把石笋栽在那里,成为宇宙奇观。我们只是从远处看石笋矼的,徐霞客是亲身到过。他在《游记》里写道："趋石笋矼，至向年所登尖峰上，倚松而坐，瞰坞中峰石回攒，藻绘满眼，如觉匡庐、石门，或具一体，或缺一面，不若此之闳博富丽也。"

"闳博富丽"当然还不仅限于石笋矼。北海附近这一些名胜，无不"闳博富丽""藻绘满眼"。比如清凉台、曙光亭，都各有奇妙之处。出宾馆左折西行，可以到西海。沿路青松参天，翠竹匝地。有很多有名的奇景。走到尽头，同别的地方一样，眼前又是峭壁千仞，深涧万寻。从这里的排云亭上，可以看到丹霞峰、松林峰、石床峰，各个刺入青天，令人神往。据说这地方是看落照的好地方，可惜我们来的时候，不是黄昏，我们只有怅望西天，幻想一番日落西山、红霞满天的情景而已。

是不是北海就只"合"出了这样一些东西来呢？

也还不是的。黄山有所谓四大奇景：奇松、怪石、云海、温泉。温泉一进山就可以看到，上面已经说过，这里不再提了。其他三奇，除了云海以外，一进山也都陆续可以看到。从慈光阁开始，只要你注意，奇松、怪石，到处可见。简直是让你一步一吃惊，一步一感叹。到了北海算是达到了顶峰，所谓集大成者就是。

那么，人们也许要问，奇松奇在什么地方呢？这个问题问得好，我初次听说奇松时，心里也泛起过这个问题。我游遍了黄山，到了北海，要想答复这个问题，也还感到非常困难，简直可以说是回答不出。我常常想，世间一切松树无不是奇的。奇就奇在它同其他一切树都不一样。其他树木的枝子一般都是往上长的，但是松树的枝干却偏平行长着或者甚至往下长。其他树木从远处看上去都能给人一个轮廓，虽然茂密，但却杂乱；然而松树给人的轮廓却是挺拔、秀丽，如飞龙，如翔凤，秩序井然，线条分明。松柏是常常并称的。如果它们站在一起，人们从远处看，立刻就能够分清哪是松，哪是柏。总之一句话，我们脑中一切关于树的规律，松树无不违反。此之所谓奇也。

但是，黄山上的松树比其他地方更奇，是奇中之奇。你只要看一看黄山上有名字的名松，你就可以知道：蒲团松、连理松、扇子松、黑虎松、团结松、迎客松、送客松、飞虎松、双龙松、龙爪松、接引松，此外还不知道有多少松。连那些不知名的大松、小松、古松、新松，长在悬崖上的松，长在峭壁上的松，长在任何人都不能想象的地方的松，千姿百态，石破天惊，更是违反了一切树木生长的规律。别的地方的松树长上一千多年，恐怕早已老态龙钟了，在这里却偏偏俊秀如少女，枝干也并不很粗。在别的地方，松树只能生长在土中；在这里却偏偏生长在光溜溜的石头上。在别的地方，松树的根总是要埋在土里的；在这里却偏偏就把大根、小根、粗根、细根，一股脑地、毫不隐瞒地、赤裸裸地摆在石头上，让你看了以后，心里不禁替它担起忧来。黄山松奇就奇在这里。看松而看到黄山松，真可以说是达到顶峰了。

谈到怪石，也真是够怪的。那么这些石头怪又怪在何处呢？在别的名山胜地中，也有一些有名有姓的山峰，也有一些有名有姓的石头。但是在黄山，这种山峰和石头却多得出奇：虎头岩、郑公钓鱼台、莺谷石、碰头石、鲫鱼背、羊子过江、仙人飘海、仙桃石、蓬莱三岛、鹦哥石、飞鱼石、采莲船、孔雀戏莲花、象石、金龟望月、仙鼠跳天都、仙人下轿、仙人把洞门、姜太公钓鱼、犀牛望月、指路石、金龟探海、老僧入定、老僧观海、仙人绣花、鳖鱼吃螺蛳、容成朝轩辕、鳖背驮金鱼、仙人下棋、仙人背包、飞来钟、老翁钓鱼、梦笔生花、猪八戒吃西瓜、书箱峰、达摩面壁、仙人晒靴、老虎驮羊、天鹅孵蛋、关公挡曹、仙人铺路、太白醉酒、五老荡船、天狗望月、双猫捕鼠、苏武牧羊、老僧采药、仙人指路、喜鹊登梅、猴子捧桃，等等，等等。名目确实够繁多的了。名目之所以这样繁多，决定因素就是因为这里石头长得怪。如果不怪的话，就决不会有这样多的名目。你以为这些五花八门的名目已经把黄山的怪石都数尽了吗？不，还差得很远。如果你有时间，静坐在黄山的某一个地方，面对眼前的奇峰怪石，让自己的幻想展翅驰骋，你还可以想出一大批新鲜动人的名目。比如我们几个人在西海排云亭附近面对深涧对面的山，我看出了一座"国际饭店"。这个名字一提出，你就越看越像，像得不能再像了，我们都为这个天才的发现而狂欢。假我以时日，我们可以巧立名目，为黄山创立一大批新鲜、别致，不但神似而且形似的名目，再为黄山增添光彩。

在怪石中最怪的，当然要数飞来石。顾名思义，人们认为这块大石头是从天外飞来的。我们从玉屏楼到北海的路上，快到北海的时候，已经从远处看到了它。它是在一座小山峰的顶上，孑然耸立在那里。上粗下细，同山峰接触的地方只是一个点，在山风中好像是摇摇欲坠，让人不禁替它捏一把汗。后来我们从北海到西海，在回去的路上，爬了上去，一直爬到峰顶上，同黄山别的山头一样，小小的一个峰顶，下临万丈深涧。看到飞来石，我们都大吃一惊：原来同峰顶连接的地方有一条缝。这样一块巨石，上粗下细，又不固定在峰顶上，怎能巍然屹立在那里，而且还不知已经屹立了多少年呢？在这漫长的时间内，谁知道它已经经历了多少狂风暴雨，山崩地震呢？而它到今天仍然是岿然不动，简直违反了物理的定律。我们没有别的话可说，只能说它是奇中之奇了。

至于黄山的云海，更是我闻所未闻，见所未见。一座大山竟然有北海、西海、天海、前海、后海，这样许多海，初听时难道不真是让人不解吗？原来这些海都是云海。我从小读王维的诗："行到水穷处，坐看云起时。"觉得这个境界真是奇妙，心向往之久矣。可是活了六十多岁，也从来没能看到云起究竟是什么样子。一天，我们正在北海的一个山头上，猛回头，看到隔山的深涧忽然冒起白色的浓烟。我直觉地认为这是炊烟。但是继而一想，炊烟哪能有这样的势头呢？我才恍然：这就是云起。升起来的云彩，初时还成丝成缕，慢慢地转成一片一团，颜色由淡白转浓，最初群山的影子还隐约可见，转瞬就成了一片云海，所有的山影都被遮住，云气翻滚，宛若海涛。然而又一转瞬，被隐藏起来的山峰的影子又逐渐清晰，终于又由浓转淡，直到山峰露出了真面目，云气全消，依然青山滴翠，红日皓皓。所有这一切都发生在几分钟内。这算不算是云海呢？旁边有人说："还不能算是真正的云海。那要大雨之后。"我只好相信他的话。但是，"慰情聊胜无"，不是比没有看到这种近似云海的景象要好得多吗？

除了上面谈的四大奇景之外，我还有一点意外的收获，那就是我在黄山看了日出。日出并没有列入黄山四奇之内，但仍然可以说是一奇。北海的曙光亭，顾名思义，就是看日出的最好的地方。几十年前，当我还年轻的时候，我曾登泰山看日出，在薄暗中，鹄候在玉皇顶上，结果除了看到一团红红的云彩之外，什么也没有看到。我只有暗自背诵姚鼐的《登泰山记》，聊以自慰：

> 及既上，苍山负雪，明烛天南，望晚日照城郭，汶水、徂徕如画，而半山居雾若带然。戊申晦五鼓，与子颍坐日观亭待日出。时大风扬积雪击面。亭东自足下皆云漫。稍见云中白若樗蒲数十立者，山也。极天云一线异色，须臾成五彩，日上，正赤如丹，下有红光，动摇承之。或曰：此东海也。

这一次来到黄山北海，早晨天还没有亮，就有人跑着、吵着去看日出。我一骨碌爬起来，在凌晨的薄暗中摸索着爬上曙光亭，那里已经是黑压压的一团人。我挤在后面，同大家一样向着东方翘首仰望。天是晴的，但在东方的日出处，却有一线烟云。最初只显得比别处稍亮一点而已。须臾，彩云渐红，朝日露出了月牙似的一点；一转眼间，它就涌了出来，顶端是深紫色，中间一段深红，下端一大段深黄。然而立刻就霞光万道，白云为霞光所照，成了金色，宛如万朵金莲飘悬空中。

就这样，黄山的三奇，奇松、怪石、云海，还加上一个奇：日出。我在黄山，特别是在北海，都领略过了。再拿做文章来打个比方，起、承、转、合，这几大股都已作完，文章应该结束了。

然而不然，从我的感情和印象说起来，合还没有合完，文章也就不能结束。从我的激情来看，这仿佛刚才达到高潮，文章更不能就此结束了。我们原来并不想在北海住这样久。但是越住越想住，越住越不想走。三天之内，我们天天出去，天天有新的发现，大有流连忘返之意。我们最后怀着惜别的心情，离开了北海的时候,我的内心如潮涌,如云起,一步三回头。我们绕过黑虎松走上后山的道路,向着云谷寺的方向走去。一路之上,流水潺潺,山风习习,蝉声相送,鸟鸣应和,苍松翠竹,映带左右。我们又像走到山阴道上,应接不暇了。但是我们走到幽篁中,闻鸟声却不见鸟,我们笑着开玩笑说,这是留客鸟,它们也惋惜我们即将离去,大有依依不舍之意呢。

此时周围清幽阒静,好像宇宙间只有我们几个人似的。但是我的内心里却又像来黄山的路上那样如波涛汹涌,遐想联翩,我想到过去游览过国内外的名山大川。我一时想到泰山,一时又想到石林。这都是天下奇秀,有口皆碑。但是我觉得,同黄山比起来,泰山有其雄伟,而无其秀丽;石林有其幽峭,而无其雄健。黄山是大则气势磅礴,神笼宇宙,小则剔透玲珑,耐人寻味。如果拿美学名词来比附的话,我们就可以说,黄山既有阳刚之美,又有阴柔之美。可谓刚柔兼,二难并,求诸天下名山,可谓超超玄箸了。

我一下子又想到中国的山水画。远山一般都只用淡墨渲染,近山则用各种的皴法。对远山的那种处理,只要在有山的地方,看到过远山的人,都会同意的,都会知道,那实际上是把自然景物,再加上点画家个人的幻想与创造,搬到了纸上来的。这不同于自然主义,这是形似而又神似。但是对近山的那些不同的皴法,则生长在北方高山不多的地方的人,有时就不大容易理解,认为这不过是画家的传统手法,没有多大意思的。特别是对大涤子这样的画家,更不容易理解。今天我到了黄山,据说大涤子在这里住过,积年疑团,顿时冰释。我站在任何一个悬崖峭壁的下面,抬头仰望,注意凝视,观之既久,俨然是一幅大涤子的山水画出现在自己的眼前,我也俨然成了画中人了。但见这一幅画，笔墨恣纵，元气淋漓，皴法新颖，巨细无遗。倘若我们请天上匠作大神，来到人间，盖上一座万丈高的大厦，把这一幅大画挂在里面，不知会产生什么效果，恐怕观赏的人都会目瞪口呆、惊愕万状吧！此时，只在此时，我才真正理解中国古代山水画家，其中也包括像大涤子这样有天才、有独创性，能独辟蹊径，开一代风气的画家，都是在仔细观察自然山色，简练揣摩，融会贯通之后，然后才下笔的。他们决不是专门抄袭古人，拾古人牙慧的。

我一下子又想到，天下名山多矣，中外皆然。但是像黄山这样的名山，却真如凤毛麟角。为什么中国竟会有黄山这样的山呢？这个问题似乎非常幼稚，实际上却是发自我内心深处的一个问题。我并不觉得它有什么幼稚、可笑。古人会说，这是灵气所钟。什么又是灵气呢？灵气这东西摸不着，看不到，实在是玄妙得很。但是依我看，它又确实是存在着的。我们一到黄山，第一天晚上，坐在宾馆外深涧岸边，细听涧中水声，无意中捉到了一个萤火虫，发现它比别的地方的都大而肥壮。后来我们又发现这里的知了也比别的地方的大而肥壮，就连苍蝇也和别的地方不同，大得、壮得惊人，而在海拔近两千尺的天都峰顶，天风猎猎，人站在那里都摇摇欲坠，然而却能见到苍蝇，而且都有点气魄，飞驶迅速，呼啸而过。这实在使我吃惊不小。不用灵气所钟，又怎样解释呢？世界各国都有它们灵气所钟的地方，对于这些地方，只要我能走到、看到，我都喜爱、欣赏，一视同仁，决不会有任何偏心。但是，有黄山这样灵气所钟的地方，我作为一个中国人感到无比地骄傲与幸福。我因此更热爱我们这一块土地，我更热爱我们这一个国家。我们也并不想把黄山秘而不宣，独自享受。"但愿人长久，千里共婵娟"。我也但愿世界永存,黄山永在,永远以它那无比美妙的山色,为我们提供无比美妙的怡悦。

我一下子又想到,古人说,人生要读万卷书,行万里路。又说太史公司马迁周览名山大川,故其文疏宕有奇气。还有人说,唐代大书法家张旭观公孙大娘舞剑器,因而书法大进。我现在游览了黄山,将来会产生什么样的影响呢?我一非文豪,二非书法家,这影响究竟要产生在什么地方呢?不管怎样,影响终归会有的,我且拭目以待。

我就是这样一边走,一边想,一边还欣赏四周奇丽景色,不知不觉地就回到了温泉。等到我从北海返回温泉的时候,我仿佛成了一个阿丽丝,我漫游了一个奇而又奇的奇境。过去一周的游踪,历历呈现在我心中。我的黄山梦于今实现了。但我并不满足于实现了梦境,而是梦得更加厉害起来。我仿佛还并没有到过真正的黄山,不,黄山对我来说,比原来还要陌生,还要奇妙,我直觉地感到,真正的黄山我还没有看到。我从北海归来,只看了黄山的皮毛。黄山的名胜真如五光十色,扑朔迷离,在那"万壑树参天,千山响杜鹃"中似乎还隐藏着什么秘密,有待于我,有待于其他人去发现,去欣赏,去惊叹。古时候有一首关于黄山的诗:

踏遍峨嵋与九嶷,
无兹殊胜幻迷离。
任他五岳归来客,
一见天都也叫奇。

我还没有历游五岳,也还没有到过峨嵋与九嶷。我对黄山、对天都叫奇，完全是很自然的。我相信，即使我有朝一日真的遍游五岳，登峨嵋，探九嶷，我再到黄山来，仍然会叫奇不绝的。

我来的时候，心里带来了一个假的黄山图，它一遇到真黄山就破碎消失了。我现在离开的时候，带走了一幅真正的黄山图，虽然我还不能相信，这一幅图就是黄山的真相。但是这幅黄山图将永远留在我的心中。经过了一段时间酝酿思忖，我现在写出了我心目中的黄山。但写的过程中，我时时怀疑我这一支拙笔会玷污了黄山。古人诗说："美人意态画不出，当时枉杀毛延寿。"我现在真觉得，"黄山意态写不出，枉费不眠数夜间"。《世说新语》任诞第三十三说：

> 桓子野每闻清歌，辄唤："奈何！"谢公闻之曰："子野可谓一往有深情。"

这里指的是，桓子野每闻清歌，辄情动乎中。我现在面对着黄山，心中有一美妙的黄山，笔下的黄山却并不那么美妙，我也只能学一学桓子野，徒唤奈何。

1979年12月9日写毕

星光的海洋

星光，星光，星光……

到处都是星光。

是星光的瀚海，是星光的大洋；是星光的密林，是星光的丛莽。有红，有绿；有白，有黄；有大，有小；有弱，有强；有明，有暗；有高，有低；有远，有近；有疏，有密。有的成堆，有的成行；有的排成一线，有的组成一方；瞻之在前，忽焉在后；光辉灿烂，绵延数十里；汪洋浩瀚，好像充塞了天地。有时候，这星光的海洋似乎已经达到了黑暗的边缘；我满以为，在此之外，已是无边无际的大黑暗了。然而，只要一转瞬，再往上一看，依然是一片星光。

星光，星光，星光……

到处都是星光。

是夏夜的星空从天上落到地面上来了吗？是哪一个神话世界里的神灯从虚无缥缈的高天上飘到人间来了吗？我有点迷惑，有点恍惚，有点好奇，有点糊涂。我注意探讨，仔细研究，猛然发现，这些都不是，都不是。这根本不是星光，而是绵延不断的灯光。

我抬头向上看，在这一片我原来误以为是星光的灯光上面，亮晶晶地一大片，大大小小的一群在那里眨着眼睛，那才是真正的星光。我低头向下看，看到星光和灯光在水面上的倒影，金光闪闪，像一条条的金蛇。原来就在我脚下，在我伫立的一个小小的山头的下面几十米深的黑暗处，从左边流来了嘉陵江，从右边流来了不尽长江滚滚来的长江。江声低咽，金波摇影。我现在不是在天上，而是在人间；不是在人间别的地方，而是在嘉陵江和长江汇流处的重庆。嘉陵江上通四川辽阔的地区，长江下达更辽阔的地区，一直通到大海。我正站在祖国的大地上，我眼前是重庆，是重庆的夜晚。眼前的一片星光是这座山城高高低低山坡上的群灯。

在白天，我曾在这一座山城里蜂房般的鳞次栉比的房屋的迷宫中漫游。我曾出出进进于大小商店中，看点什么，买点什么。我也曾在大街上滚滚的人流中漫步，没有什么固定的目的，只是作为一个外地人，一个旁观者看看而已。我看玻璃窗里陈列的五光十色的商品；我看街旁菜摊上摆的有一些我叫不出名的蔬菜。我间或也能看到一些少数民族的妇女穿着花团锦簇颜色鲜艳的服装，头上和手上戴着的首饰闪闪发出银白色的光芒。我顾而乐之，忘记了时间的流逝。

最使我难忘的是我瞻仰的一些革命圣地，比如红岩、曾家岩、周公馆、桂园等等。特别是红岩，更给我留下了永不磨灭的印象。我怀着十分虔敬的心情在这个革命圣地里走上走下，在那些大大小小的房间里瞻望。我得步履很轻很轻，我几乎屏止住了呼吸。我一向景仰的那一些革命前辈仿佛还住在这里。我不敢放肆，我怕打扰了他们的精神。在院子里，虽然现在时令已是冬天，但是那些五颜六色的菊花却傲然凌霜怒放，显示出与众不同的骨气。最引起我注意的是一丛开着红色花朵的我不知道名字的蔓藤，红得像火焰，像朝霞，耀眼惊心。就在这红色花朵的旁边矗立着一棵高大的黄桷树。在那黑云压城特务横行的日子里，在这棵大树的向外面的一侧是阴间。过了这棵树是红岩的主楼，就是阳间。因此，人民群众把这棵大树称作阴阳树。今天我来到了这棵树下，看到它枝干突兀腾跃，矫健挺拔，尖顶直刺灰蒙蒙的天空，好像把我的心情也带向高处。站在树下，我久久不想离去。今天我们全国人民都住在阳间，阴间已经消失得无影无踪了。我心头之兴奋可以想见了。也许是由于兴奋过度，我没有注意树上是否有灯。即使有的话，我也决不会把灯光误认为星光。

眼前白天已经转入暗夜，我登上了长江和嘉陵江汇流处的三角洲头。白天看到的那一些密密麻麻的大街、小巷、高楼、低舍，我都看不到了，都没入了一片迷茫的黑暗中。我眼前看到的只有万家灯火，高高低低，前后左右，汇成了一片星光的海洋。

我当然不知道红岩、曾家岩、周公馆、桂园等等都在什么地方。我更不知道，那里现在是否都亮起了红灯。但是，我确信，在这一片灯光的海洋中，有几盏灯就是挂在那里的。红岩、曾家岩、周公馆、桂园，每一个窗口都会有闪亮的红灯让灯光流出，汇入这浩渺的灯光的海洋里。其中那最明亮、最高大的一盏一定是挂在阴阳树上。在它辉耀的光线的照耀下，我仿佛看到了大树下那些傲霜怒放的菊花，小红灯笼似的累累垂垂的花朵，衬托着碧绿的叶子，散发出无穷的活力。当年在这一座黑暗弥天的山城里，那些向往光明的人们，特别是青年们，一定是望眼欲穿地望着阴阳树上的这一盏明灯而欢欣鼓舞。这明灯给他们以信心，给他们以勇气，给他们以方向，给他们以安身立命之地。他们终于在灯光的照耀下，慢慢地冲出黑暗，奔向光明。我那时虽然不在重庆，但是，我确信，一定是有这样一盏灯的，而这灯又必然是异常明亮，异常光辉灿烂的。

今天，弥天的黑暗已经永远消失了，光明降临到大地上。我来到了重庆，缅怀往事，心潮腾涌。我很后悔，为什么当年竟没能够来到这里，看一看红岩、曾家岩、周公馆和桂园等地，献上我的一瓣心香？现在，我站在两江汇流处的三角洲山头上，面对山城的万家灯火，五十年的往事一下子逗上心头。回首前尘，唯余感慨；瞻望未来，意气风发。我完完全全沉浸在幻想之中。一转瞬间，眼前的万家灯火又突然变成了星光。这星光把我带到天上去，带到那片能抒发畅想曲的碧落中去。

星光，星光，星光……

到处都是星光。

1981 年草稿
1984 年 12 月 13 日修改于深圳
1985 年 1 月 15 日抄于燕园

富春江上

记得在什么诗话上读到过两句诗：

到江吴地尽，
隔岸越山多。

诗话的作者认为是警句，我也认为是警句。但是当时我却只能欣赏诗句的意境，而没有丝毫感性认识。不意我今天竟亲身来到了钱塘江畔富春江上。极目一望，江水平阔，浩渺如海；隔岸青螺数点，微痕一抹，出没于烟雨迷蒙中。"隔岸越山多"的意境我终于亲临目睹了。

钱塘、富春都是具有诱惑力的名字。实际的情况比名字更有诱惑力。我们坐在一艘游艇上。江水青碧，水声淙淙。艇上偶见白鸥飞过，远处则是点点风帆。黑色的小燕子在起伏翻腾的碎波上贴水面飞行，似乎是在努力寻觅着什么。我虽努力探究，但也只见它们忙忙碌碌，匆匆促促，最终也探究不出，它们究竟在寻觅什么。岸上则是点点的越山，飞也似的向艇后奔。一点消逝了，又出现了新的一点，数十里连绵不断。难道诗句中的"多"字表现的就是这个意境吗？

眼中看到的虽然是当前的景色，但心中想到的却是历史的人物。谁到了这个吴越分界的地方不会立刻就想到古代的吴王夫差和越王勾践的冲突呢？当年他们钩心斗角互相角逐的情景,今天我们已经无从想象了。但是乱箭齐发、金鼓轰鸣的搏斗总归是有的。这种鏖兵的情况无论如何同这样的青山绿水也不能协调起来。人世变幻,今古皆然。在人类前进的程途上,这些都是不可避免的。但青山绿水却将永在。我们今天大可不必庸人自扰,为古人担忧,还是欣赏眼前的美景吧!

但是,我的幻想却不肯停止下来。我心头的幻想,一下子又变成了眼前的幻象。我的耳边响起了诗僧苏曼殊的两句诗:

春雨楼头尺八箫,
何时归看浙江潮。

这里不正是浙江钱塘潮的老家吗?我平生还没有看到浙江潮的福气。这两句诗我却是喜欢的,常常在无意中独自吟咏。今天来到钱塘江上,这两句诗仿佛是自己来到了我的耳边。耳边诗句一响,眼前潮水就涌了起来:

怒声汹汹势悠悠,
罗刹江边地欲浮。
漫道往来存大信,
也知反覆向平流。
狂抛巨浸疑无底,
猛过西陵似有头。
至竟朝昏谁主掌,
好骑赪鲤问阳侯。

但是,幻象毕竟只是幻象。一转瞬间,"怒声汹汹"的江涛就消逝得无影无踪，眼前江水平阔，浩渺如海，隔岸青螺数点，微痕一抹，出没于烟雨迷蒙中。

可是竟完全出我意料：在平阔的水面上，在点点青螺上，竟又出现了一个人的影子。它飘浮飞驶，"翩若惊鸿，宛如游龙"，时隐时现，若即若离，追逐着海鸥的翅膀，跟随着小燕子的身影，停留在风帆顶上，飘动在波光潋滟中。我真是又惊又喜。"胡为乎来哉？"难道因为这里是你的家乡才出来欢迎我吗？我想抓住它；这当然是不可能的。我想正眼仔细看它一看；这也是不可能的。但它又不肯离开我，我又不能不看它。这真使我又是兴奋，又是沮丧；又是希望它飞近一点，又是希望它离远一点。我在徒唤奈何中看到它飘浮飞动，定睛敛神，只看到青螺数点，微痕一抹，出没于烟雨迷蒙中。

我们就这样到了富阳。这是我们今天艇游的终点。我们舍舟登陆，爬上了有名的鹳山。山虽不高，但形势极好。山上层楼叠阁，曲径通幽，花木扶疏，窗明几净。我们登上了春江第一楼，凭窗远望，富春江景色尽收眼底。因为高，点点风帆显得更小了，而水上的小燕子则小得无影无踪。想它们必然是仍然忙忙碌碌地在那里飞着，可惜我们一点也看不着，只能在这里想象了。山顶上树木参天，森然苍蔚。最使我吃惊的是参天的玉兰花树。碗大的白花在绿叶丛中探出头来，同北地的玉兰花一比，小大悬殊，颇使我这个北方人有点目瞪口呆了。

在山边上一座石壁下是名闻天下的严子陵钓台。宋朝大诗人苏东坡写的四个大字：登云钓月，赫然镌刻在石壁上。此地距江面相当远，钓鱼无论如何是钓不着的。遥想两千多年前，一个披着蓑衣的老头子，手持几十丈长的钓竿，垂着几十丈长的钓丝，孤零一个人，蹲在这石壁下，等候鱼儿上钩，一动也

"我们舍舟登陆,爬上了有名的鹳山。"图为1981年季羡林(左二)与助手李铮(左一)等在鹳山留影。

不动，宛如一个木雕泥塑。这样一幅景象，无论如何也难免有滑稽之感。古人说：姑妄言之姑听之，过分认真，反会大煞风景。难道宋朝的苏东坡就真正相信吗？此地自然风光，天下独绝，有此一个传说，更会增加自然风光的妩媚，我们就姑妄听之吧！

两年前，我曾畅游黄山。那里景色之奇丽瑰伟，使我大为惊叹。窃念大化造物，天造地设，独垂青于中华大地。我觉得生为一个中国人，是十分幸福的，是非常值得骄傲的。今天我又来到了富春江上。这里景色明丽，秀色天成，同样是美，但却与黄山形成了鲜明的对照。如果允许我借用一个现成的说法的话，那么一个是阳刚之美，一个是阴柔之美。刚柔不同，其美则一，同样使我惊叹。我们祖国大地，江山如此多骄，我的幸福之感，骄傲之感，更油然而生。我眼前的富春江在我眼中更增加了明丽，更增加了妩媚，仿佛是一条天上的神江了。

在这里，我忽然想到唐代诗人孟浩然的一首著名的诗《宿桐庐江寄广陵旧游》：

> 山暝听猿愁，沧江急夜流。
> 风鸣两岸叶，月照一孤舟。
> 建德非吾土，维扬忆旧游。
> 还将两行泪，遥寄海西头。

孟浩然说"建德非吾土"，在当时的情况下，这种心情是容易理解的。他忆念广陵，便觉得建德非吾土。到了今天，我们当然不会再有这样的感觉了。我觉得桐庐不但是"吾土"，而且是"吾土"中的精华。同黄山一样，有这样的"吾土"就是幸福的根源。非吾土的感觉我是有过的。但那是在国外，比如说瑞士，那里的山水也是十分神奇动人的，我曾为之颠倒过，迷惑过。但一想到"山川信美非吾土"，我就不禁有落寞之感。今天在富春江上，我丝毫也不会有什么落寞之感。正相反，我是越看越爱看，越爱看便越觉得幸福，在这风物如画的江上，我大有手舞足蹈之意了。

我当然也还感到有点美中不足。我从小就背诵梁代大文学家吴均的一篇名作《与宋元思书》。这封信里描绘的正是富春江的风景：

> 风烟俱净，天山共色。从流飘荡，任意东西。自富阳至桐庐，一百许里，奇山异水，天下独绝。

下面就是对这"奇山异水"的描绘。那确是非常动人的。然而他讲的是"自富阳至桐庐"，我今天刚刚到了富阳，便戛然而止。好像是一篇绝妙的文章，只读了一个开头。这难道不是天大的憾事吗？然而，这一件憾事也自有它的绝妙之处，妙在含蓄。我知道前面还有更奇丽的景色，偏偏今天就不让你看到。我望眼欲穿，向着桐庐的方向望去，根据吴均的描绘，再加上我自己的幻想，把那一百多里的奇山异水给自己描绘得如阆苑仙境，自己感到无比地快乐，我的心好像就在这些奇山异水上飞驰。等到我耳边听到有点嘈杂声，是同伴们准备回去的时候了。我抬眼四望，唯见青螺数点，微痕一抹，出没于烟雨迷蒙中。

1981年12月9日

观秦兵马俑

好像从地下涌出来一样,千军万马的兵马俑一个个英姿勃发地突然站立在大地上。说是千军万马,决不是夸大之词。仅就已知的俑的数目来看,足足够编成一个现代化的师。有待于发现的还没有计算在内。

你说这是一个奇迹吗?我同意。这几乎是全世界到中国来参观兵马俑的外国朋友的一致的意见,他们中间有的人甚至说,秦兵马俑这一个奇迹超过了举世闻名的万里长城。但是,同时我也可以不同意。我们伟大的祖国是文明古国。在现在的九百多万平方公里的土地上,十亿人口正在从事于万马奔腾的社会主义现代化的伟大建设工作。这是地面上的奇迹,是明明白白地摆在光天化日之下的,是人们都能够看到的。但是在地下呢?谁也说不清楚,究竟还有多少像秦兵马俑这样的奇迹暂时还埋藏在那里。就连邻近兵马俑的地带,地下情况我们也还不很清楚,何况是这样辽阔的大地呢?

在兵马俑没有涌出来以前,想来地面上也不过是一片青青的庄稼,或者一片荒烟蔓草。这一块土地,同另外任何一块土地完全是一模一样的。两千多年以来,不知道有多少人脚踩过这一块土地,也许在上面种过庄稼,种过菜,栽过树,养过花;也许在上面盖过房子,修过花园。谁也不会想到,就在自己的脚下,竟埋藏着这样多这样神奇的国宝。中国古人有一句现成的话说:"地不爱宝。"现在也许是大地忽然不再爱这些宝贝了。于是兵马俑这样的国宝就一下子涌到地面上来。

今天我们不远千里来到这里，无非是想看一看这些国宝，这些奇迹。一路之上，从西安城一直到这里，看到的当然都是地面上的东西。车过秦始皇陵，看到一个高高的土丘，上面郁郁葱葱，长满了石榴树。因为天气不好，骊山只剩下一片影子，黑魆魆地扑入眉宇。田地里长满了青青的蔬菜，间或也能看到麦苗。麦苗长得还很矮小，但却青翠茁壮。在骊山的阴影压迫之下，这麦苗显得更加青翠，逗人喜爱。

但是在西安引人注意的却不是这些青翠茁壮的麦苗。西安是一个最容易让人发思古之幽情的地方。只要一看到秦始皇陵和骊山，人们的思潮就会冲决这两个地方，向外扩散。我现在正是这样。我的心思仿佛长上了翅膀，联绵起伏，奔腾流泻。看到半坡，我自然就想到了蒙昧远古的祖先。接着想到的是我们汉族公认的始祖轩辕黄帝，他的陵墓距离西安不算太远。骊山当然让我想到周幽王和骊姬。始皇陵里埋着妇孺皆知的秦始皇。茂陵是汉武帝的陵墓。这一位雄才大略的大皇帝把自己的大将和大臣都埋葬在身边，霍去病和卫青的墓都在茂陵附近。这两个杰出的年轻的大将军在死后还在赤胆忠心地保卫着自己的主子。

至于唐代，那遗迹更是到处可见。很多地方都与中国文学史上一些非常显赫的诗人的名字联系在一起。抬头一看，低头一想，无一不让你想到唐代诗歌的黄金时代，想到一些脍炙人口的诗句。这里简直是诗歌的王国，是幻想的天堂，是天上彩虹的故乡，是人间真情的宝库。走过灞桥，我怎能会不想到当年折柳赠别的那一些名句和那种依依不舍的友情呢？看到蓝田这个地名，我自然就想到了王维的辋川别墅，想到那些意境幽

远的短诗。终南山抬头就能够见到,一看到终南山:

> 终南阴岭秀,
> 积雪浮云端。
> 林表明霁色,
> 城中增暮寒。

吟咏这首诗的声音,就在我耳边响起。车子驰过城西北的那一些原,我不由自主地低吟:

> 五陵北原上,
> 万古青蒙蒙。

走过咸阳桥,杜甫的名句:

> 耶娘妻子走相送,
> 尘埃不见咸阳桥。

自然就在我耳边响起。我仿佛看到在滚滚的黄尘中唐代出征军人的身影,他们的父母妻子把臂牵袂,痛哭相送。一走过渭水,

> 秋风生渭水,
> 落叶满长安。

这样的诗句马上把我带到了长安的深秋中,身上感到一阵阵的

凉意。一想到秋天，我马上就想到春天。

  云里帝城双凤阙，
  雨中春树万人家。

这样春雨中的情景立刻就把千树万树枝头滴着红雨的杏花带到我眼前来，我身上感到一阵阵的湿意。从帝城我联想到大明宫：

  九天阊阖开宫殿，
  万国衣冠拜冕旒。

我仿佛亲眼看到当年世界的首都长安的情景，大街上熙熙攘攘，挤满了人，在黄皮肤的人群中夹杂着不少皮肤或白或黑、衣着怪异、语言奇特的外国学者、商人、僧侣、外交官。

  ……

  总之，在我乘车驶向秦俑馆的路上，我眼前幻影迷离，心头忆念零乱，耳旁响着吟诗声，嘴里念着美妙的诗句，纵横八百里，上下数千年，浮想联翩，心潮腾涌。我以前在任何时候任何地方都没有过这样复杂的感情，我是既愉快，又怅惘；既兴奋，又冷静，中间还掺杂上一点似乎是骄傲的意味。

  就这样，转眼之间，我们已经到了秦兵马俑馆。

  所谓兵马俑馆，是一个硕大无比的大厅，目测至少有几个足球场大。在进入大厅之前，我们先参观了大厅旁边的一间小厅，中间陈列着正在修复中的一辆铜车、四匹铜马。四匹铜马神采奕奕，仿佛正在努力拉着铜车奔驰。一个铜军官坐在车

"转眼之间,我们已经到了秦兵马俑馆。"图为1982年季羡林(二排右三)参观秦始皇兵马俑留影。

上，驾驭着这四匹马。看到这样精致绝伦的艺术国宝，我们每个人都不禁啧啧称叹：想不到宇宙间竟有这样神奇的珍品，我心中那一点骄傲的意味不由得更加浓烈起来了。

走进了大厅，站在栏杆旁边向下面的大坑里望去，看到一排排的坑道，坑道中，前排的兵俑和马俑都成排成行地站在那里。将军俑、铠甲武士俑、骑马俑等等，好像都聚精会神地站在那里，静候命令，一个个秩序井然，纪律严明，身体笔直，一动也不动。兵俑中间间杂着一些马俑，也都严肃整齐，伫立待命。我原以为，这些兵俑都是一个模子里塑制出来的，千篇一律，不会有什么变化。但是仔细一看才发现，他们的面部表情几乎每一个都不相同：有的像是在微笑，有的像是在说话，有的光着下颔，有的留着胡子，个个栩栩如生，而又神态各异，没有发现一个愁眉苦脸的。他们好像是都衷心喜悦地为大皇帝站岗放哨。他们的"物质待遇"好像是很不错，否则怎么能个个都心满意足呢？我简直难以想象，当年的艺术家是怎样塑制这些兵马俑的。数以万计的兵马俑竟都能这样精致生动，不叫它是宇宙间一大奇迹又叫它什么呢？

我的思潮又腾涌起来，眼前幻象浮动，心头波浪翻滚。蓦地一转眼，我仿佛看到坑里的兵俑和马俑一齐跳动起来。兵俑跑在前面，在将军俑的率领下，奋勇前进。马俑紧紧地跟在后面。有的兵俑骑上马俑，放松缰绳，任马驰骋。后排坑道里那些还没有被完全挖出来的兵俑和马俑，有的只露出了头，有的露出了半身，有的直着身子，有的歪着身子，也都在那里活动起来。在这里，地面高高低低，坎坷不平。它在我眼中忽然变成了海浪，汹涌澎湃，气象万千。兵俑和马俑正从海浪中挣扎出来。有脑袋的奋勇向前。连那些没有脑袋的也顺手抓起一个脑袋，安在脖子上，骑上马俑，向前奔去；想追上前面那些成行成排的俑，一齐飞出大厅。那四匹铜马拉着铜车四马当先，所向无前。连乾陵的那两匹带翅膀的飞马也从远处赶了来，参加到飞腾的队伍中去。他们一飞出大厅，看到今天祖国已经换了人间，都大为惊诧与兴奋。他们大声互相说着话："我们一睡就是几千年，今天醒来，看到河山大地花团锦簇，人民群众意气风发。我们虽然都有了一把子年纪，但是身子骨还很硬朗。我们休息了这样多年，正有用不完的劲。我们也一定要尽上一份力量，决不能后人。现在是大显身手的好时候了，干呀！干呀！"边说边飞，浩浩荡荡，飞向天空，飞向骊山：

骊山高处入青云，
仙乐风飘处处闻。

现在我耳边响起的不是缓歌慢奏的仙乐，而是兵马杂沓，金鼓齐鸣，这些声音汇成了三界大乐，直干青云，跟随着兵俑和马俑，把我的心也夹在了中间，飞驰掠过八百里秦川。

这八百里秦川可真是一块宝地啊！在若干千年中，我们的先民在这里胼手胝足，辛勤耕耘，才收拾出来了现在这样的锦绣河山。就拿西安这一个地方来说吧。在汉唐时期，以它那光辉灿烂的文化，吸引了成千上万的外国朋友，不远万里，来到这里，或学习，或贸易，或当外交官。西安俨然成了当时世界的中心。城中盛况，依稀可以想象。这一点我在上面已经谈到。今天，又发现了数目这样多、塑制又这样精美、能同世界奇迹长城媲美的兵马俑，锦上添花，又招引来了全国各地的人士和世界各国的朋友，云集此处，都瞪大了眼睛，惊叹不置。

在我们来的路上,外国朋友乘坐的车子,络绎不绝。现在在秦俑馆内,外国朋友,男女老幼,穿着五光十色的衣服,说着稀奇古怪的语言,其数目远远超过国内人民。在这样的情况下,作为一个中国人,人们会想些什么呢?别人的心思我无法揣度,我说不出;但是我自己的心思我是清楚的。我在来的路上的那一点淡淡的骄矜之意、幸福之感,现在浓烈起来了。为生为一个中国人而感到骄矜与幸福,难道不是我们共同的感觉吗?

我就是怀着这样的骄矜之意与幸福之感,依依不舍一步三回首地离开了秦俑馆的。此时天色已经渐渐地晚了下来。骊山山顶隐入一层薄薄的暮霭中。浩浩荡荡的兵俑和马俑的队伍大概已经飞越了骊山,只留下一片寂静,伴随着我驰过八百里秦川。

1982年10月29日草稿
1982年11月16日修改
1985年1月14日抄出

别稻香楼

——怀念小泓

我从来没有认为自己是一个多愁善感的人,何况现在已年逾古稀,悲欢离合的经历已经多到让人负担不起来的程度,小小的别离又怎能引起心潮腾涌呢?

然而事实却不是这个样子。

九天以前,当我初来稻香楼的时候,我是归心似箭,恨不能日子立刻就飞逝过去,好早早地离开这里。我决没有想到,仅仅九天之后,我的感情竟来了一个"根本对立",我对于这个地方产生了留恋之情,在临别前夕,竟有点难舍难分了。

稻香楼毕竟是非常迷人的地方。在一个四面环湖的小岛上,林木葱茏,翠竹参天,繁花似锦,香气氤氲。最令人心醉的是各种小鸟的鸣声。现在在北京,连从前招人厌恶的麻雀的叫声都不容易听到了。在合肥,在稻香楼,天将破晓时,却能够听到多种鸟的鸣声。我听到一种像画眉的叫声,最初却不敢相信,它真是画眉。因为在北方,画眉算是一种非常珍贵的鸟,养在非常考究的笼子里,主人要天天早晨手托鸟笼,出来遛鸟,眉宇间往往流露出似喜悦又似骄矜的神气。在稻香楼的野林中如何能听到画眉的叫声呢?可是事实终归是事实。我每天早晨出来在林中湖畔散步的时候,亲眼看到成群的画眉在竹木深处飞翔,或在草丛里觅食,或在枝头引吭高歌,让我这个北方人眼为之明，心为之跳，大有耳目一新之感了。

说到散步，我在北京是不干这玩意儿的。来到稻香楼，美丽的自然景色挑逗着我的心灵，我在屋里呆不住了。我在开会之余，仍然看书；在看书之余，我就散步。在散步之余，许多联想，许多回忆，就无端被勾起来了。

那边长的不是紫竹吗？我第一次看到紫竹，也是在安徽，但不是在合肥，而是在芜湖的铁山宾馆里。当时小泓还在我身边。第二次看到紫竹，是在西安丈八沟，当时是我一个人，我也曾想到小泓过。现在是第三次看到紫竹了，小泓已远在万里之外，一股浓烈的怀念之情蓦地涌上我的心头，我的心也飞到万里之外去了。我万万没有想到，小小的几竿紫竹竟无端勾引起我的思绪波动。

几年前我游黄山时，正当盛夏，久旱无雨。黄山那一些著名的瀑布都干涸了。著名的云海也基本上没有看到。只在北海看到了一点类似云海的白云，聊胜于无，差足自慰而已。有名的杜鹃花，因为时令不对，只看到一片片绿油油的叶子，花是一朵也没有看着。而现在呢，正是阳春五月，杜鹃花开满了黄山，开成了一片花海。据说，今年雨水充沛，所有的黄山瀑布都奔腾澎湃，"飞流直下三千尺"，"一条界破青山色"。有了雨，云海当然就不在话下。你试想一想：这样的瀑布，这样的云海，再衬托上满山遍野火焰似的杜鹃花，这是多么奇丽的景色啊！它对我会有多么大的吸引力啊！

然而我仍然决心不游黄山，原因要到我的感情深处去找。上一次游黄山时，有小泓在我身边。这孩子是我亲眼看他长大起来的。他性格内向，文静腼腆，我们之间很有些类似之处，因此我就很喜欢他。那一次黄山之游，他紧紧地跟随着我。其

祖国盛景

他几个同他年龄差不多或者稍大一点的男孩子结成一伙,跳跃爬行,充分发挥了他们浑身用不完的青春活力。小泓却始终跟我在一起,爬到艰险处,用手扶我一下。他对黄山那些取名稀奇古怪的名胜记得惊人的清楚;我说错了,他就给我更正。在走向北海去的路上,有很长一段路,我们"前不见古人,后不见来者",在原始大森林里,只有我们两人。林中静悄悄的,听自己说话的声音特别响亮。此情此景,终生难忘。回到温泉以后,有一天晚上,我和小泓坐在深谷边上的石栏杆上。这里人来人往,并不安静。然而由于灯光不太亮,看人只像一个个的影子,气氛因此显得幽静而神秘。"巫山秋夜萤火飞",现在还正在夏天,也许因为山中清凉,我们头顶上已有萤火虫在飞翔,熠熠地闪着光,有时候伸手就可以抓到一只。深涧中水声潺潺,远处半山上流出了微弱的灯光。我仿佛是已经进入一个童话世界。此情此景,更是终生难忘了。

可是现在怎样了呢?现在只剩下我一个人,坐在稻香楼中。不管从别人口里听到的黄山景色是多么奇丽,多么动人,我仍然是游兴索然:我身边缺少一个小泓。直下三千尺的瀑布能代替小泓吗?不,不能。红似火的杜鹃花能代替小泓吗?不,不能。此时此刻,对我来说,小泓是无法代替的。我不愿意孤身一人,在黄山山中,瀑布声里,杜鹃花下,去吞寂寞的果实。这就是我不再游黄山的原因。

我同小泓游黄山时的一些情景,在当时,是异常平淡的,甚至连觉得平淡这种感觉都没有。然而,时隔数年,情况大变。现在我才知道,那样平淡的情景,在我一生中,也许仅仅只有一次。时过境迁,人们决不可能再回到过去;过去的时光也决不会再重现人们眼前。人的一生,不管寿限多么长,大概

季羡林（右）口中的"小泓"（左）乃其孙季泓。季泓于1981年赴美留学，季羡林十分想念。

都是如此的吧。

我这种感觉，古往今来，除了麻木不仁的人以外，大概人人都有，写入诗文的也不少。我自知它并不新鲜，可是我现在仍要把它写下来，其中也并没有什么深奥的意义，不过如雪泥鸿爪，让它在自己回忆里留点痕迹而已。同时我也想借此提醒自己，眼前的每一分每一秒，不管是多么平淡无奇的每一分每一秒，都要珍惜，不要轻易放过。当然，珍惜决不能把时光挽留住。这是不可能的。我的意思只是，要有意识地，认真地，严肃地度过每一分每一秒，将来回忆时不至于像竹篮子打水一场空，要让大事小事都在自己的记忆里打下深刻的烙印，如此而已。

今天上午，由于一个偶然的机会，参观了几年前经过合肥时就想去参观的包公祠。对于这位铁面无私的包公，我一向是非常景仰的。但是，我这一次参观的收获却不在包公和包公祠本身，而在大殿前院子里摆的那几盆杜鹃花。我不是听人说，黄山现在正是杜鹃花盛开的时候吗？在我内心深处，我不是非常渴望看一看黄山的杜鹃花吗？既然不想再去黄山，那渴望也就愈加激烈起来。我无论如何也没有想到，"踏破铁鞋无觅处，得来全不费工夫"，几盆——不知是否是从黄山移植来的？——杜鹃花，赫然怒放在我的眼前。它平息了我心里的那一股渴望，我仿佛在心灵中畅游了一次黄山。

今天下午，由于一个更加偶然的机会，我搬出了自己住的房间，无处可去，就来到湖边上我经常散步的地方，坐在石凳子上，把时间打发过去，好等晚上到车站去上车。"难得浮生半日闲"，我近来常有这样的感叹。不意这半日间竟于无意中得之,岂不快哉!我被迫坐在这幽静的湖边上,抬头看白鹭和画眉在树林中穿飞;耳中听到画眉嘹亮的鸣声;低头看到白鹭在湖上飞翔捕鱼;再低头就可以看到大大小小的蚂蚁在草丛中爬来爬去,匆匆忙忙地交头接耳,好像在张罗什么事情。偶尔一回头看,绿草丛中,红红地一闪,我拨开草叶,一颗颗草莓就出现在我眼前。我吃过草莓,但是像在《茵梦湖》中那样寻找野生草莓,我却没有干过。现在又于无意中得之,我只好再说一遍"岂不快哉!"了。在兴奋之余,我拿出信纸,开始写这一篇文章,树木和竹子的影子在信纸上摇曳不定,我顾而乐之,心头漾起了从来没有过的新鲜又喜悦的感情。这地方,我今天早晨来过一趟,意思是同这里的湖水、树木、翠竹、红花告别。焉知今天下午竟又会来到这里,一坐就是几个小时。人世变幻,真难逆测啊!

从我上面写的这些东西来看,我的思绪是非常杂乱的。但是,不管多么杂乱,小泓的面影总在我眼前晃动。这个孩子在那遥远的异域的一个城市里已经生活了将近两年了,不知道他现在怎样了。像他这样年龄的孩子,看前途如花似锦,不像我们老人这样容易怀念过去的事。我觉得,这现象是正常的。我们老年人应该时时提醒自己,无论如何不能成为年轻人前进路上的绊脚石、拦路虎,而应该为他们铺路搭桥,不管是否是自己的孩子,都应该一视同仁。于必要时,我们应该让他们踏在我们身上大跨步向前走去。我们的希望在于将来,我们的希望在孩子身上,这是丝毫无可怀疑的。不管出于什么原因,感情上的原因,事实上的原因,都不能改变我们的做法。

可是,我自己确实没有想到,在经历了那么多的悲欢离合之后，我的感情还这样脆弱，我还这样多愁善感。记得宋朝一个词人有两句词："悲欢离合总无情，一任阶前，点滴到天明。"我离开这个境界还远得很哩，再继续努力修养吧！

别了，稻香楼！有朝一日，我还希望看到你。

1983年5月10日写于合肥稻香楼
1985年1月13日抄于北京燕园

深圳掠影

对我来说，深圳并不陌生。我在过去三十几年内，出国去来经过这里至少已有五六次之多了。1951年秋天第一次经过这里，只觉得这是一个破烂简陋的小车站。让我忆念难忘的只有一个罗湖桥。因为从国外归来，过了罗湖桥，就算是走进了祖国的怀抱。我曾几次在这里激动得流下眼泪，恨不能跪在地上吻一下祖国的土地。以后几次经过这里，每次都有一点变化。1978年最后一次走过，只觉得车站贵宾室相当富丽堂皇。至于镇内，则所见不多了，不敢臆猜。总之，深圳并没有给我留下深刻的印象。

两个星期前，我因为开一个会，又来到了深圳。这是唯一的一次不是因出国而到这里来的。我们从广州乘汽车来到这里，本来是想到蛇口附近的深圳大学去的，可是因为迷了路，车子一直开进了市内。只见到处高楼林立，凌云摩天，而正在建筑的高楼则更是比比皆是。柏油马路，四通八达。行人摩肩接踵，熙熙攘攘。这是我所久已熟识的深圳吗？我有点怀疑起来。但是明确的事实是，这就是深圳。我熟悉的深圳已经大大地变了样子了。

仅就我们借住的深圳大学来说，新鲜事物就说也说不尽的。在这个学校里，流行全国的根深蒂固的铁饭碗已经被打个粉碎。系、处领导对校长签合同，为期两年，到期视工作成绩，合则续聘，不合则炒鱿鱼（卷铺盖也），教职员对系、处领导签合同，为期也是两年，到期照上述规定办理。被炒了鱿鱼的另外自谋出路。没有什么客气，没有什么面子。铁饭碗一

站在深圳劳乐亭前,季羡林感到:"我熟悉的深圳已经大大地变了样子了。"

打破，则人人精神抖擞，不敢懈怠。至于工人，则全校几乎完全没有，所有的服务工作，食堂服务，打扫卫生，会场和教室清扫管理，无一不是用勤工俭学的办法，由学生来承担，学校根据情况，付与报酬。学生还自办书店，自办小卖部，甚至自办银行，自任经理。内地大学一些独生子女的娇气，在这里一扫而光。连骄气也无立锥之地了。这不但提高了工作效率，还教育了青年学生。那种不爱护公物，随便乱丢脏东西，不知稼穑之艰难，张口吃饭，伸手穿衣的公子小姐根本绝迹。这要比空口进行政治伦理教育，效果要好得多。提高效率，教育青年，真可谓一举两得了。

我也曾到著名的沙头角去参观过一次。汽车从深圳开出。现在时令在北方虽然已是在严冬，但是在这里却沿途树木蓊郁，繁花似锦，使我们这些从冰天雪地的北国来的人大为诧异。快到目的地的时候，青山连绵。马路的右边沿着山麓架上了长城似的铁丝网。网的那面就是香港。汽车在山路上弯曲盘旋而下。下到海边的时候，就到了沙头角。这是一个极小的镇子。只有一条街，叫做中英街。从里面走出去，街的右边属于香港，左边属于中国，虽然都是中国领土，但是在英国占领下，街中心实际上成了国界。街宽不过几米，长不到百米，谁也不知道这一条国界究竟是在什么地方。两边全是商店，鳞次栉比，一个紧挨着一个，货物塞得满满的，抬头一看，只见到处都是货物，汇成了一个货物的海洋。街上的人也挤得满满的，几乎都是来买东西的。拥拥挤挤，吵吵嚷嚷，一派繁荣兴盛的气象。我感兴趣的不是五光十色令人眼花缭乱的商品，而是这一个十分奇怪、十分有趣的地方。街中间在中国大陆一面长着一棵老树，看样子年岁可能已有几百年了，它歪着身子，头顶歪到香港一面去，国境线大概就在它身上穿过。它大概亲自经历英国殖民主义者霸占香港那样艰苦的岁月，它也将会经历香港回归祖国那样普天同庆的日子。树而有知，不知作何感想？到了那时，整个身子都能处在中国领土之内，它大概也会由衷地高兴吧！

此外，我还参观了蛇口特区、西丽湖度假村、银湖度假村、深圳游乐园、香蜜湖度假村，以及全国最高建筑五十三层的国商大厦，印象虽然扑朔迷离，但是用一个"新"字可以概括。

我每天晚上打开窗子，面对着在黑暗弥漫下的茫茫的大海，看到远处一串珍珠似的灯光——这是中国大陆同香港的边界，心潮起伏，思绪万端。我想的最多的是人们的思想必须赶上形势的发展。人的思想最容易保守。许多千百年来遗留下来的观念、想法，往往被认为是真理准绳，正确无误，甚至神圣不可侵犯，用不着改变，也改变不了。然而我们伟大祖国和世界的情况却是日新月异。大家都承认，现在是"知识爆炸"的时代，知识更新的周期越来越缩短，每隔几年，知识就必须更新，否则就会落后。现在新生事物层出不穷。被英国统治了许多年的香港经过中英两国长期谈判，确定了归还日期，英国的首相不远万里亲自来到北京签字，这难道不是新鲜事物中最新鲜的事物吗？就拿眼前的珍珠串似的灯光来说，1997年以后，它还能像现在这样闪闪发光吗？一个很简单明了的道理摆在我们眼前：我们必须改变旧观念、旧想法，接受新概念、新想法。深圳掠影给我的教训也就这一点，而我认为，这是最重要的、最有意义的一点。

1984年12月23日

登蓬莱阁

去年，也是在现在这样的深秋时分，我曾来登过一次蓬莱阁。当时颇想写点什么，只是由于印象不深，自己也仿佛没有进入"角色"，遂致因循拖延，终于什么也没有写。现在我又来登蓬莱阁了，印象当然比去年深刻得多，自己也好像进入了"角色"，看来非写点什么不行了。

蓬莱阁是非常出名的地方，也可以说是"蓬莱大名垂宇宙"吧。我在来到这里以前，大概是受蓬莱三山传说的影响，总幻想这里应该是仙山缥缈，白云缭绕，仙人宫阙隐现云中，是洞天福地，蓬莱仙境，不食人间烟火。至少应该像《西游记》描绘镇元大仙的万寿山那样：

高山峻极，大势峥嵘。根接昆仑脉，顶摩霄汉中。白鹤每来栖桧柏，玄猿时复挂藤萝。麇鹿从花出，青鸾对日鸣。乃是仙山真福地，蓬莱阁苑只如此。

然而，眼前看到的却不是这种情况。只不过是一些人间的建筑，错综地排列在一个小山头上。我颇有一些失望之感了。

既然是在人间，当然只能看到人间的建筑。从这个标准来看，蓬莱阁的建筑还是挺不错的：碧瓦红墙，崇楼峻阁，掩映于绿树丛中。这情景也许同我们凡人更接近，比缥缈的仙境更令人赏心悦目。一进入嵌着"丹崖仙境"四个大字的山门，就

"一进入嵌着'丹崖仙境'四个大字的山门,就算是进入了仙境。"右三为季羡林先生。

算是进入了仙境。所谓"丹崖",指的是此地多红石,现在还有四大块红石耸立在一个院子里面。这几块石头不是从别的地方搬来的,而是与大地紧紧地连在一起,原来是大地的一部分,其名贵也许就在这里吧。

进入天后宫的那一层院子,最引人注目的还不是天后的塑像和她那两间精致的绣房中的床铺,而是那一株古老的唐槐。这一棵树据说是铁拐李种下的,它在这仙境里生活了已经一千多年了,虽然还没有"霜皮溜雨四十围,黛色参天二千尺";但是老态龙钟,却又枝叶葱茏,浑身仙风道骨,颇有一点非凡的气概了。我想,一看到这样一棵古树,谁也会引起一些遐思:它目睹过多少朝代的更替,多少风流人物的兴亡,多少度沧海桑田,多少次人事变幻,到现在依然青春永葆,枝干挺秀。如果树也有感想的话,难道它不应该大大地感喟一番吗?我自己却真是感慨系之,大有流连徘徊不忍离去之意了。

回头登上台阶,就是天后宫正殿。正中塑着天后的像,俨然端坐在上面。天后是海神。此地近海,渔民天天同海打交道;大海是神秘难测的,它有波平浪静的一面,但也有波涛汹涌的一面。自古以来,不知道有多少渔民葬身波涛之中。他们迫不得已,只好乞灵于神道,于是就出现了天后。我们南海一带都祭祀天后。在这个端庄美丽的女神后边,不知道包含着多少血泪悲剧啊!在我上面提到的左右两间绣房中,床上的被褥都非常光鲜美丽。据说,天后有一个习惯:她轮流在两间屋子里睡觉。为什么这样?其中定有道理。但这是神仙们的事,我辈凡夫俗子还是以少打听为妙,还是欣赏眼前的景色吧!

到了最后一层院子,才真正到了蓬莱阁。阁并不高,只有两层。过去有诗人咏道"登上蓬莱阁,伸手把天摸",显然是有点夸张。但是，一登上二楼，举目北望，海天渺茫，自己也仿佛凌虚御空，相信伸手就能摸到天，觉得这两句诗决非夸张了。谁到这里都会想到蓬莱三山的传说，也会想到刻在一个院子里两边房墙上的四句话：

> 登上蓬莱阁，
> 人间第一楼。
> 云山千里目，
> 海岛四时秋。

现在不正是这样子吗？我自己也真感觉到，三山就在眼前，自己身上竟飘飘有些仙气了。

多少年来就传说，八仙过海正是从这里出发的。阁上有八仙的画像，各自手中拿着法宝，各显神通，越过大海。八仙中最引人注目的当然是吕洞宾。提起此仙，大大有名。全国许多地方都有关于他的神话传说。据说，吕洞宾并不姓吕。有一天，他同妻子到山洞里去逃难，这两口子住在洞中，相敬如宾，于是他就姓了吕，而名洞宾。这个故事很有趣，但也很离奇，颇难置信。可是，我觉得，这同天后的床铺一样，是神仙们的私事，我辈凡夫俗子还是以少谈为妙，且去欣赏眼前的景色吧！

眼前景色是美丽而有趣的。我们在楼上欣赏窗外的景色。楼中间围着桌子摆了许多把古色古香的椅子，正中一把太师椅，据说是吕洞宾坐过的；谁要坐上，谁就长生不老。我们中吕叔湘先生年高德劭，又适姓吕，于是就被大家推举坐上这一把太师椅，大家哄然大笑。我们虔心祷祝吕先生真能长生不老!

在这楼上,人人看八仙,人人说八仙,人人听八仙,人人不信八仙,八仙确实是太渺茫无稽了。但是,从这里能看到海市蜃楼却是真实的。我从前从许多书上,从许多人的嘴里读到、听到过海市的情景,心向往之久矣。只是海市极难看到。宋朝的大文学家苏轼,曾在登州做过五天的知府。他写过一首诗,叫做《登州海市》,还有一篇短短的序言,我现在抄一下:

> 予闻登州海市旧矣。父老云:"尝出于春夏,今岁晚,不复见矣。"予到官五日而去,以不见为恨,祷于海神广德王之庙,明日见焉,乃作此诗。

> 东方云海空复空,群仙出没空明中。
> 荡摇浮世生万象,岂有贝阙藏珠宫。
> 心知所见皆幻影,敢以耳目烦神工。
> 岁寒水冷天地闭,为我起蛰鞭鱼龙。
> 重楼翠阜出霜晓,异事惊倒百岁翁。
> 人间所得容力取,世外无物谁为雄。
> 率然有请不我拒,信我人厄非天穷。
> 潮阳太守南迁归,喜见石廪堆祝融。
> 自言正直动山鬼,岂知造物哀龙钟。
> 伸眉一笑岂易得,神之报汝亦已丰。
> 斜阳万里孤鸟没,但见碧海磨青铜。
> 新诗绮语亦安用,相与变灭随东风。

在这里,苏东坡自己说,祷祝成功,海市出现。但是,给我们导游的那个小姑娘却说，苏轼大概没有看到海市；因为他呆的时间很短，而且是岁暮天寒之际。究竟相信谁的话呢？我有点怀疑，苏轼是故弄玄虚，英雄欺人。他可能是受了韩愈祝祷衡山的影响："潜心默祷若有应，岂非正直能感通，须臾静扫众峰出，仰见突兀撑青空。"他的遭遇同韩文公差不多，他们俩都认为自己是"正直"的。韩文公能祝祷成功（实际上也未必），为什么自己就不行呢？于是就写了这样一首诗，写得有鼻子有眼，仿佛亲眼看到一般。但是，这只是我个人的怀疑。又焉知苏轼的祝祷不会适与天变偶合、海市在不应该出现的时候出现了呢？我实在说不清楚。古人的事情今人实在难以判断啊！反正登州人民并不关心这一切，尽管苏轼只在这里呆了五天，他们还是在蓬莱阁上给他立庙塑像，把他的书法刻在石头上，以垂永久。苏轼在天有灵，当然会感到快慰吧。

我们游遍了蓬莱阁，抚今追昔，幻想迷离。八仙的传说，渺矣，茫矣。海市蜃楼又急切不能看到，我心里感到无名的空虚。在我内心的深处，我还是执著地希望，在蓬莱阁附近的某一个海中真有那么一个蓬莱三山。谁都知道，在大自然中确实没有三山的地位。但是，在我的想象中，我宁愿给蓬莱三山留下一个位置。"山在虚无缥缈间"，就让这三山同海市蜃楼一样，在虚无缥缈间永远存在下去吧，至少在我的心中。

1985年10月26日写完

游石钟山记

幼时读苏东坡《石钟山记》，爱其文章奇诡，绘声绘色，大为钦佩，爱不释手，往复诵读，至今犹能背诵，只字不遗。但是，我从来也没有敢梦想，自己能够亲履其地。今天竟能于无意中来到这里，真正像做梦一般，用金圣叹的笔调来表达，就是"岂不快哉"！

石钟山海拔只有五十多米，摆在巍峨的庐山旁边，实在是小巫见大巫。但是，山上建筑却很有特点，在非常有限的地面上，"五步一楼，十步一阁，廊腰缦回，檐牙高啄，各抱地势，钩心斗角"。今天又修饰得金碧辉煌，美轮美奂。从山下向上爬，显得十分复杂。从怀苏亭起，步步高升，层楼重阁，小院回廊，花圃清池，佛殿明堂，绿树奇花，翠竹修篁，通幽曲径，花木禅房，处处逸致可掬，令人难忘。

这里的碑刻特别多，几乎所有的石头上都镌刻着大小不同字体不同的字。苏轼、黄庭坚、郑板桥、彭玉麟等等，还有不知多少书法家或非名家都在这里留下手迹。名人的题咏更是多得惊人：从南北朝至清代，名人咏石钟山之诗多达七百多首。从陶渊明、谢灵运起直至孟浩然、李白、钱起、白居易、王安石、苏轼、黄庭坚、文天祥、朱元璋、刘基、王守仁、王渔洋、袁子才、蒋士铨、彭玉麟等等都有题咏。到了此地，回忆起将近二千年来的文人学士，在此流连忘返，流风余韵，真想

祖国盛景　103

发思古之幽情。

此地据鄱阳湖与长江的汇流处，历代兵家必争之地，在中国历史上几次激烈鏖兵。一晃眼，仿佛就能看到舳舻蔽天，烟尘匝地的情景。然而如今战火久熄，只余下山色湖光辉耀祖国大地了。

我站在临水的绝壁上，下临不测，碧波茫茫。抬眼能够看到赣、皖、鄂三个省份，云山迷濛，一片锦绣山河。低头能够看到江湖汇流，扬子江之黄与鄱阳湖之绿，泾渭分明，界线清晰，并肩齐流，一泻无余，各自保持着自己的颜色，决不相混，长达数十里。"楚江万顷庭阶下，庐阜诸峰几席间"，难道不能算是宇宙奇迹？我于此时此地极目楚天，心旷神怡，仿佛能与天地共长久，与宇宙共呼吸。不由得心潮澎湃，浮想不已。我想到自己的祖国，想到自己的民族。我们的祖先在这里勤奋劳动，繁殖生息，如今创造了这样的锦绣山河万里。不管我们目前还有多少困难与问题，终究会一一解决，这一点我深信不疑。我真有点手舞足蹈，不知老之将至了。这一段经历我将永远记忆。

我游石钟山时，根本没想写什么东西。有东坡传流千古的名篇在，我是何人，敢在江边卖水、圣人门前卖字！但是在游览过程中，心情激动，不能自已，必欲一吐为快，就顺手写了这一篇东西。如果说还有什么遗憾的话，那就是我没有能在这里住上一夜，像苏东坡那样，在月明之际，亲乘一叶扁舟，到万丈绝壁下，亲眼看一看"如猛兽奇鬼，森然欲搏人"的大石，亲耳听一听"噌吰如钟鼓不绝"的声音。我就是抱着这种遗憾的心情，一步三回首，离开了石钟山。我嘴里低低地念着不知道是什么时候在我心中吟成的两句诗："待到耄耋日，再来拜名山"，我看到石钟山的影子渐小渐淡，终于隐没在江湖混茫的雾气中。

1986年8月6日七十五周岁生日，

写于庐山九奇峰下

登庐山

苍松翠柏，层层叠叠，从山麓向上猛奔，气势磅礴，压山欲倒，整个宇宙仿佛沉浸在一片浓绿之中。原来这就是庐山啊！

汽车沿着盘山公路，在万绿丛中盘旋而上。我一边仿佛为这神奇的绿色所制服，一边嘴里哼着苏东坡那一首脍炙人口的诗：

> 横看成岭侧成峰，
> 远近高低各不同。
> 不识庐山真面目，
> 只缘身在此山中。

我很后悔，在年轻读中小学的时候，学习马虎，对岭与峰的细微区别没有弄清楚。到了此时，悔之晚矣。无论横看，还是侧看，我都弄不明白苏东坡用意之所在。我只觉得，苏东坡没有搔着痒处，没有真正抓住庐山的神韵，没有抓住庐山的灵魂，空留下这一首传诵古今的名篇。

到了我们的住处以后，天色已经黄昏。窗外松涛澎湃，山风猎猎，鸟鸣在耳，蝉声响彻，九奇峰朦胧耸立，天上有一弯新月。我耳朵里听到的是松声，眼睛仿佛看到了绿色。我在庐山的第一夜，做了一个绿色的梦。

中国的名山胜境，我游得不多。五十年前，我在大学毕业后，改行当了高中的国文教员。虽然为人师表，却只有二十三岁。在学生眼中，我大概只能算是一个大孩子。有一个学生含笑对我说："我比你还大五岁哩！老师！"这有什么办法呢？我当时童心未泯，颇好游玩。曾同几个同事登泰山，没费吹灰之力就登上了南天门。在一个鸡毛小店里住了一夜，第二天凌晨攀登玉皇顶，想看日出。适逢浮云蔽天，等看到太阳时，它已经升得老高了。我们从后山黑龙潭下山，一路饱览山色，颇有一点"一览众山小"的情趣。泰山给我留下了非常深刻的印象。从审美的角度上来评断，我想用两个字来概括泰山，这就是：雄伟。

六年以前，我游了黄山。从前山温泉向上攀，经过了许多名胜古迹，什么一线天、蓬莱三岛等，下午三时到了玉屏楼。回望天都峰鲫鱼背，如悬天半。在玉屏楼住了一夜，第二天再向北海前进。一路上又饱览了数不清的名胜古迹。在北海住了两夜，看到了著名的黄山云海和奇峰怪石。世之论者认为黄山以古松胜，以云海胜，以奇峰胜，以怪石胜。古人说："五岳归来不看山，黄山归来不看岳。"这是非常有见地的话。从审美的角度来评断，我也想用两个字来概括黄山，这就是：诡奇。

那一次陪我游黄山的是小泓，我们祖孙二人始终走在一起。他很善于记黄山那一些稀奇古怪的名胜的名字，我则老朽昏庸，转眼就忘，时时需要他的提醒和纠正。当时日子过得似乎平平常常，并没有觉得有什么奇妙之处，有什么值得怀念之处。但是，前几年我到安徽合肥去开会，又有游黄山的机会，我原本想再去黄山的。可是，我忽然怀念起小泓来，他已在千山万水浩渺大洋之外了。我顿时觉得，那一次游黄山，日子过得不细致，有点马马虎虎，颇有一点身在福中不知福的味道。如今回忆起来，情景历历如在眼前。哪怕是极小的生活细节，也无一不温馨可爱，到了今天，宛如一梦，那些情景永远永远不会再回来了。我觉得，再游黄山，谁也代替不了小泓。经过了反复地考虑，我决意不再到黄山去了。

今天我来到了庐山，陪我来的是二泓。在离开北京的时候，我曾下定决心，在庐山，日子一定要仔仔细细地过，认真在意地过，把每一个细微末节，每一分钟，每一秒钟，都要仔细玩味，决不能马马虎虎，免得再像游黄山那样，日后追悔不及。我也确实这样做了。正像小泓一样，二泓也是跟我形影不离。几天以来，我们几乎游遍整个庐山。茂林修竹，大陵深涧，岩洞石穴，飞瀑名泉。他扶着我，有时候简直是扛着我，到处游观。我觉得，这一次确实是仔仔细细地过日子了，一点也没有敢疏忽大意。对一草一木，一山一石，变幻莫测的白云，流动不息的飞瀑，我都全心全意地把整个灵魂都放在上面。我只希望，到得庐山之游成为回忆时，我不再追悔。是否真正能做到这一步，我眼前还不敢夸下海口，只有等将来的事实来验证了。

庐山千姿百态，很难用一个字或几个字来概括。但是，总起来说，庐山给我的印象同泰山和黄山迥乎不同。在这里，不管是远山，还是近岭，无不长满了松柏。杉树更是特别郁郁葱葱，尖尖的树顶直刺云天。目光所到之处，总是绿，绿，绿，几乎看不到任何别的颜色，是一片浓绿的天地，一片浓绿的大洋。从审美的角度来看，我也想用两个字来概括庐山，这就是：秀润。

我觉得，绿是庐山的精神，绿是庐山的灵魂，没有绿就没有庐山。绿是有层次的。有时候蓦地白云从谷中升起，把苍松翠柏都笼罩起来，笼罩得迷蒙一片，此时浓绿就转成了青色，更给人以秀润之感，可惜东坡翁当年没能抓住庐山这个特点，因而没有能认识庐山的真面目，成为千古憾事。我曾在含鄱口远眺时信口写一七绝：

　　近浓远淡绿重重，
　　峰横岭斜青濛濛，
　　识得庐山真面目，
　　只缘身在此山中。

我自谓抓住了庐山的精神，抓住了庐山的灵魂。庐山有灵，不知以为然否？

1986年8月6日于庐山

法 门 寺

法门寺，多么熟悉的名字啊！京剧有一出戏，就叫做《法门寺》。其中有两个角色，让人永远忘记不了：一个是太监刘瑾，一个是他的随从贾桂。刘瑾气焰万丈，炙手可热。他那种小人得志的情态，在戏剧中表现得惟妙惟肖、淋漓尽致，是京剧中最著名的人物之一。贾桂则是奴颜婢膝，一副小人阿谀奉承的奴才相。他的"知名度"甚至高过刘瑾，几乎是妇孺皆知。"贾桂思想"这个词儿至今流传。

我曾多次看《法门寺》这一出戏，我非常欣赏演员们的表演艺术。但是，我从来也没想研究究竟有没有法门寺这样一个地方？它坐落在何州何县？这样的问题好像跟我风马牛不相及，根本不存在似的。

然而，我何曾料到，自己今天竟然来到了法门寺，而且还同一件极其重要的考古发现联系在一起了。

这一座寺院距离陕西扶风县有八九里路，处在一个比较偏僻的农村中。我们来的时候，正落着濛濛细雨。据说这雨已经下了几天。快要收割的麦子湿漉漉的，流露出一种垂头丧气的神情。但是在中国比较稀见的大棵大朵的月季花却开得五颜六色、绚丽多姿，告诉我们春天还没有完全过去，夏天刚刚来临。寺院正在修葺，大殿已经修好，彩绘一新，鲜艳夺目。但是整个寺院却还是一片断壁残垣，显得破破烂烂。地上全是泥泞，根本没法走路。工人们搬来了宝塔倒掉留下来的巨大的砖头，硬是在泥水中垫出一条路来。我们这一群从北京来的秀才们小心翼翼、战战兢兢地踏着砖头，左歪右斜地走到了一个原来有一座十三层的宝塔而今完全倒掉的地方。

这样一个地方有什么可看的呢？千里迢迢从北京赶来这里，难道就是为了看这一座破庙吗？事情当然不会这样简单。这一座法门寺在唐代真是大大地有名，它是皇家烧香礼佛的地方。这一座宝塔建自唐代，中间屡经修葺。但是在一千多年的漫长的时间内，年深日久，自然的破坏力是无法抗御的，终于在前几年倒塌了。我们现在看到的就是倒塌后的样子。

倒塌本身按理说也用不着大惊小怪。但是，倒塌以后，下面就露出了地宫。打开地宫，一方面似乎是出人意料，另一方面又似乎是在意料之内，在这里发现了大量异常珍贵的古代遗物。遗物真可以说是丰富多彩，琳琅满目，其中有金银器皿、玻璃器皿、茶碾子、丝织品。据说，地宫初启时，一千多年以前的金器，金光闪闪，光辉夺目，参加发掘的人为之吃惊，为之振奋。最引人瞩目的是秘色瓷，实物还从来没有看到过。另外根据刻在石碑上的账簿，丝织品中有中国历史上唯一的一位女皇武则天的裙子。因为丝织品都粘在一起，还没有能打开看一看，这一条简直是充满了神话色彩的裙子究竟是什么样子。

但是，真正引起轰动的还是如来佛释迦牟尼的真身舍利。世界上已经发现的舍利为数极多，我国也有不少。但是，那些舍利都是如来佛遗体焚化后留下来的。这一个如来佛指骨舍利却出自他的肉身，在世界上从来没有过。我不是佛教信徒，不想去探索考证。但是，这个指骨舍利在十三层宝塔下面已经埋藏了一千多年，只是它这一把子年纪不就能让我们肃然起敬吗？何况它还同中国历史上和文学史上的一段公案紧密地联系在一起呢！唐朝大文学家韩愈有一篇著名的文章：《论佛骨表》，千百年来，读过这篇文章的人恐怕有千百万。我自己年幼时也曾读过，至今尚能背诵。但是，我从来也没有想到，唐宪宗"令群僧迎佛骨于凤翔"的佛骨竟然还存在于宇宙间，而且现在就在我们眼前。我原以为是神话的东西就保存在我们现在来看的地宫里，虚无缥缈的神话一下子变为现实，它将在全世界引起多么大的轰动，目前还无法逆料。这一阵"佛骨旋风"会以雷霆万钧之力扫过佛教世界，这一点是肯定无疑的了。

我曾多次来过西安，我也曾多次感觉到过，而且说出来过：西安是一块宝地。在这里，中国古代文化仿佛阳光空气一般，弥漫城中。唐代著名诗人的那些名篇名句，很多都与西安有牵连。谁看到灞桥、渭水等等的名字不会立即神往盛唐呢？谁走过丈八沟、乐游原这样的地方不会立即想到杜甫、李商隐的名篇呢？这里到处是诗，美妙的诗；这里到处是梦，神奇的梦；这里是一个诗和梦的世界。如今又出现了如来真身舍利。它将给这个诗和梦的世界涂上一层神光，使它同西天净土、三千大千世界联系在一起，生为西安人，生为陕西人，生为中国人有福了。

从神话回到现实。我们这一群北京秀才们是应邀来鉴定新出土的奇宝的。对我们这些凡夫俗子来说，如来真身舍利渺矣茫矣。对每一个中国人来说，古代灿烂的文化遗物却是活生生的现实。即使对于神话不感兴趣的普通老百姓，对现实却是感兴趣的。现在法门寺已经严密封锁，一般人不容易进来。但是，老百姓却有自己的想法，有自己的价值观。我曾在大街上和飞机场上碰到过一些好奇的老百姓。在大街上，两位中年人满面堆笑，走了过来：

"你是从北京来的吗?"

"是的。"

"你是来鉴定如来佛的舍利吗?"

"是的。"

"听说你们挖出了一地窖金子?!"

对这样的"热心人",我能回答些什么呢?

在飞机场五六个年轻人一下子涌了上来:

"你们不是从北京来的吗?"

"是的。"

"听说,你们看到的那几段佛骨,价钱可以顶得上三个香港?!"

多么奇妙的联想,又是多么天真的想法。让我关在屋子里想一辈子也想不出来。无论如何,这表示,西安的老百姓已经普遍地注意到如来真身舍利的出现这一件事,街头巷尾,高谈阔论,沸沸扬扬,满城都说佛舍利了。

外国朋友怎样呢?他们的好奇心、他们的轰动,决不亚于中国的老百姓。在新闻发布会上,一位日本什么报的记者抢过扩音器,发出了连珠炮似的问题:"这个指骨舍利是如来佛哪一只手上的呢?是左手,还是右手?是哪一个指头上的呢?是拇指,还是小指?"我们这一些"答辩者",谁也回答不出来。其他外国记者都争着想提问,但是这一位日本朋友却抓紧了扩音器,死不放手。我决不敢认为,他的问题提得幼稚,可笑,对一个信仰佛教又是记者的人来说,他提问题是非常认真严肃的,又是十分虔诚的。据我了解到的,现在世界上许多国家,特别是日本、印度,以及南亚和东南亚佛教国家,都纷纷议论西安的真身舍利。这个消息像燎原的大火一样,已经熊熊燃烧起来了,行将见"西安热"又将热遍全球了。

就这样,我在细雨霏霏中,一边参观法门寺,一边心潮起伏,浮想联翩。多年来没有背诵的《论佛骨表》硬是从遗忘中挤了出来,我不由地一字一句暗暗背诵。同时我还背诵着:

> 一封朝奏九重天,
> 夕贬潮州路八千。
> 欲为圣明除弊事,
> 肯将衰朽惜残年?
> 云横秦岭家何在,
> 雪拥蓝关马不前。
> 知汝远来应有意,
> 好收吾骨瘴江边。

韩愈因谏迎佛骨,遭到贬逐,他的侄孙韩湘来看他,他写了这一首诗。我没有到过秦岭,更没有见过蓝关,我却仿佛看到了一个孤苦伶仃的老人,忠君遭贬,我不禁感到一阵凄凉。此时月季花在雨中别具风韵,法门寺的红墙另有异彩。我幻想,再过三五年,等到法门寺修复完毕,十三级宝塔重新矗立之时,此时冷落僻远的法门寺前,将是车水马龙,摩肩接踵,与秦俑馆媲美了。

1987 年 8 月 26 日

虎门炮台

从小学起,学中国历史,就知道有一次鸦片战争,而鸦片战争必与林则徐相联系,而林则徐又必与虎门炮台相联系。

因此,虎门炮台就在我脑筋里生了根。

可是虎门炮台究竟是什么样子呢?我说不出。正如世界上其他事物一样,倘还没见到实物,往往以幻想填充。我的幻想并不特别有力,它填充给我的不过是一片荒凉的海滩,一个有雉堞的小城堡,上面孤零零地架着一尊旧式的生铁铸成的大炮,前面是大海,汪洋浩瀚,水天渺茫,微风乍起,浊浪拍岸,如此而已。

今天由于一个偶然的机会,我竟然来到了这里。我眼前看到的实际情况与我的幻想不同,这是意中事,我丝毫不感到奇怪。但是,这个不同竟然是这样大,却不能不使我大吃一惊了。炮台在海滩上,这用不着奇怪,也不可能有别的可能。但是,这海滩却与荒凉丝毫也不沾边,却是始料所不及。这里杂花生树,绿木成荫。几棵粗大的榕树挺立着,浓荫匝地,绿意扑人。从树干的粗细来看,它们已经很老很老了。当年海战时,它们必已经站立在这里,亲眼看了这一场激烈的搏斗。它们必然也随着搏斗的进行,时而欢欣鼓舞,时而怒发冲冠,最终一切寂静下来。当年活着的人早已不在了,只有它们年复一年地守候在这里,跟着季节的变化而变化,一直守候到现在。现在到处是一片生机,一片浓绿,雉堞犹存,大炮还在,可无论如何也令人无法把当前情况与一百五十多年以前的残酷的战争联系在一起。这个古战场我实在无法凭吊了。

可是我的回忆还是清楚的。当年外国的侵略者凭其坚船利炮，想在这一块弹丸之地的海滩上踏上我们神圣的国土。他们挥舞刀枪，惨杀我们的士兵。我们的士兵义愤填膺，奋起抵抗，让一批批的入侵者陈尸滩头，最后不得不夹着尾巴逃掉。我们的士兵也伤亡惨重。统率我军杀敌的关天培将军以身殉国。至今还有七十五位忠勇将士的尸体合葬在山坡上，让后人永远凭吊。当时林则徐以钦差大臣的身份在后面不远的山头上督战。这一场搏斗申正义于海隅，振大汉之天声，是我们中华民族永不磨灭的伟业，是我们全民族的骄傲。今天虽然已经时过境迁，当年的事情早已成为历史陈迹，然而我们今天来到这里，又有哪一个人不觉得我们阵亡的将士仍虎虎有生气，而缅怀往事，感到无限振奋呢？

当我们走出炮台去参观林则徐销毁鸦片烟池的时候，我们又为另一种情景而无限振奋。林则徐把从殖民主义强盗手中没收来的两百多万公斤之多的鸦片烟，倒入一个大水池中，先用海水把鸦片泡成糊状，然后再倾入石灰，借石灰的力量把鸦片烟销毁，最后放出海水把残渣冲入海中。据说，他当时邀请了不少的外国人来参观。外国老爷大概怀疑这销烟的行动，也乐意来亲眼看一看。当他们看到林则徐是真销毁，而销毁的数量又是如此巨大时，都大为吃惊。他们哪会想到，在清代末叶贪官污吏横行霸道之时，竟然还有林则徐这样的硬骨头，他们对中华民族不得不油然起尊敬之心。那么，林则徐以一介书生，凛然代表了民族正气，功业彪炳青史，直至百多年之后的今天，还让我们感佩敬仰，不是完全可以理解的吗？

时间是一种非常古怪的东西。有忧伤之事，它能让你慢慢地渐渐地忘掉，否则你会活不下去的。有欢乐之事，它也能让你慢慢地渐渐地忘掉，否则永远处在快乐兴奋之中，血压也难免升高，你也会活不下去的。这一慢一渐，既可感，又可怕，人们必须警惕。独有英雄业绩、民族正气，却能让你永志不忘，而且弥久弥新。这才真正是民族历史的脊梁，一个民族能生存下去，靠的就是这个脊梁。我们在山顶上林则徐的塑像下看到镌刻着的他的两句诗：

苟利国家生死以，
岂因祸福避趋之？

真可以说是掷地作金石声。这一位世间巨人的形象在我眼前立刻更高大了起来，他不是值得我们全体炎黄子孙恭恭敬敬地，诚诚恳恳地学习一辈子吗？

1988年5月30日下午于广州

洛阳牡丹

"洛阳牡丹甲天下",这一句在中国流行了千百年的话,我是相信的,我是承认的。但是,我以前从没有意识到,这一句话的真正含义,自己并没有完全了解。

牡丹,我看得多了。在我的故乡,我看到过。在北京的许多地方,特别是法源寺和颐和园,我也看到过。牡丹花朵之大、之美,花色品种之多,确实使我惊诧不已。我觉得,唐人咏牡丹的名句"国色朝酣酒,天香夜染衣"约略可以概括。牡丹被尊为花中之王,是当之无愧的。

但是,什么叫"国色"?什么又叫"天香"?我的理解介乎明暗之间。

今年四月中旬,应洛阳北京大学校友会的邀请,我第一次到了洛阳这座"牡丹之城"。此时正是洛阳牡丹花会举行期间。今年因为气候偏冷,我们初到的第一天,连大马路旁开得最早的"洛阳红",都没有全开放。焉知天公作美,到了第二天竟然晴空万里,阳光普照,仿佛那一位大名鼎鼎的金轮圣神皇帝武则天又突然降临人间,下诏牡丹在一夜之间必须开放,不但"洛阳红"开得火红火红,连公园里那些比较名贵的品种也都从梦中醒来一般,打起精神,迎着朝阳,一一开放。

我们当然都不禁狂喜,在感谢天公之余,在忙着参观白马寺、少林寺、中岳庙和龙门石窟之余,挤出了早晨的时间,来到了牡丹最集中的地方王城公园,欣赏"甲天下"的洛阳牡丹。

"牡丹被尊为花中之王,是当之无愧的。"图为季羡林收藏的国画牡丹。

不看不知道，一看吓一跳。洛阳牡丹原来是这个样子呀！光看花名，就是几十上百种，个个美妙非凡，诗意盎然，我记也记不住。花的形体和颜色也各不相同，直看得我眼花缭乱，目迷五色。我想到神话里面的百花仙子，我想到《聊斋志异》里面的变成美女的牡丹花神，一时搔首无言，不知道要说什么好。昨天夜里，我想到今天要来看牡丹，想了半天，把我脑海里积累了几十年的词藻宝库，翻箱倒柜，穷搜苦索，想今天面对洛阳牡丹大展文才，把牡丹好好地描绘一番。我真希望我的笔能够生花，产生奇迹，写出一篇名文，使天下震惊。然而，到了此时此地，面对着迎风怒放的牡丹，却一点词儿也没有了。我的"才"耗尽了，一点儿也挤不出来了。我想，坐对这样的牡丹，对画家来说，名花的意态是画不出来的；对摄影家来说，是照不出来的；对作家来说，是写不出来的。我什么家都不是，更是手足无所措了。

《世说新语·任诞》第二十三有一段话：

> 桓子野每闻清歌，辄唤"奈何！"谢公闻之曰："子野可谓一往有深情。"

我对牡丹花真是一往情深。我觉得，值此时机最好的方法就是喊上几声："奈何！奈何！"

洛阳人民有福了，中国人民有福了。在林林总总全世界的无数民族中，造物主——假如真有这么一个玩意儿的话——独独垂青于我们中华民族，把牡丹这一种奇特而无与伦比的名花创造在神州大地上，洛阳人和全中国的人难道不应该感到骄傲、感到幸福吗？在王城公园里拥拥挤挤围观牡丹的千万人中，有中国人，其中包括洛阳人，也有外国人，个个脸上都流露出兴奋幸福的神情，看来世界上一切美好的东西，都既是民族的，又是全人类的。牡丹也是如此。在洛阳，在中国的洛阳，坐对迎风怒放的牡丹，我不应该只说：洛阳人民有福了，中国人民有福了，而应该说，全世界人民都有福了。

我觉得，我现在方才了解了"洛阳牡丹甲天下"这一句话的真正含义。

1991 年 5 月 15 日病后写

延吉风情

延吉是一个好地方，好到难以想象；但又是一个怪地方，怪到不易理解。

天好，地好，人好，一切都好，难道还不是一个好地方吗？这个一说，大家就懂。

但是为什么又怪呢？这必须多啰唆几句，否则别人会觉得，不是地方怪，而是我这人有点怪了。

延吉是一个非常小的城市，人口只有三十万，远远赶不上我所住的北京的海淀区。但是这里的出租汽车却有一千二百辆，在所有的马路上，风驰电掣，一辆接一辆，多似过江之鲫，人均占有量全国第一。这难道还不算怪吗？但是怪劲还没有完。你站在马路旁一秒钟，最多一分钟，不用思索，随意一招手，必然会有一辆出租车停在你眼前。二话甭说，开门上车，不管路远路近，只要不出市区，一律五元。路近，司机（其中有不少是妙龄女郎）当然不会厌烦；路远，司机也处之泰然，不说半句怨言，连眼都不会眨一眨。司机从来不问是到什么地方去。一上车，座客指挥，司机遵命，言不发。下车，五元钞票一递，各走各的路，仍然是一言不发，皆大欢喜，天下太平。

说到乘出租汽车，我也可以说是一个老行家了。在许多城市，我都乘坐过出租车。香港是规规矩矩的，无可指摘。在深圳，在广州，在北京，你有急事，站在马路旁边，"望尽千车皆不是，市声喧腾单车流"。偶尔有空车驶过，如果司机先生想回家吃饭，或者别的公干，或者兴致不高，你再拼命招手，他仍置若罔见，掉首不顾，一溜烟驶了过去。忽然有车停下，你正心花怒放，在深圳和广州，有的司机可能问你是付人民币还是付港币。如果是前者，他仍然是一溜烟驶走。有的司机先问到哪里去，太近不行，太远也不行。不远不近，得乎中庸，勉强成交，心中狂喜。如果你真有急事，急得像热锅上的蚂蚁，又适逢非中庸之道，或者时间不合适，则你无论怎样向司机恳求，也是无济于事，"禅心已作沾泥絮，不逐车风历乱飞"，司机都成了参禅的大师。勉强上了车，有计程器，偏又不用，到了目的地，狠狠地敲你一下竹杠。老百姓的口头语说："听诊器，方向盘，人事干部，售货员"，都是惹不起的人物，难道其中就没有一点道理吗？

反观延吉的出租汽车，你能说他们的道德水平不高吗？可是，在"滔滔者天下皆是也"的氛围中，你能说他们不"怪"吗？

但是，我凭空替他们担起心来。人口这样少，而汽车又这样多，他们会不会赔钱呢？我怀着疑虑的心情，悄悄地问过一个出租汽车司机，每个月能挣多少钱。他回答说："三四千元。"我相信他说的是真话，说不定还打了点埋伏。

接着又来了问题：一千二百个出租汽车司机，每人每月挣三四千元，加起来是一个相当庞大的数目。延吉人能出得起这么多钱吗？延吉朋友告诉我过，这里工业并不发达，农业也非上乘，按理说延吉人不应该太富。可是，你别慌，这个朋友一转口又告诉我，延吉人几乎口袋里都有钞票。这就够了。若问此钱何处来？据说都是正当途径。详情就用不着我们多管了。

祖国盛景 123

反正延吉人口袋里有钱，这是事实。

他们有钱，还表现在另一个方面。三十万人口的一个小城，竟有卡拉OK一百二十家，还有二十家在筹建中。另有人告诉我，城中类似卡拉OK的茶馆、咖啡馆之类，有四百家。不管怎么说，延吉在这方面又占全国第一了。朝鲜族十分重视文化教育，文化水平可能列全国榜首。他们能歌善舞，名闻华夏神州。他们据说又善于花钱。不是有人提倡过能挣会花吗？我认为，延吉人算是做到了。由于以上种种原因，延吉卡拉OK人均数在全国拿了金牌，不是很自然的吗？

与上面说到的两件事有联系的，延吉人还有一个全国第一，这就是喝啤酒。喝啤酒原是欧风东渐的结果。啤酒这玩意儿大概真是有不可思议的魔力。一传到中国——世界其他地方也一样——立即以排山倒海之势独占酒类鳌头，人们饮之如琼浆玉液。全国皆然，非独延吉。然而别的地方喝，论杯，论"扎"，至多论瓶。在这里则是非杯，非"扎"，非瓶，而是论箱，每箱二十四瓶。看了这情况，即使是酒鬼的外乡人，也必然退避三舍，甘拜下风，而非酒鬼如我者竟至舌翘不下，眼睁不闭，吓得魂儿快要出窍了。我在世界啤酒之乡德国呆过十年。那里的啤酒不比水贵多少，人们喝起来皆比喝水多得多。我自以为天下之最盖在此矣。这次到了延吉，才知道自己竟是一只井蛙。

我们在天山宾馆吃晚饭时，邻近有一桌客人，男的六七个，女的三四个，说中国话，并非老外。我们进去的时候，他们已吃喝起来。我们吃完走时，他们还在吃喝。喝啤酒时真是"饮如长鲸吸百川"，气势磅礴。桌上酒瓶林立，桌旁空箱两只。喝到什么时候，地上空箱摞起多高，只有天知道了。我做了一夜啤酒梦。

我在上面讲了延吉的三个全国第一。你能说这不怪吗？

但是，"怪"字是一个中性词，决不等于"坏"字。在延吉，我毋宁说，这里怪得可爱，怪得可钦可敬。有的地方怪得简直像是小说中的君子国。我觉得，这三怪的背后隐藏着一种非常深刻的意义，它们是与我开头说的"好"字紧密相连的。这里的人热情豪爽，肝胆相照。我走过全国不少的少数民族地区。在那里，汉族成了少数民族。尽管一般说起来，汉族同当地人相处得还不错，有的好一点，有的差一点，可是达到水乳交融水平的，毕竟极为稀见。一到延边，我就向几个朝鲜族朋友问起这个问题，他们说毫无问题，汉朝两族毫无芥蒂。我又向几个汉族朋友问起这个问题，他们也说毫无问题，朝汉两族亲如兄弟。尽管语言不同，绝大多数的人都使用两种语言。彼此共事，民族界限早已泯灭，他们只感到同是中华民族，而不感到是朝鲜族或汉族。

我们此行虽然短促，但确实交了许多朋友。在我的潜意识里，只有朋友，而没有什么汉族朋友，什么朝鲜族朋友之分。延吉这个地方，我永远不会忘记。延吉的朋友们，我永远不会忘记。我遥望东天，为他们虔诚祝福！

我开头说，延吉是个好地方。谁还会怀疑我这句话的真实性呢？

1992年8月5日

逛鬼城

豪华旅游轮"峨眉号"靠了岸。细雨霏霏，轻雾漫江，令人顿有荒寒之感。但一听到要逛鬼城丰都，船上的人，不管是中国人，还是日本人和韩国人；不管是老还是少，不管是男还是女，无不兴奋愉快，个个怀着惊喜又有点紧张的心情，鱼贯上了岸。

为什么对鬼城这样感兴趣呢？道理是不难明白的。一个活生生的人，在光天化日之下，要进鬼城游览，难道还有比这更富有刺激性的事情吗？

至于我自己，我在小学时就读过一本名叫《玉历至宝钞》的讲阴司地狱的书，粉纸石印，质量极差，大概是所谓"善书"之类，但对于我却有极大的吸引力。你想一想，书中图文并茂，什么十殿阎罗王，什么牛头、马面，什么生无常、死有分，什么刀山、油锅，等等。鲁迅所描绘的手持芭蕉扇、头戴高帽子的鬼卒，也俨然在内。这样一本有趣的书，对一个小孩子来说，比起那些言语乏味的教科书来，其吸收力之强真有若天壤了。

这样一本书，我在昏黄的油灯下，不知道翻看过多少遍。我对地狱里的情况真可以说是了若指掌。对那里的法规条文、工作程序也背得滚瓜烂熟。如果我到了那里，不用请律师，就能在阎王爷跟前为自己辩护，阎王爷对我一定毫无办法。至于在阴司里走后门，托人情，我也悟出了一点门道。因此，即使真进阴司，我也坦然，怡然，总有办法证明自己是一个好人，无所畏惧。

后来，我读西洋文学，读过但丁的《神曲》。再后一点，我又研究佛教，读了不少佛经，里面描绘阴司地狱的地方，颇为不少。我知道了，中国的阴司原来是印度的翻版，在印度原有的基础上，又加以去粗取精，深化改革，加以中国化，《玉历至宝钞》中的地狱描绘就是这样来的。尽管我对于自己的学识，从来不敢翘尾巴，但是对自己的地狱学却颇感自傲。而且对西方的地狱，正像但丁描绘的那样，极为卑视，觉得那太简单了，同东方地狱之博大精深相比，真如小巫见大巫。由此我曾萌发一个念头，想创立一门崭新的学科：比较地狱学。我深信，如果此学建成，我一定能蜚声国际士林，说不定就能成为诺贝尔奖金的候选人哩。

就这样，在即将进入鬼城的时候，我心里胡思乱想，几十年来对地狱的一些想法，一时逗上心头。在江雨霏霏中，神驰于三峡之外，仿佛已经走进地狱了。

多少年来，久闻丰都城的大名。我原以为丰都城会是在地下一个什么大洞中，哪能把阴司地狱摆在人世间繁华的闹市中呢？事实上，四川丰都的鬼城却确实是在繁华的闹市中。要到那里去，不是越走越深，而是拾级而上，越爬越高，地狱原来是在山顶上。山门牌坊上写着"鬼城"和"天下名山"六个大字。一进山门，就一路拾级而上，到达山顶，据说共有六百一十六级，从台阶数目上来看，恐怕要超过泰山南天门了。

山门内山明水秀，树木葱茏。时届深秋，浓绿中尚有红色和黄色的小花闪出异样的光彩，耀人眼睛。石阶砌得整整齐齐，花坛修得端端正正，毫无阴森凛冽之气。不信阴司地狱的外国旅游者当然不会有什么恐怖之感，连有些信阴司地狱的中国人也不会有这样的感觉。跟着我们走的导游小姐，是一个十七八岁的苗条秀丽的中学毕业生。她讲解得生动有趣，连印度神话中的阎摩(yama)和阎弥(yami)她都讲得头头是道。我搭讪着跟她聊天——

"你天天在阴司地狱里走，不害怕吗？"

"不害怕，只觉得很好玩。"

"你信不信阴司地狱？"

"不信。我的婆婆(奶奶)有点信的。"

"你为什么干这个工作？"

"我中学毕业后，上过训练班。有一门课，专门讲有关地狱的知识。"

"这鬼城里的老百姓不觉得阴森可怕吗？"

"一点也不，惯了。他们根本不想这里是鬼城！"

"你看过《玉历至宝钞》吗？"

"没有。"

我于是把书名告诉她，希望她能扩大关于地狱的知识面，把导游工作做得更丰富，更生动，更有趣。

同小女孩谈话以后，我原来那一点紧张别扭的心情一扫而光。还是专心一志地逛鬼城吧！我心里想。

山越爬越高，楼阁台榭等等建筑越来越多。真个是："五步一楼，十步一阁，廊腰缦回，檐牙高啄，各抱地势，勾心斗角。"我没有见过阿房宫，我不知道，阿房宫是不是就是这个样子。反正这里的楼台殿阁真够繁复，真够宏伟。大概《玉历至宝钞》中所提到的楼阁，这里都有，而且还多出来了许多那里不见的宫殿。粗粗地数一下，就我记忆所及，就有下面的这些殿：报恩殿、寥阳殿、星辰礅、玉皇殿、曜灵殿，等等。报恩殿里塑着如来佛大弟子大目连的像，来自印度的"目连救母"的故事，在中国民间广泛流传。玉皇殿里供的当然就是天老爷。让我惊奇的是两边的众神像中，竟赫然有孙膑站在那里。孙膑同天老爷有什么瓜葛呢？这道理我还没有弄明白。

至于有名的鬼门关、奈河桥等等，这里当然不会缺少。有趣的是奈河桥，确实是一座石桥，也并不威武雄壮。可是导游小姐却突然提高了声音说，谁要是能三步跨过这一座桥，就会有什么什么好处。大家一听，兴致猛涨，都想登桥尝试一下。我努了努力，用四步跨了过去。有的个儿矮的人，用五六步才能跨过。而身高一米九二、鹤立鸡群的冯骥才，只用了一步半，就跨过了奈河桥。大家一起起哄，说冯得到的好处最多。我自己虽然是落了第，恐怕得不到多少好处了，但我也不后悔。一个人如果真正到了奈河桥上，人世间的好处对他还有什么意义呢？即使是诺贝尔、奥斯卡，不也等于镜花水月了吗？

在另一个地方，好像是一座大殿的前面或者后面，在一个牌楼前，有一个石砌的四方形的栏杆，中间有一个球形的东西嵌在地面上，是铜？是铁？看不清楚，反正是非常光滑，闪着白光。导游小姐说，谁要是用一只脚，男左女右，在球上站上两秒钟，眼睛看着前面什么地方的四个字，他又会得到什么什么好处。干这种玩意儿，我决不后人。我走上去，站在球上，大概连半秒钟都没有，脚就滑了下来。我当然又不能得到那些好处了。我毫不在意。我那阿Q思想又抬了头：阴间的玩意儿实在非凡地平庸，即使能站上两秒钟，又待如何呢？

又到了一个什么殿，看到了地狱里的人事部长，手持生死簿，威风凛凛地站在那里。导游小姐高声问："有姓孙的没有？有属猴的没有？"我们团里的孙车民碰巧没有在，也没有什么人自报属猴。导游小姐说："当年孙悟空大闹天宫，跑到阴司地狱里来，一手抢过生死簿，把自己的名字一笔勾掉，从此姓孙的和属猴的就都簿中无名，阎王爷没有办法召唤他们了。"我突然想到，阴司地狱里的管理工作真也应该加以改革，必须现代化了。如果把生死簿中的名字输入电脑，孙猴子本领再大，也无法把自己的名字勾掉了。岂不猗欤休哉！

在北京的时候，我曾多次说过，到八宝山去，要按年龄顺序排一个队，大家鱼贯而进，威仪俨然，谁也不要躐级抢先，反正我自己决不会像买稀罕的物品一样，匆匆挤上前去夹塞。我们走，要走得从容不迫，表现出高度的修养。现在到了鬼城，方知道自己既不姓孙，也不属猴，是生死簿上有名的，是阎王老爷子耀武扬威欺凌的对象。心里颇有点愤愤不平。我胆子最小，平生奉公守法，不敢越雷池一步。但是此时我却忽然一反常态，决心对阎王爷加以抵抗。不管催命鬼的帽子戴得多高，也不管"你也来了"四个字写得多大，我硬是不走，我想成为一个我生平最讨厌的钉子户。对阴司的律条我是精通的，同阎王爷辩论，我决不会输给他。

也许有人会问："你这样干，不怕阎王老子那些刀山、油锅吗？"是的，刀山、油锅当然令人害怕。但是，当我们走到填满了阴司地狱里酷刑雕塑的房间时，天已经暗了下来。我们只是隔着玻璃窗子，影影绰绰地匆匆忙忙地看到了一点刀山、油锅的影子，并没有怎样感到恐怖。有人说，有心脏病的人千万不要来逛鬼城，怕受不住刀山、油锅的惊吓。我看，这些话确实夸大了。我也是戴着冠心病帽子的老人，但是我看完了刀山、油锅，依然故我，兴致盎然，健步如飞，走下山来。

我性子急，上山走在最前面，下山也走在最前面。别人还没有下来，我就坐在一棵大树下的石头栏杆上休息了。陆续有人下来了，见了我都说："季老！你做得对！山你是上不去的，坐在这里休息该多好呀！"当他们知道我已经上过山时，都多少有点吃惊。此时有人问那个活泼可爱的导游小姐，让她猜一猜我的年龄。她像在拍卖行里一样，由六十岁起价。别人说"太低"，她就逐渐提高。由六十岁经过几个步骤猜到七十岁。她迟迟疑疑，不愿意再提高，想一槌定音。经许多旁边的人多方启发、帮助，她又往上提高，几乎是一岁一步，到了八十，她无论如何也不想再提了。尽管大家嚷着说："不行，还要高！"小女孩瞪大了眼睛，不再说话了。在惊愕之余，巧笑倩兮。

这一小小的插曲颇为有趣，它结束了我的鬼城之游。

我们辞别了鬼城，辞别了导游小姐，回到船上，立即整装，参加总结酒会。接着是大宴会，觥筹交错，笑语连声，灯光闪耀，有如白日。仅在半点钟前的鬼城之游，早已成为回忆中的一点影子。如果此时站在鬼城上下望我们的游轮，这一艘正在漫漫的长江中徐徐开动的游轮，一定像一团焰焰煜耀的光辉。

1992 年 10 月 17 日

血浓于水

台湾人对大陆的人究竟有什么看法呢？

说句老实话，我是带着这样的问号到台湾去的。

再说一句更老实的话，我是怀着对这个问号的回答到台湾去的，而且我的回答是悲观的，是消极的。试想大陆和台湾分开已经五十年了，中国人自己制造的一些障碍，加上外国那一个以世界警察自居的居心叵测的大国从中搅和，再加上在一段时间内儿戏般的每天炮击金门、马祖的记忆，在大陆人心中是无所谓的，但是，在台湾人心中恐怕是填满了一肚子愤懑，对大陆人不会怀有好感的。

我就是怀着这样惴惴不安的心情登上了从香港到台北的飞机的。

但是，一走进飞机舱口，几位空姐亭亭玉立，站在一旁，看我年迈，立即用手搀扶，脸上的笑容，淳朴美好，令人一看就能知道，这是出自内心的微笑。平常照相，拍摄者总会喊一句："笑一笑！"这种微笑说到坏处，就只能像电影《瞧这一家子》中陈强的"微笑"。空姐的微笑与此决不相同。我们现在号召微笑服务，这当然比当年的"训斥服务"要好上一千倍。但是，其中总免不了伪装做作的成分，令"上帝们"感到还不如当年满面怒容的训斥那样容易接受。现在台湾空姐的微笑与此全然异趣。我想，她们会知道，从香港登机到台北去的旅客中决不会缺少大陆人士的。这微笑是否与此有关呢？想到此处，我自己也觉得好笑起来，你这不是想入非非了吗？可能有点的。但是，在从香港到台北的一个多小时的飞行中，空姐们不但殷勤提供饮料，还给每一位客人准备了一顿丰盛的午餐，她们行动快捷而态度从容，事情繁忙而有条不紊，其中决没有任何假冒伪劣的成分，这是每个人都能感觉到的。

我终于把惴惴不安的心情打发得一干二净，怀着其乐融融的心情，登上了台湾的土地。

一走出机场大厅，又让我大吃一惊。原来在台湾的北京大学东方语专的十几位校友，几乎是全体都赶到机场来欢迎我们了。他们都已接近或超过古稀之年，举着长达数丈的大红布标，上边写着欢迎我的字样。这真是大出我意料，一时感动得泪珠在眼眶里直滚。

这使我立即想到了我们常说的"血浓于水"四个有深刻意义的字。一讲到海峡两岸的关系，很多人口头上或文章中就自然而然流出了这四个字。今天我到了台湾，一登上台湾的土地，这四个字竟也毫不勉强完全自然地涌上了我的心头。这就说明，只有这四个字才有力量说明两岸人民内心深处的真挚感情。

从那以后，在台北的十天中，我至少有两次亲耳听到台湾朋友说出了这四个字。一次是在台湾北京大学同学会欢迎我们的宴会上，会上的气氛十分真挚温暖。校友们几乎都是在建国前日寇投降后到台湾来的，年龄大都已越过了古稀。论人际关系，校友属于"朋友"一伦，是列入三纲五常的，如今再加上一个"校"字，关系更变得非同小可。北大校友遍北京，北大校友遍中国，北大校友遍世界，北大校友也遍台湾。"北大"这两个掷地能作金石声的大字，有奇妙无比的凝聚力。不管是什么地方,见到什么人,只要一说是北大校友,两个人的心立即交融在一起,千言万语到了此时都黯然失色,无有用武之地了。在这样的情况下,你完全可以想象出今天晚上宴会的气氛。会长杨西崑先生已经九十二岁高龄,仍然在夫人的陪伴下亲临会场欢迎我们这几位从大陆来的校友。会上举杯互庆,共祝长寿。坐在我左边的是一位看来已达到了耄耋之年的女士,仪容端庄,但步履维艰,已显出了龙钟的老态。至少也在五六十年前了,她在北大读经济系,是赵迺搏教授的门生。她就是在台湾广有令誉的铭传大学创办人包德明女士。我坐在主宾位上,与杨西崑正相对,包女士在我左边,显然也是重要的席位。她耳朵不重听,我的耳朵也还对付着算是耳聪,因此,我们俩谈话很多。在觥筹交错中,她忽然站了起来,颤巍巍地走到两桌之间,站在那里,看起来非常激动,欲语泪双流。她用颤抖的声音,含着眼泪,大声说道:"我有一句话,已经在心里憋了几年。今天,看到大陆来的亲人,忍不住非说出来不行了。常言道:血浓于水。台湾和大陆的人都是炎黄子孙,为什么竟不能统一起来!台湾富,大陆强,合起来就是一个既富且强的大国,岿然立于世界民族之林中,谁也不敢小看,谁也不敢欺负。这是中华民族绝大的好事,为什么竟不能实现!"说到这里,她感情激动得说不下去了,又颤巍巍地回到座位上。全体北大校友,在鼓掌之余,看上去都为之动容,在欢愉中加上了一点凄凉,在凄凉中又掺上了一片希望。此时,我无法猜度每一位校友内心的活动,但我想,我们大家想的都会是四个大字"祖国统一"吧。

  这一位包德明校友还是一位十分信守诺言的人。我在台北,由于气候条件与大陆相差悬殊,加上以望九之年长途跋涉，患了感冒，发烧接近四十度。感冒本来是小病，可是对一个老人来说，这样高烧就非同小可了。于是台北的朋友就着实关心起来，其中以台湾大学图书馆馆长林光美女士最为积极。她通知了杨西崑先生，西崑先生立即想派他的私人医生来给我看病。光美又陪我到台大校医院去请内科主任为我检查治疗，风声也传到了包德明校友耳中。在宴会上她告诉我，她有祖传的治哮喘的灵丹妙药，答应当能送到我下榻的富都大饭店。我在下意识里暗自思忖：散会时已经到了晚上10点，送药不过是一句安慰我的客套话而已。焉知我回到旅馆，到了深夜，包女士的妙药竟真的送到了。我虽然已经睡下，但衷心感谢与敬佩无论如何也抑制不住。包女士还答应我，我回大陆后，她将把药方寄给我。我回到燕园以后不久，包女士的信立即飞来。到了此时，我真是动了感情。我已至垂暮之年，平生经历了几个时代，自认为已经能"悲欢离合总无情"了。其实这只是一个假象，台北的朋友们，其中当然有包德明和林光美，一下子就用她们的行动证明了，我并没有达到"总无情"的境界。"血浓于水"这几个字让我不得不丢掉我那个幻觉，承认了，即使自己到了茶寿之年，我仍然是充满了感情的。对春花、秋月、夏雨、冬雪，对友谊，对人间一切美好的事情，我仍然是非动真感情不行的。对我来说，这是一件天大的好事。

我第二次从台湾朋友嘴里听到"血浓于水"这四个字，是在另一次宴会上。因为宴会过多，我现在无论如何也想不起来是在哪一次宴会上，谁是主人也完全忘了。但是，参加宴会的台湾朋友的身影，却历历如在目前。这一次宴会气氛之热烈决不亚于北大校友举办的那一次。大家也是兴高采烈，频频举杯互祝健康长寿。正在大家的激情达到顶峰的时刻，一位年过六旬的长者站了起来，举杯祝酒，顺便讲了一席话，内容同包德明校友的话差不多，他也自然而然地使用了"血浓于水"这个现成的词儿。他没有掉眼泪；但是，声音低沉，显然他也是动了真情。同席的人，除了大陆去的几位学者以外，都是与上一次宴会不同的朋友。然而，心有灵犀一点通，这一"点"就是"血浓于水"。

我们在台北虽然只住了十天，但是到过的地方却是相当多的，除了某公纪念馆我们不感兴趣没有到以外，一般外来人总要参观的地方，我们几乎都到了。我们参观了法鼓山；我们游览了故宫博物院，顺便看了附近的张大千的摩耶精舍；我们到过"中央研究院"，访问了台湾大学；有名的"中央图书馆"就是我们开会的地方，当然在参观之列；离开台北的前夕，友人在著名的圆山大酒店设宴饯行，我们有机会观赏了晶莹如天空繁星的圆山的灯光。我们大大地饱了眼福。

但是，我们决不是见物不见人，我们广泛地接触了主要是教育界和学术界的知名人物，比如"中央研究院"院士和台湾大学的教授，还有政界的高层人物，比如"总统府"资政，以及经济界的后起之秀等等。普通老百姓，我们当然也见了不少，比如富都大饭店的服务人员等等。他们无一不亲切和蔼，彬彬有礼，给我们留下了深刻难忘的印象；对比之下，也使我不可遏止地喟然兴叹。

以后我们所到之处和所见之人，的确没有再听到"血浓于水"这样一句话。我在离开大陆前给自己定下了约法一章：到台湾去是寻求亲谊，寻求理解的，绝口不谈政治。两岸统一的问题，当然是政治问题。尽管我心里多么赞成，但是，即使对方有人谈，我也不主动去谈。对方谈得投机，我表示赞同，但也不再进一步作什么对比,追究原因。一直到今天,我还认为我这种态度是正确的。

总之,我在台北参观过很多地方,会见过很多人。听到说"血浓于水"这句话,虽然只有两次。但是,从我和众多的人的接触中,我深切感到,代表这四个字的感情却埋藏在几乎每一个人的心中。有一次,我要到一个地方去,有人说,那里是台独的窝子,小心他们会加害于你。我不知道,这句话是真是假,是庄是谐。但是,我到了那里受到了很亲切友好的接待。我对台北的情况是陌生的,不敢下什么断语,写在这里,聊资谈助而已。

长篇小说《三国演义》一开头就有一句非常有名的话:"话说天下大势,分久必合,合久必分。"这虽然是小说家言,然而却道出了中国几千年历史发展的一个真理,是完全符合实际情况的。专就台湾而论,我在上面说到,自古以来就是中国不可分割的组成部分。最初荷寇侵略,被赶得夹着尾巴逃跑了。接着是日寇占领了将近半个世纪,最后也难逃被赶跑的命运。后来由于一个帝国主义大国的支持,成了现在这样分割的局面。我们的"分"可谓久矣。下一步当然是"合",这是历史发展的规律,无人能抗御的。如果真有人阻止我们"合",那只有赠他们两句诗:"蚍蜉撼大树,可笑不自量。"

1999年4月25日

义 工

"义工"这个词儿，是我来到台北后才听说的，其含义同大陆上的"志愿者"有点近似。说是"近似"，就是说不完全一样。"义工"的思想基础是某种深沉执著的信念或者信仰，是宗教的，也可能是伦理道德的。大陆上的志愿者，当然也有其思想基础，但是不像台湾义工那样深沉，甚至神秘。

我在《法鼓山》那一篇随笔里提到，我是在法鼓山第一次听到"义工"这个词儿的。原来那一天我们在法鼓山逢到的那一些青年女孩子，除了着僧装的青年尼姑外，其余着便装的都是义工。她们多数来自名门大家，在家中有成群的丫环和保姆伺候着，衣来伸手，饭来张口，是地地道道的大小姐，掌上明珠。但是，她们却为某一种信念所驱使，上了法鼓山，充当义工。为了做好素斋，她们拼命学习。这都是些极为聪明的女孩子，一点就透。因此，她们烹制出来的素斋就不同凡响，与众不同。了解到了这些情况以后，我的心为之一震。我原来以为这些着装朴素、态度和蔼、轻声细语、温文尔雅的女孩子，不外是临时工、计时工一流的人物，现在才悟到，我是有眼不识泰山。正像俗语所说的：从窗户眼里向外看人，把人看扁了。我的心灵似乎又得到了一次洗涤。

远在天边，近在眼前，我哪里知道，原来天天陪我们的两位聪明灵秀的年轻的女孩子就是义工。一个叫李美宽，一个叫陈修平。她们俩是我们的领队，天天率领我们准时上车，准时到会场，准时就餐，又准时把我们送回旅馆。坐在汽车上，她们又成了导游，向我们解释大马路上一切值得注意的建筑和事情，口齿伶俐得如悬河泻水，滔滔不绝，决不会让我们感到一点疲倦。她们简直成了我们的影子，只要需要，她们就在我们身边。她们的热情和周到感动着我们每一个人。

我原来以为，她们是大会从某一个旅行社请来的临时工，从大会每天领取报酬，大会一结束，就仍然回到原单位去工作。只是在几天之后，我才偶然得知：她们都是义工。她们都有自己的工作岗位，在法鼓大学召开大会期间，前来担任义工，从凌晨到深夜，马不停蹄，像走马灯似的忙得团团转，本单位所缺的工作时间，将来在星期日或者假日里一一补足。她们不从大会拿一分钱。这种无私奉献的精神不是非常能感人吗？

我没有机会同她俩细谈她们的情况，她们的想法，她们何所为而来，以及她们究竟想得到些什么。即使有机会，由于我们的年龄相差过大，她们也未必就推心置腹地告诉我。于是，在我眼中，她们就成了一个谜，一个也许我永远也解不透的谜。

在大陆上，经济效益，或者也可以称之为个人利益，是颇为受到重视的。我决不相信，在台湾就不是这样的。但是，表现在这些年轻的女义工身上的却是不重视个人利益。至少在当义工这一阶段上，她们真正是毫不利己，专门利人的。对于这两句话，我一向抱有保留态度。我觉得，一个人一生都能做到这一步，是完全不可能的。在某一段短暂的时间内，在某一件事情上，暂时做到，是可能的。那些高呼毫不利己，专门利人的人们，往往正是毫不利人，专门利己的家伙。然而，在台北这些女义工身上,我却看到了这种境界。她们有什么追求呢?她们有什么向往呢?对我来说,她们就成了一个谜,一个也许我永远也解不透的谜。

这些谜样的青年女义工们有福了!

1999年5月

佛山陶瓷厂

我的地理知识和科技知识,都不是很令人满意的。但是我从小就听说江西景德镇的瓷器和广东佛山镇的陶器。虽然听说了,但是山高路远,只有心向往之而已。哪里想到,今天竟因缘巧合,我来到了佛山,以陶瓷闻名全国全世界的佛山。在参观节目中必须有佛山陶瓷厂,这已经是天经地义的事了。

在迎宾馆里住了一夜,第二天开始参观。匆匆忙忙地参观了祖庙以后,陪同我们参观的朋友们,汉云、玲玲、梁馆、陈馆等就迫不及待地把我们带到了佛山陶瓷厂。玲玲是当地政府官员,从而我们这一队人马就受到了特殊的待遇,到处为我们开了绿灯,经理亲自出来迎接。要说受宠若惊嘛,我们似乎没有这样的感觉;但是,我们感觉到温暖与亲切,却也是事实。我们首先看制作车间。看样子,这个车间也不可能是对外开放的,只因我们一下子变成了VIP"贵宾",所以我们就有了进入的特权。屋子很大,有许多工作台,每一个台旁坐着一位雕塑家,大半是年轻的妇女。台上堆着一大块黑色的用水和成的陶土,这是用来雕塑的原料。我用"雕塑"这个词儿,也许不太恰当。她们在手中把陶土抟来抟去,抟成了一些小动物、一些小人和其他许多别的东西,准备入窑烧炼。北方有捏面人这个行当,"捏"字也许更恰当。这个问题,我有点说不清楚,就此打住吧。那一些年轻的雕塑家——不能叫做"捏家"吧?——有的在干活,有的手里拿着一个极大的梨在使劲地哨,意态潇洒,笑容可掬。

我们又走到了一个展览大厅去参观。这里同工作车间大不一样了。大厅四周排列着一些木架,架子上陈列着一些烧炼好了的大型的彩陶雕塑品,流光溢彩,姿态生动,有的是中国民间崇拜的仙佛,特别引人瞩目的是大肚子弥勒佛,这是在任何庙中都能见到的一尊佛,看到他,人们都会不由自主地想到关于他的一副对联:"大肚能容,容天下难容之事;笑口常开,笑世上可笑之人。"今天在这里又见到了他,在艺术家的手下,他的形象更生动,更可笑,更令人喜爱。除了佛像,还有一些中国历史上的名人,都是老百姓喜闻乐见的。另外还有一些其他题材的雕塑品,琳琅满目,美不胜收。木架之间都留有空隙,墙上贴着艺术家的照片和艺术职称,他们显然都是名家、大家,造诣非凡,同制作车间里的那一些年轻女艺术家们不可同日而语了。我灵机一动,忽然想到,同制作车间比较起来,这里好像是阳春白雪,那里就有点像下里巴人了。

我浮想联翩,一下子忽然想到几年前的一个春天我到洛阳去看牡丹。"洛阳牡丹甲天下",这是没有人不承认的。牡丹的国色天香,也是无人不知的。每年四月下旬的洛阳,牡丹就开满了古都洛阳。大马路上,公园里,特别是最大的与皇城有联系的公园里,牡丹开得姹紫嫣红,花团锦簇,形成了一片花海,形成了一座花城,全国各地的人,全世界各地的人,操着不同的方言和语言,穿着不同的服装和鞋靴,拥拥挤挤,摩肩接踵,聚集在一起,共同分享着"朝酣酒"和"夜染衣"的飘逸的神采和境界,欢笑声和惊叹声汇成了一曲有声音、有彩色、又有形象的钧天大乐,直上云霄。

在我的回忆中,在这样一曲钧天大乐中,却闪出了一缕缕黄色、绿色和白色的光芒，这是有名的唐三彩的光芒。洛阳的唐三彩名闻天下，一件真正的唐三彩的骆驼或马，价值连城。唐三彩也是陶器。我的知识面太有限，我至今还弄不清楚，洛阳的唐三彩与佛山的彩陶雕塑有什么关系，有什么分别。二者都是天下之至美，为中国人民和世界人民平庸的生活增添不少耀目的光彩，成为我们中华民族的骄傲。

我又浮想联翩，想到中国的雕塑和西欧的雕塑。西方自古希腊以来，雕塑就是美学家主要研究对象之一，这个传统几千年来一直延续下来，从未中断过。在中国，雕塑的起源似乎比希腊晚，地位也没有那样重要。但是也并非没有著名的雕塑家，唐代的杨惠之就是最著名的一个，他同吴道子同师张僧繇，吴后来成了"画圣"，他则以雕塑名天下。但是后继似乎乏人，雕塑这一门艺术，同绘画比较起来，完全不能相提并论，后者历史悠久，涉及面广，英姿勃发，光彩照人，代代都是如日中天，名家辈出，佳作迭陈，几乎垄断了中国艺术史。雕塑则干瘪失色，不能登大雅之堂。全国许多地方的五百罗汉，虽艺术水平参差不齐，但确有精品，多半也沦为民间艺术。另外一些雕塑，比如龙门、云冈、敦煌、麦积山、大足等地的佛像石雕或泥塑，确实引起了全世界的瞩目，但是它们的价值还没有得到充分的阐明与评估，不禁为之一叹。

说到佛像雕塑，我忽然联想到好多年前我在四川都江堰李冰庙中一点感受。我去参观李冰庙时，这一座气势恢宏、历史悠久的大庙已经遭受了"十年浩劫"的洗礼，无知暴徒们已经把李冰父子的塑像砸了个粉碎。改革开放以后，天日重明，有识之士看到高高的台座上空空如也，实在不像样子，于是请什么美术学院的雕塑家们，用受了西方影响的雕塑手法，塑成了两座像，放置在那里。这两座像艺术性可能是高的；但是，在我眼中，它们同巍峨的大殿，庄严的台座，无论如何也协调不起来，看上去简直有滑稽之感。我因而想到，我国历代那一些民间雕塑家，名不见经传，艺不被重视，却确有其不可及之处，这问题实在值得深入研究。

今天的佛山陶瓷厂，依我看是民间艺术与专家精英艺术相结合的地方。可是还没见有人注意到这个问题。中国民间的捏面人、塑佛像、制陶瓷等等的艺术家们，实在还有很多有待发掘的奥秘，专家学者们何妨暂时走出象牙之塔，观察和探讨一下这一个问题。这个问题如能解决，我国的雕塑理论必能有新的创获。

西樵山

广东有两句俗话：佛山无山，南海无海。可是我们的佛山之游中竟包括了西樵山这一座真正的山，可见我们已经走出了狭义的佛山的境界，来到有山的地方来了。

我缺少对广东地理的知识，手头又没有地图可查。我依稀感觉到，佛山可能是广东的一个中等市，管辖几个小的市和县。因为，在经常陪同我们参观访问的本地朋友中，有一位南海市图书馆的馆长陈志东女士，按当地的习惯说法，应该称之为"陈馆"。南海市是否是一个属于佛山市的县级市呢？

这些猜想，不管正确与否，都是无关大局的。中国古人说："名者，实之宾也。"这些猜想都属于名的范畴，不过是"宾"而已。西樵山却是"实"的，西樵山之美更是实而又实的。我在上面已经说到，此时的北方正是初冬天气，虽然还没有达到"千里冰封，万里雪飘"的程度，但池塘已经结成了薄冰，屋里已经使用了暖气了。可是在广东，在佛山，却依然是阳春天气，杂花满树，群鸟飞鸣。我们的车子驶出了佛山市，真正领略到了广东的田园风光。马路两旁长满了低低的灌木丛，不知道叫什么名字。一路都看到一丛丛紫色的花，万绿丛中一团紫，确实是鲜艳动人，引人瞩目，我们北方来的几个侉子，在吃惊之余左右打听花的名字，到头来也没有打听出什么结果。

我们的车一路开上山去，这就是西樵山。山不算太高，但山路上弯子也不少。山下的田野村舍一会儿出现在车的右边；但一转瞬间又忽然出现在车的左边，当然都是居高临下的。我事前就听说，石景宜老先生就诞生在山下某一个村庄里。此时，我遥望山下，但见烟雾缭绕，树影迷离，却说不出究竟在什么地方诞生了这样一位热爱祖国，热爱祖国文化教育的奇人。我继而又想到，在这样山清水秀的地方，诞生这样嵚奇磊落的人，又是事理之必然者。想来想去，我别是一般滋味在心头。

汽车终于开上了山巅。所谓山巅，其实并没有什么云峰插天，鸟道蔽日，只是一片大平地。上面修建了旅馆、花园和其他一些设施，有点像庐山的牯岭。山顶上立着一座南海观世音菩萨站立的雕像，高达三十多米，不知道是用什么材料雕成的。谁要是想攀登上去瞻仰一下的话，要登几百级台阶。游人虽多，真正登上去的人却极少，可见攀登艰苦的程度。我们同来的人中，我是一个衰朽老翁，当然连想攀登都不敢想，其余的年轻人也都安于在下面徘徊，向上仰望。我见有人站在离台阶还很远的地方低头合掌，虔心默祷，表示对这一位以救苦救难的大菩萨的敬意。但是，我幻想，如果我真正登上去的话，我会看到别有一番境界，至少也会像杜甫登泰山那样："会当凌绝顶，一览众山小。"

我没有打听，是什么人，由于什么原因，花费这样多的财力和物力、人力，选择了这个地方，修建这样一座上凌青天的观音雕像。我却无端联想到我在欧洲进几个著名的天主教大教堂的感受。我走进了哥特式的大教堂，里面设备并不豪华，毋宁说是相当简陋；但是，如果抬头向上看，就会看到在大堂极高极高的尖顶上有一缕阳光透过五彩玻璃窗流了进来。阳光到处都有，但在不同的地方会产生不同的效果。在这大教堂内部光顶上，衬托着堂内灰暗的背景，这阳光显得特别耀眼，光彩熠熠，带给人们特殊的涵义和感觉，不管你信不信上面有个天堂，你总会感觉到，这神秘的光明象征着什么；如果是信徒的话，当然就会在下意识或潜意识中感觉到，上面有一个光明的天堂。

现在，在西樵山上，这一座加上底座和山包恐怕要高达百米的、"离天三尺三"高的观世音菩萨的塑像，起到同西方哥特式大教堂同样的作用。不管你是否是信徒，看到这一位慈眉善目，好像用悲天悯人的目光下视大千世界的芸芸众生，随时准备着拯救他们于苦难的大海中，心里总会有一种异样的、温暖的感觉吧。至于我自己，我研究了一辈子佛教，但从来不是佛教信徒。我尊重世界上一切正大光明的宗教的信徒，也尊重他们的宗教。因为，我认为，人与人是不相同的。有的人有宗教需要，有的人就没有，决不能是此而非彼，厚此而薄彼，宗教信仰是个人的问题，只要能帮助我们安定团结，就是好事情，我们就没有理由不拥护。

在这西樵山顶上，树木蓊郁，空气新鲜，山风习习，净无纤尘。我们狠狠地享受了一下大自然给予我们的快乐。陶渊明的诗，"久在樊笼里，复得返自然"，好像是为我们写照。可惜世间的快乐都是短暂的，这一次也不能例外。到了我们该下山的时候了。我们的汽车沿着原路盘旋而下。走到了一个地方，看到在碧绿的山麓下，立着一座黄色的神像，背景的绿色与神像的黄色相映鲜明，十分有趣。玲玲说：那是黄大仙。我没有来得及细问黄大仙又是怎么一回事，脑袋里还是装满了南海观世音菩萨的影子，不久就回到了佛山。

发思古之幽情

今天的临清,现实的临清,我们在短短的四天中算是已经看到了,已经触摸到了,已经感觉到了。但是,临清是一个历史名城,已经有两千来年的历史了。现在我静坐在火车车厢中,四天的繁忙已经被抛在身后,心情完全沉静下来,对临清的思古之幽情油然而发。

一、渺茫的过去

临清也可以说是历史文化名城。西汉初年,即以清渊县之名建县。后到建平元年(公元前6年),由于地傍清河(卫河古称)而更名为临清,一直到今天未变。历史上曾一段时间,升格为临清州。后又恢复为县,前几年撤县建市,因此,临清市是现在完整的名称。

同其他历史文化名城一样,在过去两千多年的漫长的历史上,临清走过的也不是一条平坦的阳关大道。有时繁荣,有时衰落;有时升,有时沉。据我个人的看法,隋代开通京杭大运河以后,临清是运河上的一个大码头,是中国经济的大枢纽之一。几代皇帝南巡,都经过临清。政治经济繁荣的结果,必然是人文荟萃。清代的扬州,后起的上海,以及明清时代的北京都是最好的例证。扬州八怪,为什么独独汇集于扬州,个中消息,实堪玩味。哪里一有油水,文人中的帮忙者和帮闲者,必然趋之若鹜,这也可以说是一种规律。遥想当年临清盛时,必然是廛闬扑地,歌吹沸天,徜徉于街巷间者,不但有华人,也有碧眼黄发的老外。元代西方旅行家和传教士,从南方到北京,必然要经过临清。到了今天,临清狮猫,俗称波斯猫,仍然蜚声全国,扬誉环球,其中原因,不难寻得。近百年来,津浦铁路的修通,导致了临清近千年来最大的衰落。这一条铁路代替了京杭大运河。大运河北段逐渐干涸。南北交通别有径,临清繁荣黯然收,临清已非复昔日之临清矣。然而,天道循环,往复不已。近日京九铁路修通,临清为车站之一,行将见临清复兴在望,像我这样一个临清人,当然是手舞足蹈了。

往事如云如烟,又复纷纭万端,我这一只笔实在难以写得周全,我现在姑且从旧日的《临清州志》上抄几段现成的话,看看过去的文人和官僚是怎样看临清的。

乾隆十四年《临清州志》赵之垿序说:

夫临清为畿南一大都会,水陆辐辏,甲于二东。

同书王俊序说:

临清自元开渠通运。明初复加疏凿,为挽漕之喉,为萃货之腹。舟车络绎,商贾辐辏。天下之行旅出乎其途,岿然一重镇矣。

同书卷二,"疆域""形胜附",论曰:

> 天下之大州邑以千计，若棋布，然其间此区彼界，犬牙相入，尺土寸壤，各有攸归，疆域之不可不辨，非一朝夕故也。清源当兖赵之交，据东南上游，水合漳卫，河扼会通，形胜甲于山左，可不谓一大都会欤！

这样的例子还多得很，总之是说，临清是一"大都会"。我是想借别人之口说出故乡临清过去之光荣，证明我决不是自我吹嘘，效颦阿Q先生。但是，不管怎样说，这光荣已经渺矣茫矣属于过去了。我们要认真关注的是我们的现在。

二、璀璨的现在和更璀璨的未来

过去是现在的前身，现在是过去的继续，而未来则是过去和现在的更一步的发展。三者的关系游移不定，每一个时代都不相同。

我们不是哲学家，我们不研究抽象的时间，我们关心的是历史的时间，众多周知，历史是无法割断的。历史有如流水，"抽刀断水水更流"。临清璀璨的现在，我在上面已经讲了一些。但是现在的璀璨却包含着很多历史上过去的成分。比如名胜古迹都来自历史，到了今天又发出了崭新的光芒。这种情况全国以及全世界莫不皆然，不仅限于临清，但是让我发思古之幽情的正是这些名胜古迹。在今天弥漫全国全世界的旅游热中，具有最大吸引力的，除了自然风光外，正是这些名胜古迹。我现在就把临清的名胜古迹中最著名者扼要加以介绍，我介绍的重点是历史的来源。历史的来源介绍清楚，其现在的情况也就蕴寄于其中了。从《临清州志》和《临清县志》中，我们可以知道，临清的名胜古迹相当多，比现存的要多得多。但是沧海桑田，古今通例，有一些名胜古迹，或已消失，或已被遗忘，这些当然不在我介绍之列了。

三、舍利宝塔

舍利宝塔是大运河上的名塔，与杭州的六和塔遥遥相对。明万历年间州人柳佐建永寿寺，同时建塔。现在寺已不见踪影，寺内原有铁铸大士像，高三丈二尺，也同样失踪，唯宝塔巍然独存，成为一著名景观，明清两代文人墨客多有题咏之者。据乾隆十四年《临清州志》，清李基和有《清渊十景诗》之作，其中之一即"塔岸闻钟"，我现在抄在下面：

> 前明万历间，州人柳大司空偕士人建立舍利宝塔，相传有舍利子七粒置其上。塔九级，嵌空玲珑，极工人巧。上出重霄，下临无地，风生八面，五月清秋。旁有禅林曰永寿，林木周遭，楼阁巍焕，水陆往来，咸瞻仰留连，忘人间世。时有好事者，放舟临彼岸，听晚钟静，梵铎响松涛，琴韵思清，江声欲起，殆不仅以多宝琉璃侈壮观也。

> 静夜维舟近上方，
> 间听老衲诵梁皇。
> 台城乱后浮屠盛，
> 千古兴亡说景阳。

《临清县志》记述说：

1991年,季羡林(前排右六)与家乡亲友在临清舍利宝塔前合影。

舍利宝塔,在城北五里许卫河东岸永寿寺南。明万历间邑人柳佐建。俗称其地为塔湾。塔九级,高十余丈,作八角形,矗立岩晓。登其上可以望岱。清顺治时,荷兰国人曾赏其建造之工,图之以去。旧志十景所谓塔岸闻钟即此。惜民国四年内部焚如,登临者仅可升至第三级,其胜概已非昔比。

同书《建置志六》又有关于舍利宝塔的记述,内容没有新东西,不再抄录。同书《艺文志三》载有清孔胤樾的一首诗《登永寿寺塔》:

浮屠创何代?疑非人力营。驱车近胜地,百丈午阴平。兴到不计险,欲穷迹军京。心气自肃穆,雅循绳墨行。所历未及半,回首魂魄惊。纤曲力易竭,喘汗前交并。豁然开一境,暗牖贮虚明。天象眺无际,人物尽孺婴。日静风声举,鸟雀绕衣鸣。忽感天地大,胡为安小成。归来卧斗室,幽梦入蓬瀛。

艺文还有一些,比如《县志·艺文·诗词》中所载张树梅的《塔岸钟声》等等,不再抄录了。前若干年,由于胡乔木同志的帮助,国家文物局和山东省市拨专款修缮舍利宝塔,而今又焕然一新,大概在几百年内,游人又可登临凭吊了。

四、五样松

这是非常奇怪的一棵古松,一棵树上有五种不同的叶片。松树有两种叶片的——一种是尖的,这本是一般松树都具有的；一种是扁的，类似柏树的叶片——并不稀见；但是，一棵树上长有五种不同的叶片，却是极为罕见的了。它成为名胜，也是当然的。

这一棵树，《临清县志》上有一段记述：

> 今城东陈家坟村东河两殷庄陈氏先茔内有松一株，黛色参天，蔚然深秀，高五六丈，围二丈有奇，老干轮囷，实为巨观。虽不详何时植，约为数百年物。以其枝叶形态不一，亦称五样松，一称梧子松，或谓即桧柏，其味香过檀，色紫逾桂，行其下者，时闻涛声谡谡，亦一奇也。

五、鳌头矶

乾隆十四年《临清州志》：

> 〔鳌头矶〕在中洲东起处，砌以石如鳌头突出。筑观音阁其上，旧闸二，新开闸二，各分左右如是，广济桥尾其后。明知州马纶题曰鳌头矶三大字，州人方元焕书，俗谓之观音嘴。阁当汶水之冲，原有古堤，日久潮圮。清丰右都督刘聚，过而筑之，费千金，阁赖之。凡南船至，多停泊游憩，遂称名焉。
>
> 诸巘诗：十年三往复，此地忽重经。尘土长安牢，烟波汶水舲。平川涵夕景，远树隐春星。鲁酒偏难醉，从人笑独醒。李东阳诗：十里人家两岸分，层楼高栋入青云。官船贾舶纷纷过，击鼓鸣锣处处闻。折岸惊流此地回，涛声日夜向春雷。城中烟火千家集，江上帆樯万斛来。

《临清县志》:

  鳌头矶　在鳌背桥西数十步东洲初起处。砌以石,如鳌头突出。筑观音阁于其上。旧闸、新闸各二,分左右如鳌足,而广济桥尾其后。明知州马纶题曰鳌头矶,邑人方元焕书之。近因建进德分会,拆矶前木坊,移于会址,方书已失。俗称其地为观音嘴。昔日津途旅客登阁远望,全市景物,历历在目。明李东阳有过鳌矶,诗见艺文志。邑中十景之鳌矶凝翠即此。

值得注意的是,《县志》与《州志》所记鳌头矶已微有变化。此万事万物之通理,不足为奇。
  《县志》下面在"名胜类"又有关于鳌头矶的记述,不出上引文范围,不再抄录,《县志·艺文志三》又引明诸巏诗,注明"吏部侍郎"。引李东阳诗,注明"大学士,长洲人"。

六、钞关

《临清县志·建置志·政治类》:

  钞关　临清居运河要冲,百货骈集。明宣德四年(1429)设关于此,内有厅堂,有仓库,有巡栏舍。仪门之外,南为舍人房,北为船料房,前为正关,有坊二,曰裕国,曰通商。南侧为玉音楼。又临为坊,曰国计民生。坊之北为阅货厅。河内沉铁索达两岸,开关时撤之。隆庆元年,关主事刘某购北邻民房五十余间扩充之。清乾隆十年，巡抚喀尔吉善檄知州王俊重修，有碑记。民国十九年废。二十二年，鲁北民团军指挥部驻防其间。指挥赵仁泉增建舍宇，形势盖复崇焕。

在这里，我想提出一个问题。乾隆十四年《临清州志》中载有榷使李基和的《清渊十景诗》，其中一首是"津楼夜雨"。原文是：

清渊关当南北要津，往来经商及宦游人出此者，必以封榷是索。榷西岸有前朝建玉音楼。风雨中宵，旅舫系缆，自楼上听之，泪三声下。时有弹水调龙吟者，叶彼潇潇，愈添愁思。（下面是诗）云迷烟冷水淙淙，客话巴山恼未降。图画不须临二米，潇湘一幅在呈艭。

这个"清渊关"是否就是钞关的前身呢？钞关前不久已被定为全国重点文物保护单位。

七、清真寺

《临清县志》有多处关于清真寺的记述。在《建置志·宗教类》：

清真寺有三，为回教民族所建。一在卫滨下渡口，俗称老礼拜寺。其临河水亭颇峻伟。一在马家大院，为中寺，一名新寺。在洪水坑上者为东寺，规模较小。若城西之洪官营，城北之八里圈，城南之焦庄等，亦各有寺，为乡居回族礼拜之所。

按回族出于亚拉伯，一名大食国，谟罕默德为创教主。回教东渐，在李唐盛时。其徒居临清，在元明之际。相传老礼拜寺为明常遇春所建。

同上书《礼俗志四·宗教类》又有关于回教的叙述：

回教 临清之有回教始于元明之际。教民从盛，约占全部户籍千分之三四，与居民杂处之，为土著，礼俗虽殊而畛域无间。其文化卓然，人材蔚起，尤非他教所可几及。考回教渊源创于谟罕默德，称为至圣。其教仪礼拜服饰饮食，各有定式。奉其教者，戒律颇严，富于保守力。回民聚处之地，皆有礼拜寺，寺内掌教名曰阿衡。每年斋月，则昼节饮食，以资儆戒，名曰拔斋。至夜半始由寺内号呼公同进食，以一月为期，月尽即过年，与新旧历均殊科也。

同上书《艺文·诗词》又有张树梅的诗《清真寺吊古》：

五百年来建筑功，清真古寺旧知名。云移帆影依墙过，日照楼台背水明。蕃将拥旄传魏博，花门留骑说开平（寺为明常遇春所建，回族来临之始）。萧萧芦苇秋风里，犹似当年草木兵。

上面引用的几段话，对回族来到临清的时间说得极为清楚。字里行间流露出，在临清，回汉两族相处是相当融洽的。

这一点并不容易做到。两个民族、两个宗教相遇时，往往会产生碰撞和矛盾。这是世界史和中国史上常见的现象，而临清独不如此。一直到今天回汉两族，虽然仍保持自己的风俗习惯，但相互尊重，亲密无间。两个民族同为伟大的中华民族的一个组成部分。即使嘴上不讲，但在心中都是能感觉到的。在今天的世界上，烽火四起，遍地狼烟，民族和文化的矛盾日益突出，而临清却处在一片祥和中，我们都会感到无比欣慰的。

八、临清狮猫

我在这里想写上一段短短的插曲，讲一讲临清狮猫。

临清狮猫，俗名波斯猫。顾名思义，可见这个猫种是从波斯来的。我想"波斯"中也包括阿拉伯，都是信奉伊斯兰教的。《临清县志·经济志·物产》有一段话：

> 一曰狮猫，比寻常者较大，长毛拖地，色白如雪，以鸳鸯眼者为贵，最佳者每对价值百元，北街回民多畜此居奇。

这里有两点值得注意。一点是"最佳者每对价值百元"。当时人民生活每月用不到十元，百元就是一个人一年的生活费，其珍贵实能让人吃惊。一点是回民畜养，可见这种猫是从阿拉伯波斯一带传进来的。"波斯猫"之名即由此产生。

我还有一个问题：当年京杭大运河长达数千里，两岸名城林立，为什么回族独聚居于临清，而波斯猫也独产于临清呢？我认为，解释只能有一个：当年临清在运河两岸群城中，商业

"狮猫,比寻常者较大,长毛拖地,色白如雪,以鸳鸯眼者为贵。"

特别繁茂，文化特别兴隆，因而吸引力也就特别巨大。因此，外来的民族才独垂青于此地。别的解释，我暂时还想不出来。

我一向主张，文化交流可以促进彼此文化的发展，推动社会前进。中国古代同阿拉伯国家以及波斯有过长时期的多种多样的文化交流，东西史学家论之者众矣。我不是这方面的专家，不敢多所论列。我只举波斯猫一项，谈个人的一点感想。现在"文化"一词儿滥用现象极其严重，什么东西都是"文化"，看了令人生厌。我不想再创造"猫文化"一词来参加搅和。但是，我是爱养猫的。文艺界老前辈中也不乏爱猫的人，比如冰心、夏衍、梁实秋等等，都以爱猫著称。冰心老人的猫是纯白的，可能就是波斯猫。爱猫是一件微不足道的事，当然不能提高到世界大局、人类前途等等的水平上来评论；但是对某一些爱猫的人来说，却决不是可有可无的小事。小猫能带给他们从别的地方得不到的快乐。对这些人来说，难道这不能算是大事吗？

九、临清和海外的关系

在上面的叙述中，我已经涉及临清和海外的关系。现在再笼统说上几句，最后举一个具体的例子。

中国与域外交通，不出陆海两途，飞机是近百年来才出现的。从几千年的发展规律来看，是从陆上和海上过渡，最初是陆，辅之以海；最后是海，辅之以陆。横亘欧亚的丝绸之路的升沉，可以透露个中消息。到了唐、宋、元、明、清时代，海上交通逐步兴隆。回教东渐，唐代当已开始。至于来临清的时间，上面讲到的《临清县志》说是在元明之际。我没有深入研究过这个问题，姑从其说。他们来的路线，估计是从海上，否则不会通过大运河。但是，从大运河来到中国北方，特别是首都北京的外国其他宗教还有天主教。天主教徒从欧洲起程，乘船绕过非洲极南端的好望角，不远数万里来到中国，在中国南方登陆。明清之际多在澳门登陆。然后再跋涉千余里，经过大运河——当时唯一的直贯南北的通途——向北京进发。从元代开始，这样的人是不会少的。连著名的马可波罗也在其中，他一定是经过临清的，可惜在他的《游记》中没有记载。我们也无可奈何了。

读英国学者亨利·玉尔(Henry Yule)的名著 *Cathay and the Way thither*（《东城记程录丛》），第一册，伦敦，1913年，页212—214，其中有关于临清的记述。这是天主教神父鄂多瑞克(Odoric)旅行记中的一段记载，时间是1316年至1330年，是在中国的元朝。原文是：

离开了那一座城市 Manzu（扬州？明州？镇江？），沿淡水运河走了八天以后，我来到了一座城市，叫做 Tenyin。它位于一条叫做 Caramoran 河的岸上，这一条河流经中国的正中，一旦决口，为害甚剧，正如 Fenara 的 Po 河。

Tenyin 一字，还有些不同的写法，不具引。根据鄂多瑞克航行的时间，再根据此城的地望，此城必是临清无疑。Caramoran 河，意思是"黑河"，此处只能是黄河。因为"流经中国的正中，一旦决口，为害甚剧"，这种情况也只有黄河可有。至于拼音的不准确，颜色的混淆，都由于元代语言的隔阁，地理知识的匮乏。一个外国人不可能带有专门的翻译，要求完全不出错误，几乎是不可能的。至于鄂多瑞克为什么给临清记上一笔，我们只能推想，元代的临清已经贸易兴隆，文化昌明，成为大运河沿岸的一个重要城市了。

思古幽情到此结束。

虽曰思古，实讲现在。试想，中国如果没有长城、没有孔林、没有殷墟、没有秦俑、没有汉柏、没有唐槐，等等，等等，能成为今天的中国吗？能成为世界各国人民所向往的中国吗？

临清亦复如是。

我在上面讲的那一些名胜古迹都来自过去，到了今天又发出了新的光芒，为我们临清增光添彩。我相信，到了将来，它们仍然会发出更新的光芒，为未来的临清增光添彩。

今天，中国已经换了人间，临清也随之换了人间，京九铁路已经修通，临清有站，与津浦铁路并驾齐驱。将来还会有新的铁路修到临清。交通可以说是四通八达。而我们伟大的祖国国势日隆，在全球经济衰退中，我国却一枝独秀。临清的未来与祖国的未来是分不开的，我说临清的未来会比过去和现在更加光辉璀璨，难道是一厢情愿无稽之谈吗？行将见我们的临清在未来将把过去的璀璨和现在的璀璨熔铸在一起，更从而发扬光大之，达到超璀璨的水平。我作为一个临清人，真不禁手之舞之，足之蹈之了。

2001年10月29日写毕

海外风光

山中逸趣

置身饥饿地狱中,上面又有建造地狱时还不可能有的飞机的轰炸,我的日子比地狱中的饿鬼还要苦上十倍。

然而,打一个比喻说,在英雄交响乐的激昂慷慨的乐声中,也不缺少像莫扎特的小夜曲似的情景。

哥廷根的山林就是小夜曲。

哥廷根的山不是怪石嶙峋的高山,这里土多于石;但是却确又有山的气势。山顶上的俾斯麦塔高踞群山之巅,在云雾升腾时,在乱云中露出的塔顶,望之也颇有蓬莱仙山之概。

最引人入胜的不是山,而是林。这一片丛林究竟有多大,我住了十年也没能弄清楚,反正走几个小时也走不到尽头。林中主要是白杨和橡树,在中国常见的柳树、榆树、槐树等,似乎没有见过。更引人入胜的是林中的草地。德国冬天不冷,草几乎是全年碧绿。冬天雪很多,在白雪覆盖下,青草也没有睡觉,只要把上面的雪一扒拉,青翠欲滴的草立即显露出来。每到冬春之交时,有白色的小花,德国人管它叫"雪钟儿",破雪而出,成为报春的象征。再过不久,春天就真地来到了大地上,林中到处开满了繁花,一片锦绣世界了。

到了夏天,雨季来临,哥廷根的雨非常多,从来没听说有什么旱情。本来已经碧绿的草和树木,现在被雨水一浇,更显得浓翠逼人。整个山林,连同其中的草地,都绿成一片,绿色仿佛塞满了寰中,涂满了天地,到处是绿,绿,绿,其他的颜色仿佛一下子都消逝了。雨中的山林，更别有一番风味。连绵不断的雨丝，同浓绿织在一起，形成一张神奇、迷茫的大网。我就常常孤身一人，不带什么伞，也不穿什么雨衣，在这一张覆盖天地的大网中，踽踽独行。除了周围的树木和脚底下的青草以外，仿佛什么东西都没有，我颇有佛祖释迦牟尼的感觉，"天上天下，唯我独尊"了。

一转入秋天，就到了哥廷根山林最美的季节。我曾在《忆章用》一文中描绘过哥城的秋色，受到了朋友的称赞，我索性抄在这里：

> 哥廷根的秋天是美的，美到神秘的境地，令人说不出，也根本想不到去说。有谁见过未来派的画没有？这小城东面的一片山林在秋天就是一幅未来派的画。你抬眼就看到一片耀眼的绚烂。只说黄色，就数不清有多少等级，从淡黄一直到接近棕色的深黄，参差地抹在一片秋林的梢上，里面杂了冬青树的浓绿，这里那里还点缀上一星星鲜红，给这惨淡的秋色涂上一片凄艳。

我想，看到上面这一段描绘，哥城的秋山景色就历历如在目前了。

一到冬天，山林经常为大雪所覆盖。由于温度不低，所以覆盖不会太久就融化了；又由于经常下雪，所以总是有雪覆盖着。上面的山林，一部分依然是绿的；雪下面的小草也仍旧碧绿。上下都有生命在运行着。哥廷根城的生命活力似乎从来没有停息过，即使是在冬天，情况也依然如此。等到冬天一转入春天，生命活力没有什么覆盖了，于是就彰明昭著地腾跃于天

"哥廷根的山林就是小夜曲。"

"我真爱这样的山林,这里真成了我的世外桃源了。"

地之间了。

哥廷根的四时的情景就是这个样子。

从我来到哥城的第一天起,我就爱上了这山林。等到我堕入饥饿地狱,等到天上的飞机时时刻刻在散布死亡时,只要我一进入这山林,立刻在心中涌起一种安全感。山林确实不能把我的肚皮填饱,但是在饥饿时安全感又特别可贵。山林本身不懂什么饥饿,更用不着什么安全感。当全城人民饥肠辘辘,在英国飞机下心里忐忑不安的时候,山林却依旧郁郁葱葱,"依旧烟笼十里堤"。我真爱这样的山林,这里真成了我的世外桃源了。

我不知道有多少次,一个人到山林里来;也不知道有多少次,同中国留学生或德国朋友一起到山林里来。在我记忆中最难忘记的一次畅游,是同张维和陆士嘉在一起的。这一天,我们的兴致都特别高。我们边走,边谈,边玩,真正是忘路之远近。我们走呀,走呀,已经走到了我们往常走到的最远的界限,但在不知不觉之间就走越了过去,仍然一往直前。越走林越深,根本不见任何游人。路上的青苔越来越厚,是人迹少到的地方。周围一片寂静,只有我们的谈笑声在林中回荡,悠扬,遥远。远处在林深处听到柏叶上有窸窣的声音,抬眼一看,是几只受了惊的梅花鹿,瞪大了两只眼睛,看了我们一会,立即一溜烟似的逃到林子的更深处去了。我们最后走到了一个悬崖上,下临深谷,深谷的那一边仍然是无边无际的树林。我们无法走下去,也不想走下去,这里就是我们的天涯海角了。回头走的路上,遇到了雨。躲在大树下,避了一会雨。然而雨越下越大,我们只好再往前跑。出我们意料之外,竟然找到了一座木头凉亭,真是避雨的好地方。里面已经先坐着一个德国人。打了一声招呼,我们也就坐下,同是深林躲雨人,相逢何必曾相识。我们没有通名报姓,就上天下地胡谈一通,宛如故友相逢了。

这一次畅游始终留在我的记忆里,至今难忘。山中逸趣,当然不止这一桩。大大小小、琐琐碎碎的事情,还可以写出一大堆来。我现在一律免掉。我写这些东西的目的,是想说明,就是在那种极其困难的环境中,人生乐趣仍然是有的。在任何情况下,人生也决不会只有痛苦,这就是我悟出的禅机。

歌唱塔什干

我怎样来歌唱塔什干呢？它对我是这样熟悉，又是这样陌生。

在小学念书的时候，我就已经读到有关塔什干的记载。以后又有机会看到这里的画片和照片。我常想象：在一片一望无际的沙漠中间，在一片黄色中间，有一点绿洲，塔什干就是在这一点浓绿中的一颗明珠。它的周围全是瓜园和葡萄园。在翡翠般的绿叶丛中，几尺长的甜瓜和西瓜把滚圆肥硕的身体鼓了出来。一片片的葡萄架，在无边无际的沙漠中，形成了一个个的绿点。累累垂垂的葡萄就挂在这些绿点中间。成群的骆驼也就在这绿点之间走动，把巨大的黑影投在热烘烘的沙地上。纯伊斯兰风味的建筑高高地耸入蔚蓝的晴空中。古代建筑遗留下来的断壁颓垣到处都可以看到。蓝色和绿色琉璃瓦盖成的清真寺的圆顶，在夕阳余晖中闪闪发光。

大起来的时候，我读了玄奘的《大唐西域记》。我知道，他在7世纪的时候走过中亚到印度去求法。他徒步跋涉万里，曾到过塔什干。关于这个地方的生动翔实的描述还保留在他的著作里。这些描述并没有能改变我对塔什干的那一些幻想。一提到塔什干，我仍然想到沙漠和骆驼，葡萄和西瓜；我仍然看到蓝色的和绿色的琉璃瓦圆顶在夕阳余晖中闪闪发光。

我想象中的塔什干就是这个样子，它在我的想象中已经待了不知道多少年了；它是美丽的、动人的。我每一次想到它，都不禁为之神往。我心中保留着这样一个幻想的城市的影子，仿佛保留着一个令人喜悦的秘密，觉得十分有趣。

然而我现在竟然真来到了塔什干，我梦想多年的一个地方竟然亲身来到了。这真就是塔什干吗？我万没有想到，我多少年来就熟悉的一个城市，到了亲临其境的时候，竟然会变得这样陌生起来。我想象中的塔什干似乎十分真实，当前的真实的塔什干反而似乎成为幻想。这个真实的塔什干同我想象中的那一个是有着多么大的不同啊！

我们一走下飞机，就给热情的苏联朋友们包围起来。照相机、录音机、扩音器，在我们眼前摆了一大堆。只看到电光闪闪，却无法知道究竟有多少照相机在给我们照相。音乐声、欢笑声、人的声音和机器的声音，充满了天空。在热闹声中，我偷眼看了看机场：是一个极大极现代化的飞机场。大型的"图—104"飞机在这里从从容容地起飞、降落。候机室也是极现代化的高楼。从楼顶上垂下了大幅的红色布标，上面写着欢迎参加亚非作家会议的各国作家的辞句。

汽车开进城去，是宽阔洁净的柏油马路，两旁种着高大的树。树荫下是整齐干净的人行道。马路两旁的房子差不多都是高楼大厦，同莫斯科一般的房子也相差无几。中间或间杂着一两幢具有民族风味的建筑。只有在看到这样的房子的时候，我心头才漾起那么一点"东方风味"，我才意识到现在是在苏联东方的一个加盟共和国里。

为了迎接亚非作家会议的召开，古城塔什干穿上了节日的盛装。大街上，横过马路，悬上了成百成千的红色布标，用汉文、俄文、乌兹别克文、阿拉伯文、日本、英文，以及其他文字，写着欢迎祝贺的辞句，祝贺亚非人民大团结，希望亚非人

1959年,季羡林(右二)和杨沫(左四)等参加亚非作家会议的作家在一起。

民之间的友谊万古长青。有上万盏，也许是上十万盏——谁又知道究竟有多少万盏呢——红色电灯悬在街道两旁的树上、房子上、大建筑物的顶上。就是在白天，这些电灯也发着光芒。到了夜里，这些灯群更把塔什干点缀成一个不夜之城。从任何一条比较大的马路的一端望过去，一重重一层层一团团的红色灯光，一眼看不到头，比天空里的繁星还要更繁。

这不是我多少年来所想象的那一个塔什干，我想象中的那一个塔什干哪里是这样子呢？

然而这的确又是塔什干。

面对着这一个美丽的大城市，觉得它十分熟悉，又十分陌生，我的心情有点错乱了。

但是，我并没有真正错乱，我一下子就爱上了这一个塔什干。就让我那一些幻想随风飘散吧！不管它是多么美丽，多么动人，还是让它随风飘散吧！如果飘散不完的话，就让它随便跟一个什么城市连接在一起吧！我还是十分热爱我跟前的这一个塔什干。

我怎能不热爱这一个塔什干呢？它的妙处是说不完的，用多少话也说不完，用什么话也说不完。

这里的太阳似乎特别亮，一走进这个城市，就仿佛沐浴在无边无际的阳光中。在淡蓝的天空下，房子的颜色多半是浅白的，有的稍微带一点淡黄、淡灰，有的带一点浅红；大红大绿是非常少的。大概这里下雨的时候也不太多，天永远晴朗。这一切配合起来，就把这里的阳光衬托得更加明亮。你一走进塔什干，只需待上那么一两个钟头，你就会感觉到，这里的太阳永远是这样亮；你会感觉到，一年四季，阳光普照；百年千年，也会是这样。

海外风光

到处都可以看到玫瑰花。但是你却千万不要用我们平常对于玫瑰花的概念来想象这里的玫瑰花。你应该想象：在小树上开满了牡丹花或芍药花，这样就跟这里的玫瑰花差不多了。就是这样大的玫瑰花，一丛丛，一团团，开在闹市中间，开在浅白色的楼房的下面，开在喷水池旁，开在幽雅的公园中，开在巨大的铜像的周围，枝子高，花朵大，在早晨和黄昏，香气特别浓，给这一座美丽的城市增添了芳香。

葡萄架比玫瑰花丛还要多，几乎家家都有一架葡萄，撑在房子前面，在白色的阳光下，把浓黑的影子投在地上。葡萄的种类据说有一千多种，而且每一种都是优良品种。我们到了塔什干，正是葡萄熟了的时候。家家门口或者小院子里，都累累垂垂地悬着一嘟噜一嘟噜的葡萄，黄的、红的、紫的、绿的，长的、圆的，大大小小，不同的颜色，不同的样子，像是一串串的各色的宝石。

说到葡萄的味道，那是无法形容的。语言文字在这里仿佛都失掉了作用。你可以拿你一生吃过的各种各样的最甜美的水果来同它比较：你可以说它像山东肥城的蜜桃，你可以说它像江西南丰的蜜橘，你可以说它像广东增城挂绿的荔枝，你可以说它像沙田的柚子，你可以说它像一切你曾尝过你能够想象到的水果——这些比拟都有道理，它的确有一点像这些东西，但是又不全像这些东西。我们用尽了我们的想象力和联想力，归根结底，还只有说：它什么都不像，只是像它自己。

我们一到塔什干，这种绝妙的东西就成了我们的亲密朋友。我们在这里住了将近三个星期，随时随地都要跟它接触，它给我们的生活增添了无穷的情趣。一日三餐的餐桌上摆的是一盘盘的葡萄，像是一盘盘红色的、紫色的、黄色的、绿色的宝石,把餐桌衬托得美丽动人。在会场的休息室里摆的也是一盘盘的葡萄。在我们住的房间里,每天都有人把成盘的葡萄送了来,简直是取之不尽,用之不竭。我们出席宴会,首先吃到的也就是葡萄。到集体农庄去参观,主人从枝子上剪下来塞到我们手里的也还是葡萄。塔什干真正成了一个葡萄城。

这一种个儿不大的果品还让我们回忆起历史,把我们带到遥远的古代去。在汉代,中国旅行家就已经从现在的中央亚细亚一带地方把这种绝妙的水果移植到中国来。移植的地方是不是就是我们现在所在的塔什干呢?我不能不这样遐想了。我不由自主地想到两千多年以前葡萄通过绵延万里渺无人烟的大沙漠移植到东方去的情况,想到我们同这一带地方悠久的文化关系,想到当年横贯亚洲的丝路,成捆成捆的中国丝绸运到西方去,把这里的美女打扮得更加美丽,给这里的人民带来快乐幸福。就这样,一直想下来,想到今天我们同苏联各族人民的万古长青牢不可破的兄弟般的友谊。我心里面思潮汹涌,此起彼伏。我万没有想到这一颗颗红色的、黄色的、紫色的、绿色的宝石,竟有这样大的魔力,它们把过去两千多年的历史一幕一幕地活生生地摆在我的眼前……

不管这里的自然景色多么美好,不管这里的西瓜和葡萄多么甘美,塔什干之所以可爱、可贵,之所以令人一见难忘,却还并不在这自然景色,也不在这些瓜果,而在这里的人民。

对这样的人民,我还有什么话可说呢?他们同苏联其他各地的人民一样,热情、直爽、坦白、好客。他们把亚非作家会议的召开看成是自己的节日,把从亚非各国来的代表看成是自己最尊贵的客人和兄弟姐妹。在这一段时间内,他们每天都穿上美丽多彩的民族服装，兴高采烈，喜气洋洋。我虽然跟他们交谈得不多，但是看来他们每天想到的是亚非作家会议，谈到的也是亚非作家会议。他们是在过他们一生中最好的一个节日，全城大街小巷到处都弥漫着节日的气氛。

为了招待各国的代表，乌兹别克加盟共和国的领导人特别在城中心纳沃伊大剧院的对面建筑了一座规模很大的旅馆。里面是崭新的现代化的设备，外表上却保留了民族的风格。墙壁是淡黄色的，最高的一层看起来像是一座凉亭。给人的印象是朴素、幽雅、美丽。

在塔什干旅馆和纳沃伊大剧院之间是一个极大的广场。这个广场十分整齐美观，是我在许多国家许多城市所看到的最美的广场之一。中间用柏油和大块的石头铺得整整齐齐，四周是四条又宽又长的马路。在这些马路上，日夜不停地行驶着各种各样的汽车。按理说这个广场应该很乱很闹。但是，如果你在广场的中心一站，你却不但不感觉到乱和闹，而且还会感觉到有一点寂静，似乎远远地离开了闹市的中心。难道这里面还有什么奥秘吗？广场大，它自己又仿佛形成了一个独立的世界，这就是奥秘之所在。广场中心有一个大喷水池，它就是这一个独立世界的中心。银白色的不断喷涌的水柱，水柱中红红绿绿变幻不定的彩虹，谁看到它，谁的注意力一下子就会给它吸住，不管有多少人，只要他们一踏上广场，就会不由自主地对喷泉发生了向心力。对他们来说，广场以外的东西似乎根本不存在了。此外，广场的两旁还栽种了雨后像小树丛一样大小的玫瑰花。季候虽然已近深秋，大朵的玫瑰花仍在怒放。它们的色和香也仿佛构成了一座墙壁，把广场和外面的热闹的马路隔开。

在这个全城的节日里,这一个广场也穿上了节日的盛装。那许多临时售卖书报的小亭,都油饰一新。红色的电灯挂满了全场。两头两个大建筑物上的五彩缤纷的标语交相辉映。两面的大街上,横悬着两幅极其巨大的红色布标。一幅上面用汉文写着:"向亚非作家会议参加者致热烈的敬意。"一幅写着:"所有国家的文学都应该为人民,为和平,为先进事业,为各民族之间的友谊而服务。"布标的红色仿佛把广场都映红了。我们走在这一片红光里,看到我们熟悉的汉字,似乎已经回到了祖国。

在那一些日子里,这一个广场就成了全城聚会的中心。

天还没有亮,塔什干人民就成群结队地来到广场上。父母抱着孩子,孙子扶着祖母,男女老幼,拥拥挤挤,都来了。里面各族人民都有,有俄罗斯人,有乌兹别克人,有朝鲜族人,还有其他各族的人民。他们都穿得整整齐齐,脸上带着愉快的笑容。闹闹嚷嚷,喜喜欢欢,在这里一直待到深夜。

每天,从早到晚,广场上人群队形是随着时间的不同而随时在变化着。一看队形,就几乎可以猜出时间来。早晨初到广场上的时候,人群是零零乱乱地到处散布着的。在这一大片场子上,各处都有人。只在中央喷水池的周围,在玫瑰花畦的旁边,聚集得比较密一点。大家的态度都从从容容,一点也不紧张。在这时候,广场上是一片闲闲散散的气象。

一到大会开始前半小时,代表们从塔什干旅馆走向纳沃伊大剧院的时候,广场上的队形就陡然变化。人群从块块变成了条条,很自然地形成了两路纵队。一头是塔什干旅馆,另一头是纳沃伊大剧院,仿佛是两条巨龙。中间人稍稍稀疏一点,这就是巨龙的细腰;一头一尾则又粗又大。这时候,广场上的气象由从容闲散一变而为热烈紧张。不管是大人小孩，很多人手里都拿了一个小本子或者几张白纸，争先恐后地拥上前去，请代表们在上面签字。有些人就在旁边的书摊上买了亚非各国文学作品的俄文或者乌兹别克文的译本，请代表们把名字写在上面。有的父母抱着三四岁的小孩子，小孩子手里拿了小本子或者书籍，高高地举在代表们眼前，小眼睛一闪忽一闪忽地，等着签字。还有一些人，手里什么都没有拿，看样子是并不想得到什么签字。但是他们也是满腔热情十分勇敢地挤在人群里，拼命伸长了脖子，想多看代表们两眼。在这时候，广场上是一片热闹景象。

到了代表们不开会而出去参观的时候，队形又大大地改变。这时候的广场上，不是一块块，也不是一条条，而是一团团。每一团的中心，不是一辆汽车，就是几个代表。他们给塔什干的人民包围起来了。这里的人民愿意同代表们谈一谈，交换一些徽章或者其他的纪念品。从塔什干旅馆的五层楼上看下来，广场上仿佛开出了一朵朵的大黑花，周围黑色的人群形成了花瓣，穿着花花绿绿的服装的非洲代表和披着黄色袈裟的锡兰代表，就形成了红红绿绿或黄色的花心。

有一次，我看到一个老祖母抱了小孙女，坐在大剧院门外台阶上，喘着气休息。她见了我，就对着我笑，我也笑着向她问安，并且逗引小女孩。这就引得这一位白发老人开了话匣子。她告诉我，她的家离这里很远，她坐了很久的电车和公共汽车才来到这里。"年纪究竟大了，坐了这样久电车和汽车，就觉得有点受不了，非坐下来喘一口气休息休息不行了。"说着擦了擦头上的汗，又说下去："各国的代表都来了，塔什干还是头一次开这个眼界呢。你们是我们最欢迎的客人，我在家里怎么能待得下去呢？小孙女还小，不懂事；但是我也把她带来，她将来大了，好记住这一回事。"这样的感情难道只是这一位白发老人的感情吗？

又有一次，我碰到了一群朝鲜族的男女学生。他们一看到我，就像看到了久别的亲人，一拥而上，争着来跟我握手。十几只手同时向我伸过来，我恨不能像庙里塑的千手千眼菩萨一样，多长出一些手来，让这些可爱的孩子们每个人都满足愿望，现有的这两只手实在太不够分配了。握完了手，又争着给我照相，左一张，右一张，照个不停。照完了相，又再握手。他们对于我依依难舍，我也真舍不得离开这一群可爱的孩子们。

还有一次，是在晚上，我们到什么地方去参加宴会。一上汽车，司机同志为了"保险"起见，就把车门关上了。但是外面的人还是照样像波涛似的涌上来，把汽车团团围住，后面的人不甘心落后，拼命往前挤；前面的人下定决心，要坚守阵地。因而形成了相持不下的局面，后面来的人却愈来愈多了。很多人手里高高地举着签名的小本子，向着我们直摇摆。但是司机却无论如何也不开门。我们只有隔着一层玻璃相对微笑。我们的处境是颇有点尴尬的。一方面，我们不愿意伤了司机同志的"好意"；另一方面，我们又觉得有点对不起车窗外这些热情的人们。正在左右为难的时候，我们忽然看到人群里挤出来了一个中年男子，怀里抱着一个三四岁的小孩，手里还领着两个六七岁七八岁的孩子。看样子不知道费了多大劲才挤到车跟前来，他含着微笑，把小孩子高高举起来，小孩子也在对着我们笑。看了这样天真的微笑，我们还有什么办法呢？眼前的这一层薄薄的玻璃，蓦地成了我们的眼中钉。我们请求司机同志把汽车的大门打开，我们争着去抱这一个可爱的小孩子，吻他那苹果般的小脸蛋，把一个有毛主席像的纪念章别在他的衣襟上。

这样的情景几乎每天都有，它使我们十分感动，我们陶醉于塔什干人民这种热情洋溢的友谊中。

但是我们也有受窘的时候，也有不得不使他们失望的时候。最初，因为我们经验不丰富，一走出塔什干旅馆，看到这些可爱的人民，我们的热情也燃烧起来了。我们握手，我们签名，我们交换纪念品，我们做一切他们要我们做的事情。根本没有注意到，也没有觉到时间的逝去。等我们冲出重围到了会场的时候，会议已经开始很久了。据我的观察，其他国家的代表也有类似的情况。我常常在楼上看到代表们被包围的情况。有一次，一个印度代表被群众包围了大概有四个小时。另外一次，我看到一个穿黄色袈裟的锡兰代表给人包围起来。我不知道是什么时候开始的，我看到的时候，他周围已经围了六七百人。等了很久，我在屋子里工作疲倦了，又走上凉台换一换空气的时候，我看到黄色的袈裟还在人丛里闪闪发光。又等了很久，他大概非走不行了；他走在前面，后面的人群仍然尾追不散，一直跟出去很远很远，仿佛是一只驶往远洋的轮船，后面拖了一串连绵不断的浪花。

在这样的情况下，我们要出门的时候，就先在旅馆里草拟一个"联防计划"。如果有什么人偶入重围，我们一定要派人去接应，去解围。我们有时候也使用金蝉脱壳的计策，把群众的注意力转移到别的地方去，我们自己好顺利地通过重重的包围，不至耽误了开会或者宴会的时间。

这样一来，自然会给这一些可爱的塔什干人民带来一些失望,我们又有什么办法呢?在我们内心的深处,我们实在为他们这种好客的热情所感动,我们陶醉于塔什干人民的热情洋溢的友谊中。

等我们在哈萨克加盟共和国的首都阿拉木图访问了五天又回到塔什干来的时候,会议已经结束了好多天,代表们差不多都走光了。我们也只能再在这一个可爱的城市里住上一夜,明天一大早就要离开这里,离开这一些热情的人民,到莫斯科去了。

吃过晚饭,我怀了惜别的心情,站在五层楼的凉台上,向下看。我还想把这里的东西再多看上一眼,把这些印象牢牢地带回国去。广场上冷冷清清,只有稀稀落落的人影,在空荡荡的场子里来回地晃动。成千盏成万盏的红色电灯仍然在寂寞中发出强烈的光辉。

但是仍然有一群小孩子挤在旅馆门口,向里面探头探脑。代表们都走了,旅馆也空了。看来这些小朋友并不甘心,他们大概希望像前几天开的那样的会能够永远开下去,让塔什干天天过节。现在看到场子上没了人,旅馆里也没了人,他们幼稚的心灵大概很感到寂寞吧。

我对这一些天真可爱的小朋友有无限的同情。我也希望,能够永远住在塔什干,天天同这一些可爱的人民欢度佳节。但是,在实际生活中,这只是幻想,是完全不可能的,是永远也不会实现的。会议完了,我们的任务已经完成;现在我们的任务是,把在塔什干会议上形成的所谓塔什干精神带到世界各地去,让它在世界上每一个角落里开出肥美的花,结出丰硕的果。

我来到了塔什干,现在又要离开了。当我才到的时候,我对这一个城市又感到熟悉，又感到陌生。当我离开它的时候，我对它感到十分熟悉，我爱上了这一个城市。现在先唱出我的赞歌，希望以后再同它会面。

1959 年 3 月 23 日

忆日内瓦

羡林按：偶检旧稿，无意中发现了这一篇散文。我的眼立刻亮了起来，简直像是在陈年古旧的书中发现了一片几十年前夹进去的红叶。时光的流逝好像在上面根本没有留下任何痕迹，依然鲜艳照人。我既惊且喜，立即读了一遍。虽然已经过去了三十年，但文中所写的印象至今依然鲜明、生动。文中提到了美国大兵，迹近不敬。但是，当时他们确是如此。我留下了这一幅写照，反映了历史的真实，难道一点意义也没有吗？质之黄伟经同志，不知以为然否？

扩大的日内瓦会议正在紧张地进行着。全世界爱好和平的人们的目光都集中到这一座世界名城上来。十几年前，我曾在那里住过。现在我的回忆的丝缕又不禁同这一座美妙绝伦的城市联系起来了。

我首先回忆到的就是日内瓦美丽的风光。大家都知道，瑞士全国就是一个花团锦簇的大花园，到处都可以看到明媚秀丽的山光水色，美不胜收，令人目不暇接。到过那里的人，自然会亲眼观察，亲身经历。连没有到过那里的人也会从画片上领略一二，聊当卧游。在全世界范围内，瑞士之美真可以说是家喻户晓，脍炙人口，看来用不着我在这里浪费笔墨加以描绘了。

我只想谈一点我的观察，我的体会。在我们国家里，一提到山水之美，肯定说是"青山""绿水"。这对不对呢？当然是对的。因为这是我们从实际观察中得出来的结果。如果有人怀疑的话，有诗为证。用不着到处翻阅，仅就我记忆所及，就可以举出不少的例证来。唐代诗人韦应物的《东郊》里有这样两句话："杨柳散和风，青山澹吾虑。"李白的《送友人》："青山横北郭，白水绕东城。"杜甫的《奉济驿重送严公四韵》："远送从此别，青山空复情。"最全面的当然是王湾的《次北固山下》："客路青山下，行舟绿水前。"你看，"青山""绿水"这里全有了。如果还需要现在的例证的话，那就是毛主席的《送瘟神》。青和绿这两样颜色，确实能够概括中国山水之美。不管是阳朔，还是富春；不管是峨嵋，还是雁荡，莫不皆然。

然而，谈到瑞士的山水，我觉得，青和绿似乎就不够了。我小的时候，很喜欢看瑞士风景画片。几乎在每一张画片上，除了青和绿之外，都还可以看到一种介乎淡紫淡红淡黄之间的似浓又似淡的颜色。我当时颇不以为然，以为这是印画片的人创造出来的，实际上是不会存在的。但是，当我到了瑞士以后，我亲眼看到了这一种颜色，我的疑团顿消，只好承认它的存在了。在白皑皑的雪峰下面，在苍翠蓊郁的树林旁边，特别是在小湖的倒影中，有那么一层青中透紫的轻霭若隐若现地浮动在那里，比起纯粹的青和绿来，更是别有逸趣。如果有人想把这种颜色抓住，仔细加以分析研究，亲身走到山下林中去观察，那么他看到的只是树木山峰，"青霭入看无"，他什么也看不到的。

我不懂光学，我不知道这种颜色是怎样形成的。我只是觉得它很美。对我来说，我看这也就够了。中国古代诗文描绘山水，除了上面说到的青和绿外，也有用紫色的。王勃的《滕王阁序》里就有"烟光凝而暮山紫"这样的句子。住在北京的人黄昏时分看西山，也会发现紫的颜色。但是，这只限于黄昏时分。而在瑞士却不是这样。一日之内，只要有太阳，就能看到这一团紫气，人们几乎一整天都能够欣赏这种神奇的景色。

我虽然谈的是整个瑞士，实际上也就是谈日内瓦。不过有一条：在日内瓦城内，这景色是看不到的。一旦走进附近的山林中，却可以充分地尽情地享受这种奇丽的景色。我之所以特别喜欢日内瓦，这也是原因之一。

其他原因是什么呢？恐怕首先就是莱茫湖。我住在那里的时候，每天都是很早就起来。我的第一件工作就是到莱茫湖边去散步。湖这样大，水这样深，而且又清澈见底，在世界上其他国家确实是极罕见的。湖的对岸是高耸入云的雪峰，就是在夏天，上面的积雪也不融化，一片白皑皑的雪光压在这一座美丽的小城的上面，使人随时都想到"积雪浮云端"这样的诗句。而湖面的倒影，似乎比上面的对立面还更动人，比真实的东西还更真实，——白色显得更白，红色显得更红，绿色显得更绿——这一些颜色混合起来，在波平如镜的湖面上，绘上了一幅绚烂多彩的图画。

在湖边漫步的时候，几乎每次都能够看到一两只或者三四只白色的天鹅，像纯白的军舰一样，傲然在湖里游来游去。据老日内瓦说，这些鹅都是野鹅，它们并不住在日内瓦，它们的家离开日内瓦还有上百里的路程。每天它们都以惊人的速度从那里游来；到了一定的时候，再游回去，天天如此。对我来说，这也是非常新鲜的事。我立即想到欧洲的许多童话，白鹅在里面是主人公，它们变成太子或者公主，做出许多神奇的事情。我面对着这样如画的湖山，自己也像是走进一个童话的王国里去了。

日内瓦的好地方多得很。这里有列宁读过书的地方，有卢梭的纪念碑，有整齐宽敞的街道，有五颜六色各式各样的楼房别墅，还有好客的瑞士人。这一切都是回忆的最好的资料。可惜我离开日内瓦时间已经太久了，到现在有点朦胧模糊。即使自己努力到记忆里去挖掘，有时候也只能挖出一些断片，联不成一个整体的东西了。

无论如何，日内瓦留给我的印象是非常美妙的，我自己也常常高兴回忆它。就算是只能回忆到一些断片吧，它们仍然能带给我一些快乐。这一次又回忆到这一座中欧的名城，情形也不例外。

但是，事情也不全是美妙的。青山绿水，再加上那么一团紫气，确实是美丽动人；莱茫湖的白鹅也确实能引人遐想。可是在这一些美丽的东西之间，总还似乎有那么一点不十分如意的东西，很不调和地夹杂在里面，使我有骨鲠在喉之感。这究竟是什么东西呢？我有点困惑了。我左思右想，费了很大的力量，终于恍然大悟：这是美国大兵。

美国大兵同美丽的日内瓦有什么关系呢？原来在二次大战前后，美国统治者趁火打劫，又发了一笔横财，在世界上许多国家里都建立了军事基地。这就需要大量的士兵住在国外。美国人民并不甘心给华尔街的老板们到外国去卖命。老板们于是就想尽了办法，威胁利诱，金钱美人，能用的全用上了。效果仍然不大。他们异想天开，最后想到打瑞士的主意。他们规定：谁要是在国外服兵役多少多少年，就有权利到这个山明水秀的世界公园里来逛上一两周。

这办法大概发生了作用，当我到了瑞士的时候，到处都可以看到身着美国军服,嘴里嚼着口香糖,迈着美国人特有的步子大声喧嚷的美国士兵。谁也不知道,他们眼睛里究竟看到了些什么。他们徜徉于山上,林中,湖边,街头,看来也自得其乐。但是,事情是不能尽如人意的。瑞士这个地方是有钱不愁花不出去的,而美国大兵口袋里所缺的就是钱这玩意儿。有些人意志坚强一些,能够抗拒大玻璃窗子里陈列着的金光闪闪的各种名牌手表的诱惑,能够抗拒大旅馆中肉山酒海的诱惑。但是,据说也有少数人,少数美国大少爷抵抗不住这种诱惑。那么怎么办呢?美国颇为流行的海盗海淫的小说中是有锦囊妙计的。到了此时,只好乞灵于这些妙计了。我曾几次听瑞士朋友说,在夜里,有时候甚至在白天,大表店里的大玻璃窗子就被砸破,有人抓到几只手表,就飞奔逃走。据说,还有更厉害的。有的美国大兵,也是由于抵挡不住美妙绝伦的瑞士名表的诱惑,又没有赤手空拳砸破玻璃窗子的勇气。天无绝人之路,他们卖掉自己的钢笔以及身上所有能够卖掉的东西,用来换一只手表。据说有人连军装都脱下来卖掉。难道这就是他们吹嘘的所谓民主自由吗?这些事情听起来颇为离奇。但是,告诉我这些事情的瑞士朋友并不是说谎者,他们是真诚的。事情究竟怎样,那只有天知道了。

就这样,美国某一些士兵带到瑞士去的这样的"美国生活方式",颇引起一些人们的喊喊喳喳。这种事情无论如何也同这世界花园的神奇的青色、绿色和紫色有些矛盾,有些不调和,有些不协调,有些煞风景。难道不是这样吗?

过了没有多久,我就离开了瑞士,到现在一转眼已经十五年了。我头脑里煞风景的感觉,一直没能清除。到了今天,扩大的日内瓦会议又在这一座美丽的城市里开幕了。以国务卿腊斯克为首的美国代表团,千方百计在会内、会外捣乱,企图阻挠会议的进行。他们撒谎,吹牛,装疯,卖傻,极尽出丑之能事,集丢人之大成。我于是恍然大悟:这一批家伙干坏事,既不择时,也不择地。原来我对美国兵所作所为的那些想法,简直是太幼稚了。我现在仿佛是如来佛在菩提树下成了道,我把那一些不切实际的想法通通丢掉,什么矛盾,什么不调和,什么不协调,什么煞风景,都见鬼去吧。十五年前我在瑞士遇到的美国兵,今天在日内瓦开会的美国官,他们是一脉相承,衣钵不讹。这些人都不能代表真正的美国老百姓,但又确确实实都是美国产品。道理是明摆着的。我们应该把二者区分开来,才是全面而又准确的。想到这里,我的心情愉快了,疑团消逝了。今后我再回忆日内瓦的时候,就只有神奇美妙的山水,莱茫湖中漫游的白鹅,又青又绿又紫的那一团灵气,还有好客的居民。这些美好的回忆将永远伴随着我,永远,永远。

1961年6月4日原作

1992年2月13日重抄

五色梅

科纳克里是海之城、树之城，它也是花之城。

我们住的院子里就开满了花。高大的树上挂着大朵的红花。篱笆上爬满了喇叭筒似的黄花，地上铺着小朵的粉红色的花。烂漫纷披，五色杂陈。

这些花我都是第一次看到，名字当然不知道。我吟咏着什么人的一句诗："看花苦为译秦名"，心里颇有所感了。

但是，有一天，正当我在花园里散步的时候，我的眼睛忽然一亮：我看到了什么十分眼熟的东西。仔细一看，是几株五色梅，被挤在众花丛中，有点喘不过气来；但仍然昂首怒放，开得兴会淋漓。

我从小就亲手种过五色梅。现在在离开祖国几万里的地方见到它，觉得十分顺眼，感到十分愉快。我连想都没有想，直觉地认为它就是从中国来的。现在我是他乡遇故知，大有恋恋难舍之感了。

可我立刻就问自己：为什么它一定是从中国来的呢？为什么它就不能是原生在非洲后来流传到中国去的呢？为什么它就不能是在几内亚土生土长的呢？

这些问题我都回答不上来，我有点窘。

花木自古以来就是四海为家的。天涯处处皆芳草，没有什么地方没有美丽的花朵。原生在中国的花木传到了外国，外国的花木也传到了中国。它们由洋名而变为土名，由不习惯于那个最初很陌生的地方而变得习惯。在它们心中也许还怀念着自己的故乡吧；但是不论到了什么地方，只要一安顿下来，就毫不吝惜地散发出芳香，呈现出美丽，使大地更加可爱，使人们的生活更加丰富多彩。我现在却要同几内亚的五色梅攀亲论故，它们也许觉得可笑吧！

我自己也觉得可笑。低头看那几株五色梅，它好像根本不理会我想到的那些事情，正衬着大西洋的波光涛影，昂首怒放，开得兴会淋漓。

1964 年 1 月 28 日

科纳克里的红豆

我一来到科纳克里,立刻就爱上了这个风景如画的城市。谁又能不爱这样一个城市呢?它简直就是大西洋岸边的明珠,黑非洲土地上的花园。烟波浩渺的大洋从三面把它环抱起来。白天,潋滟的波光引人遐想;夜里,涛声震撼着全城的每一个角落,如万壑松声,如万马奔腾。全城到处都长满了芒果树,浓黑的树影遮蔽着每一条大街和小巷。开着大朵红花的高大的不知名的树木间杂在芒果树中间,鲜红浓绿,相映成趣。在这些树木中间,这里或那里,又耸出一棵棵参天的棕榈,尖顶直刺天空。这就更增加了热带风光的感觉。

不久,我就发现,这个城市所以可爱,还不仅由于它那美丽的风光。我没有研究过非洲历史,到黑非洲来还是第一次。但是,自从我对世界有一点知识的那天起,我就知道,非洲是白色老爷的天下。他们仗着船坚炮利,硬闯了进来。他们走到什么地方,什么地方就布满刀光火影,一片焦土,一片血泊。黑人同粮食、水果、象牙、黄金一起,被他们运走,不知道有多少万人从此流落他乡,几辈子流血流汗,做牛做马。然而白色老爷们还不满足,他们绘影图形,在普天下人民面前,把非洲人描绘成手执毒箭身刺花纹半裸体的野人。非洲人民辗转呻吟在水深火热中,几十年,几百年,多么漫长黑暗的夜啊!

然而,天终于亮了。人间换了,天地变了。非洲人民挣断了自己脖子上的枷锁,伸直了腰,再也不必在白色老爷面前低首下心了。我来到科纳克里，看到的是一派意气风发欣欣向荣的气象。我在大街上遇到各种各样的人，有穿着工作服的工人，有牵着牛的农民，有挎着书包上学的小学生，还有在街旁树下乘凉的老人，在芒果树荫里游戏的儿童，以及身穿宽袍大袖坐在摩托车上飞驰的小伙子。看他们的眼神，都闪耀着希望的光芒、幸福的光芒。他们一个个精神抖擞。看样子，不管眼前是崎岖的小路，还是阳关大道，他们都要走上去。即使没有路，他们也要用自己的双脚踏出一条路来。

我也曾在那些高大坚固的堡垒里遇到这些人。他们昂首横目控诉当年帝国主义分子所犯下的滔天罪行。他们现在不再是奴隶，而是顶天立地的人，凛然不可侵犯。这种凛然不可侵犯的气概最充分地表现在五一节的游行上。那一天，我们曾被邀请观礼。塞古·杜尔总统，所有的政治局委员和部长都亲自出席。我们坐在芒果树下搭起来的木头台子上，游行者也就踏着这些芒果树的浓荫在我们眼前川流不息地走过去，一走走了三个多小时。估计科纳克里全城的人有一多半都到这里来了。他们有的步行，有的坐在车上，表演着自己的行业：工人在织布、砌砖，农民在耕地、播种，渔民在撒网捕鱼，学生在写字、念书，商人在割肉、称菜，电话员不停地接线，会计员不住地算账。使我们在短暂的时间能够看到几内亚人民生活的各个方面，男女小孩脖子上系着红色、黄色或绿色的领巾。这是国旗的颜色，小孩子系上这样的领巾，就仿佛是把祖国扛在自己肩上。他们载歌载舞，像一朵朵鲜花，给游行队伍带来了生气，给人们带来了希望。于是广场上、大街上，洋溢起一片欢悦之声，透过芒果树浓密的叶子，直上云霄。

走在队伍最后面的是武装部队。有步兵，也有炮兵，他们携带着各种各样的武器。我觉得，这时大地仿佛在他们脚下震动，海水仿佛停止了呼啸。于是那一片欢悦之声，又罩上了一层严肃威武，透过芒果树浓密的叶子，直上云霄。

中国人民同北非和东非的人民从邈远的古代起就有来往，这在历史上是有记载的。但是，几内亚远处西非，前有水天渺茫的大西洋，后有平沙无垠的撒哈拉，在旧时代，中国人是无法到这里来的。即使到了现代，在十年八年以前，在科纳克里，恐怕也很少看到中国人。但是，我们现在来到这里，却仿佛来到了老朋友的家，没有一点陌生的感觉。我们走在街上，小孩子用中国话高喊："你好！"卖报的小贩伸出小拇指，大声说："北京，毛泽东！""北京，周恩来！"连马路上值班的交通警见到汽车里坐的是中国人，也连忙举手致敬。有的女孩子见了我们，有点腼腆，低头一笑，赶快转过身去，嘴里低声说着："中国人。"我们走到什么地方，什么地方就有和蔼的微笑，温暖的双手。深情厚谊就像环抱科纳克里的大西洋一样包围着我们，使我们感动。

正在这个时候，我忽然听说，在科纳克里可以找到红豆。中国人对于红豆向来有一种特殊的感情。我们的古人给它起了一个异常美妙动人的名字："相思子"。只是这一个名字就能勾引起人们无限的情思。谁读了王维的"红豆生南国，春来发几枝。愿君多采撷，此物最相思"那一首著名的小诗，脑海里会不浮起一些美丽的联想呢？

一个星期日的傍晚，我们到科纳克里植物园里去捡红豆。在红豆树下，枯黄的叶子中，干瘪的豆荚上，一星星火焰似的鲜红，像撒上了朱砂，像踏碎了珊瑚，闪闪射出诱人的光芒。

正当我们全神贯注地捡着红豆的时候，蓦地听到有人搓着拇指和中指在我们耳旁发出了清脆的响声。我们抬头一看：一位穿着黑色西服、身材魁梧的几内亚朋友微笑着站在我们眼前。这个人好面熟，好像在哪里见过。我们脑海里像打了一个闪似的，立刻恍然大悟：他就是塞古·杜尔总统。原来他一个人开着一部车子出来闲逛。来到植物园，看到有中国朋友在这里，立刻走下车来，同我们每个人握手问好。他说了几句简单的话，就又开着车走了。

这难道不算是一场奇遇吗？在这样一个时候，在这样一个地方，竟遇到了中国人民的朋友塞古·杜尔总统。我觉得，手里的红豆仿佛立刻增加了分量，增添了鲜艳。

晚上回到旅馆，又把捡来的红豆拿出来欣赏。在灯光下，一粒粒都像红宝石似的闪闪烁烁。他们似乎更红，更可爱，闪出来的光芒更亮了。一刹那间，科纳克里的风物之美，这里人民的心地之美，仿佛都集中到这一颗颗小小的红豆上面来。它仿佛就是几内亚人民对中国人民的深情厚谊的结晶。连大西洋的涛声、芒果树的浓影，也仿佛都反映到这些小东西上面来。

我愿意把这些红豆带回国去，分赠给朋友们。一颗红豆，就是几内亚人民的一片心。让每一位中国朋友都能分享到几内亚人民对中国人民的情谊，让这种情谊的花朵开遍全中国，而且永远开下去。我自己还想把这些红豆当做永久的纪念。什么时候我怀念几内亚，什么时候我就拿出来看一看。我相信，只要我一看到这红豆，它立刻就会把我带回到科纳克里来。

1964 年 7 月

马里的芒果城

早就听说珂里可乐在马里是著名的芒果城。一看到公路两旁芒果树渐渐地多了起来,肥大的果实挂在树上,浓黑的阴影铺在地上,我心里就想:珂里可乐大概快要到了。

果然,汽车蓦地停在一棵高大的芒果树下面,在许多芒果摊子旁边。省长、政治书记、副市长、驻军首长,还有一大群厅长、局长,都站在那里欢迎我们,热情地向我们伸出了手。于是一双双友谊的手就紧紧地握在一起。

到马里的小城市里来,这还是第一次。走在路上的时候,我心里直翻腾,我感到有一些陌生,有一点不安。然而,现在一握到马里官员们那一些坚强有力的手,我感到温暖,感到热情与友谊;原来的那一些陌生不安的感觉立刻消逝得无影无踪了。我仿佛来到了老友的家中、兄弟的家里。

我们就怀着这样的心情,在这些热情的朋友的陪同下、到处参观。

当我们走近榨油厂和造船厂的时候,从远处就看到鲜艳的五星红旗同马里国旗并排飘扬在尼日尔河上面晴朗辽阔的天空中。从祖国到马里三万多里的距离仿佛一下子缩短了,我好像是正在天安门前,看红旗在北京十月特有的蔚蓝的晴空中迎风招展。成群的马里工人站在红旗下面,用热烈的掌声迎接我们。他们的代表用不太熟练的法语致词,欢迎他们的"中国同志",语短情长,动人心魄;他们对中国人民的热爱燃烧在心里，表露在脸上，汹涌在手上。他们用双手抓住我们的手，摇晃不停。这是工人们特有的手，长满了茧子，沾满了油污，坚实，有力，像老虎钳子一般。我感到温暖，感到热情与友谊。

工人们的笑容在我们眼前还没有消逝，我们已经来到了人民服务队，看到了队员们的笑容。他们一律军装、持枪，队伍排得整整齐齐，在大门口等候我们。这地方原来是法国的兵营，现在为马里人民所有。政府就从农村调集了一些青年，到这里来受军事训练，学习生产技术，学习文化。两年后，再回到农村去，使他们学到的东西在农村中生根、开花。这里是个好地方，背负小山，前临尼日尔河。数人合抱的木棉高耸入云，树上开满了大朵的花。还有一种不知名的树，也开着大朵的红花。远远望去，像是一片朝霞、一团红云，像是落日的余晖、燃烧的火焰，把半边天染得通红，使我们的眼睛亮了起来。地上落满了红花，我们就踏着这些花朵，一处处参观，看学员上课、养鸡、用土法打铁、作木工活。时间虽不长，但是，学员们丰富多彩的生活、光辉灿烂的前景，给我们留下了深刻的印象。临别的时候，队长们跟过来同我们握手。这是马里军人的手，同样坚实有力；但是动作干净利落。我感到温暖，感到热情与友谊。

军人们的敬礼声在我们耳边还余音袅袅，我们已经来到了师范学校，听到了学员们的欢呼声。校长、政治书记、党的书记、全体教员、全体学生，倾校而出，站在那里，排成一字长蛇阵，让我们在他们面前走过。

中午，当我们到学校餐厅去吃饭的时候，一进餐厅，扑面一阵热烈的掌声。原来全体师生都来了。党的书记致欢迎词，热情洋溢地赞美伟大的中华人民共和国和牢不可破的中马友谊。当他高呼"中华人民共和国万岁""中马友谊万岁"的时候，全屋沸腾起来，掌声和欢呼声像疾风骤雨。在一刹那间，我回想到今天上午所遇到的人、所参观的地方，我简直不想离开这一个几个钟头以前还感觉到陌生的地方了。

但是，不行，当天下午我们必须赶回马里的首都巴马科，那里还有许多事情等着我们。于是，一吃完午饭，我们就回到那一棵高大的芒果树下。省长、副市长、书记和许多厅长、局长早就在那里等着欢送我们。这时正是中午，炎阳当顶，把火流洒下大地，热得使人喘不过气来。但是，铺在地上的芒果荫却仿佛比早晨更黑了，挂在树上的大芒果也仿佛比早晨更肥硕了，树下的芒果摊子仿佛比早晨更多了。这一切都似乎能带来清凉，驱除炎热。

正当马里朋友们在这里同我们握手告别的时候，冷不防，一个老妇人从一个芒果摊子旁边嗖地站了起来，飞跑到我们跟前，用双手紧紧地握住我们的手。她说着邦巴拉语，满面笑容。我们谁也不懂邦巴拉语；可是一点也用不着翻译，她的意思我们全懂了。她浑身上下都洋溢着一个马里普通老百姓对中国人民的深情厚谊，这就是最好的翻译。马里人民对于压迫他们的帝国主义、殖民主义者是怀着刻骨的仇恨的；而把同情和支持他们的反帝、反殖民主义斗争的中国人看做自己的朋友、自己的兄弟，甚至说中国人就是马里人，今天这个老妇人表现的不正是这样一种感情吗？我们那两双不同肤色的手紧紧地握在一起，我激动得说不出话来。这是一双农民的手，很粗糙，上面还沾了些尘土和芒果汁，腻腻的，又黏又滑。但是我一点也不觉得它脏，我觉得它是世界上最干净的手，她是世界上最可爱的人，我感到温暖，感到热情与友谊。

1964 年 10 月 1 日

巴马科之夜

巴马科之夜是平静的，平静得像是一潭止水，令人想不到身处闹市之中。高大的芒果树，局促在大树下的棕榈树，还有其他的开红花、开黄花的不知名的树，好像是都松了一口气，伸开了肥大的或者细小的叶子，尽情地享受夜风的清凉。它们也毫不吝惜地散发着浓郁的香气，这香气仿佛充塞了黑暗的夜空。中午将近摄氏五十度的炎热似乎还给它们留有余悸，趁这个好时候赶快松散一下吧，这样就能积聚更多的精力，明天再同炎阳搏斗。

马里的中午也确实够呛。炎阳像是一个大火轮，高悬中天，把炎热洒下大地，洒在一切山之巅，一切树之丛，一切屋顶上，一切街道上，整个大地仿佛变成了一个大火炉。在这时候，首当其冲的就是这些树木。它们站得最高，热流首先浇在它们头上。但是，它们挺直腰板，精神抖擞，连那些娇弱的花朵也都显出坚毅刚强的样子。就这样，这些树和花联合起来，把炎炎的阳光挡在上面，下面布上了片片的浓荫，供人们享受。

巴马科的人民显出了同树和花一样的风格，他们也在那里同炎阳搏斗。不管天气多么热，活动从不停止。商店都不关门，卖各种杂货的小摊仍然摆在芒果树荫中。街上还是人来人往，熙熙攘攘。穿着宽袍大袖的人们照样骑在机器脚踏车上，来回飞驰，热风把他们的衣服吹得鼓了起来，像是灌满了风的布帆。到处洋溢着一片生机、一团活力。

我是第一次来到马里,我不知道以前的情况怎样;但是,我总觉得,这是一种新精神,一种鼓舞人心振奋斗志的新精神。只有觉醒的、战斗的、先进的人民才能有这种精神。我曾在一个炎热的下午参加了在体育场举行的非洲青年大会。在那里我不但看到了马里的青年,而且还看到从刚果和葡属几内亚战斗的前线来的青年。他们身着戎装,从他们身上仿佛还能嗅到浓烈的炮火气息。当他们振臂高呼控诉殖民主义的滔天罪行的时候,全场激起了暴风雨般的呼声和掌声。非洲的天空仿佛在他们头上颤抖,非洲的大地仿佛在他们脚下震动。刚才进场的时候,我实在感觉到热不可耐。我幻想有一件皮袍披在身上会多好呀,这样至少可以挡住外面的热气。但是,一看到这热烈的场面,我立刻振奋起来,我也欢呼鼓掌,同这些战士热烈地握手。这时候,我陡然感到遍体生凉,一点也不热了。

当然,真正的凉意只有夜间才有。巴马科之夜毕竟还是可爱的。在一天炎热之后,夜终于来了。巴马科之夜是平静的,平静得像是一潭止水,令人想不到身处闹市之中。炎阳已经隐退,头顶上没有了威胁。虽然气温仍在四十二度左右,但是同白天比起来,从尼日尔河上吹来的微风就颇带一些凉意了。动物和植物皆大欢喜。长街旁,短墙下,家家户户都出来乘凉。有的人点上了火炉,在那里煮晚饭。小摊子上点上了煤气灯,在灯火中,黑大的人影晃来晃去。看来人们的兴致都不坏,但是却寂静无哗,只有火炉中飘出来的轻烟袅袅地没入夜空。

这也是我们的好时候。我们参加中国大使馆举行的招待会。在会上,我们遇到了许多白天参观访问时已经见过面的马里朋友。虽然认识了不过才一天,但是大有旧雨重逢之感了。

我们也遇到了许多在马里工作的中国专家。看样子，他们都是单纯朴素的人，谦虚和气的人；但是他们做出来的事情却是十分不平凡。过去，马里是不长茶叶和甘蔗的。殖民主义者曾大吵大嚷，说是要帮助马里人民种茶树，种甘蔗。但是一种种了十几年，钱花了无数，人力费了无数，却不见一棵茶树、一根甘蔗长成。最后的结论是：马里是不适于种茶树和甘蔗的。现在，中国专家来了。他们不声不响，住在马里乡下，同农民一起劳动，一起生活，终于在那样同中国完全不同的气候条件下，让中国的甘蔗和茶树在马里生了根。他们自己也仿佛在马里生了根，马里人民把他们叫做"马里人"。他们赢得了从总统一直到一个普通人民上上下下异口同声的赞誉。乡村里的孩子们看到他们老远就用中国话高喊："你好！"每年，当第一批芒果和香蕉熟了的时候，马里农民首先想到的就是他们，把果品先送来让他们尝鲜。现在，细长的甘蔗、矮矮的茶树，已经同高大的芒果树长在一起，浓翠相连，浑然一体，它们将永远成为中马两国人民永恒友谊的象征。难道说这不是一个奇迹吗？我觉得，创造这个奇迹的那些单纯朴素、谦虚和气的人们身上有什么东西闪耀着炫目的光芒，吸引住了我。同他们在一起，我感到骄傲，感到幸福。

我们也在夜里参加马里朋友为我们举办的招待会。有时候是在露天舞场里，看马里艺术家表演精彩的舞蹈。有时候是在一起吃晚饭。在这时候，访问过中国的马里朋友往往挤到我们身边来，娓娓不倦地对着我们，又像是对着自己，谈论他们在中国的见闻。他们绘形绘色地描述天安门和人民大会堂的庄严瑰丽，描述颐和园的绮丽风光。他们也谈到上海的摩天高楼、南京路上的车水马龙。也总忘不掉谈到杭州：西湖像是一面从天上掉下来的镶着翡翠边缘的明镜。无论谈到哪里,中国人民对他们的友情总是主要的话题。国家领导人、工厂里的工人、人民公社里的农民,连幼儿园的小孩子都对他们怀着真挚的感情,使他们永世难忘。他们谈着谈着,悠然神往,仿佛眼前不是在马里,而是在中国;眼前看到的仿佛不是芒果树,而是天安门、人民大会堂、颐和园、南京路和西湖。我听着听着,也悠然神往。我仿佛回到了祖国,眼前是祖国那如此多娇的江山。等到我一伸手捉到从栏杆外面探进来的芒果树枝的时候,我才恍如梦醒,知道自己是身在马里。我内心里深深感激着马里的朋友们,他们带我回了一趟祖国。

有一天,也就是在这样的一个夜里,我们几个人坐在中国大使馆的一个小院子里闲谈。周围是一些不知名的树。因为不知名,我们也就没有去注意。但是,刚一坐下,就有一股幽香沁入鼻中。我们异口同声地说道:"是桂花!"我们到处搜寻,结果在一株枝条细长的树上找到了像桂花似的细小花朵,香气就是从那里面流出来的。不管树是不是桂花树,花香却确实像桂花香。我的心一动,立刻有一股乡思涌上心头。本来是平静的心,竟有点乱起来了。

乡思很难说是好东西,还是坏东西;是使人愉快的,还是使人痛苦的。但是,在这样一个亲切友好、斗志昂扬的国家里,有什么乡思,在这样一个夜里,有什么乡思,似乎是不应该的。中国古语说:"四海之内,皆兄弟也。"在马里人的心目中,中国人就是兄弟。同马里人民呆在一起,像中国专家那样,同他们一起生活,一起劳动,难道还不是人生最大的幸福吗?在马里闻到桂花香,难道不是同在中国一样令人高兴吗?我陡然觉得,我爱上了这个地方。如果有需要也有可能的话,我愿意长住下去，把自己那微薄的力量贡献给这个国家。

巴马科之夜是平静的，平静得像是一潭止水；但是它包含的东西却是丰富的。我应该感谢巴马科之夜，它给了我许多新的启示，它使我看到了许多新东西，它把我带到了一个新的境界。奇妙的巴马科之夜啊！

1965年7月18日

琼楼玉宇，高处不胜寒

阿格拉是有名的地方，有名就有在泰姬陵。世界舆论说，泰姬陵是不朽的，它是世界上多少多少奇之一。而印度朋友则说："谁要是来到印度而不去看泰姬陵，那么就等于没有来。"

我前两次访问印度，都到泰姬陵来过，而且两次都在这里过了夜。我曾在朦胧的月色中来探望过泰姬陵。整个陵寝在月光下幻成了一个白色的奇迹。我也曾在朝暾的微光中来探望过泰姬陵，白色大理石的墙壁上成千上万块的红绿宝石闪出万点金光，幻成了一个五光十色的奇迹。总之，我两次都是名副其实地来到了印度。这一次我也决心再来；否则，我的三访印度，在印度朋友心目中就成了两访印度了。

同前两次一样，这一次也是乘汽车来的。车子下午从德里出发，一直到黄昏时分，才到了阿格拉。泰姬陵的白色的圆顶已经混入暮色苍茫之中。我们也就在苍茫的暮色中找到了我们的旅馆。从外面看上去，这旅馆砖墙剥落，宛如年久失修的莫卧儿王朝的废宫。但是里面却是灯光明亮，金碧辉煌，完全是另一番景象。房间都用与莫卧儿王朝有关的一些名字标出，使人一进去，就仿佛到了莫卧儿王朝；使人一睡下，就能够做起莫卧儿的梦来。

我真的做了一夜莫卧儿的梦。第二天一大早，我们就赶到泰姬陵门外。门还没有开。院子里，大树下，弥漫着一团雾气，掺杂着淡淡的花香。夜里下过雨，现在还没有晴开。我心

"谁要是来到印度而不去看泰姬陵,那么就等于没有来。"图为季羡林(左二)参观泰姬陵合影。

里稍有懊恼之意：泰姬陵的真面目这一次恐怕看不到了。

但是，突然间，雨过天晴云破处，流出来了一缕金色的阳光，照在泰姬陵的圆顶上，只照亮一小块，其余的地方都暗淡无光，独有这一小块却亮得耀眼。我们的眼睛立刻明亮起来：难道这不就是泰姬陵的真面目吗？

我们走了进去，从映着泰姬陵倒影的小水池旁走向泰姬陵，登上了一层楼高的平台，绕着泰姬陵走了一周，到处瞭望了一番。平台的四个角上，各有一座高塔，尖尖地刺入灰暗的天空。四个尖尖的东西，衬托着中间泰姬陵的圆顶那个圆圆的东西，两相对比，给人一种奇特的美。我想不出一个适当的名词来表达这种美，就叫它几何的美吧。后面下临阎牟那河。河里水流平缓，有一个不知什么东西漂在水里面，一群秃鹫和乌鸦趴在上面啄食碎肉。秃鹫们吃饱了就飞上栏杆，成排地蹲在那里休息，傲然四顾，旁若无人。

我们就带着这些斑驳陆离的印象，回头来看泰姬陵本身。我怎样来描述这个白色的奇迹呢？我脑筋里所储存的一切词汇都毫无用处。我从小念的所有的描绘雄伟的陵墓的诗文，也都毫无用处。"碧瓦初寒外，金茎一气旁。山河扶绣户，日月近雕梁。"多么雄伟的诗句呀！然而，到了这里却丝毫也用不上。这里既无绣户，也无雕梁。这陵墓是用一块块白色大理石堆砌起来的。但是，无论从远处看，还是从近处看，却丝毫也看不出堆砌的痕迹，它浑然一体，好像是一块完整的大理石。多少年来，我看过无数的泰姬陵的照片和绘画；但是却没有看到有任何一幅真正的照出、画出泰姬陵的气势来的。只有你到了泰姬陵跟前，站在白色大理石铺的地上，眼里看到的是纯白的大理石，脚下踩的是纯白的大理石；陵墓是纯白的大理石，栏杆是纯白的大理石，四个高塔也是纯白的大理石。你被裹在一片纯白的光辉中，翘首仰望，纯白的大理石墙壁有几十米高，仿佛上达苍穹。在这时候，你会有什么样的感觉，我不知道。反正我自己仿佛给这个白色的奇迹压住了，给这纯白的光辉网牢了，我想到了苏东坡的词："琼楼玉宇，高处不胜寒。"我自己仿佛已经离开了人间，置身于琼楼玉宇之中。有人主张，世界上只有阴柔之美与阳刚之美。把二者融合起来成为浑然一体的那种美，只应天上有。我眼前看到的就是这种天上的美。我完全沉浸在这种美的享受中，忘记了时间的推移。等到我从这琼楼玉宇中回转来时，已经是我们应该离开的时候了。

从泰姬陵到红堡是一条必由之路，我们也不例外。到了红堡，限于时间我们只匆匆地走了一转。莫卧儿王朝的这一座故宫，完全是用红砂岩筑成的。如果说泰姬陵是白色的奇迹的话，那么这里就是红色的奇迹。但是，我到了这里，最关心的却是一块小小的水晶。据说，下令修建泰姬陵的沙扎汗，晚年被儿子囚了起来。他本来还准备在阎牟那河这一边同河对岸泰姬陵遥遥相对的地方，修建一座完全用黑色大理石砌成的陵墓，如果建成的话，那将是一个不折不扣的黑色的奇迹。然而在这黑色的奇迹出现以前，他就失去了自由，成为自己儿子的阶下囚。他天天坐在红堡的一个走廊上，背对着泰姬陵，凝神潜思，忍忧含悲，目不转睛地注视着镶嵌在一个柱子上的那一块水晶，里面反映出整个泰姬陵的影像。月月如此，天天如此，这位孤独的老皇帝就这样度过了他的残生。

这个故事很有些浪漫气息。几百年来，也打动了千千万万好心人的心弦，滴下了无数的同情之泪。但是，我却是无泪可滴。我上一次来的时候，印度朋友曾告诉过我，就在这走廊下面那一片空地上，莫卧儿皇帝把囚犯弄了来，然后放出老虎，让老虎把人活活地吃掉。他们坐在走廊上恰然欣赏这一幕奇景。这样的人，即使被儿子囚了起来，我难道还能为他流下什么同情之泪吗？这样的人，即使对死去的爱姬有那么一点情意，这种情意还值得几文钱呢？我正在胡思乱想的时候，红堡城墙下长着肥大的绿叶子的树丛中，虎皮鹦鹉又吱吱喳喳叫了起来。这种鸟在中国是会被当作珍禽装在精致的笼子里来养育的。但是在阿格拉，却多得像麻雀。有那么一个皇帝，再加上这些吱吱喳喳的虎皮鹦鹉，我的游兴已经索然了。那些充满了浪漫气氛的故事对于我已经毫无吸引力了。

我走下了天堂，回到了现实。人间和现实是充满了矛盾的；但是它们又确实是美的。就是在阿格拉也并非例外。二十七年前，当我第一次到阿格拉来的时候，我在旅馆中遇到的一件小事，却使我忆念难忘。现在，当我离开了泰姬陵走下天堂的时候，我不由得又回忆起来。

我们在旅馆里看一个贫苦的印度艺人让小黄鸟表演识字的本领。又看另一个艺人让眼镜蛇与獴决斗。两个小动物都拼上命互相搏斗，大战了几十回合，还不分胜负。正在看得入神的时候，我瞥见一个印度青年在外面探头探脑。他的衣着不像一个学生，而像一个学徒工。我没有多加注意，仍然继续观战。又过了不知多少时候，我又一抬头，看到那个青年仍然站在那里，我立刻走出去。那个青年猛跑了几步，紧紧地抓住了我的手，我感觉到他的手有点颤抖。他递给我一个极小的小盒，透过玻璃罩可以看到，里面铺的棉花上有一粒大米。我真有点吃惊了。这一粒大米有什么意义呢？青年打开小盒，把大米送到我眼底下，大米上写着"印中友谊万岁"几个字，只能用放大镜才能看得清楚。他告诉我,他是一个学徒工,最热爱新中国,但却从来没有机会接触一个中国人。听说我们来了,他便带了大米来看我们。从早晨等到现在,中午早已过了。但是几次被人撵走。现在终于见到中国朋友了,他是多么兴奋啊!我接过了小盒,深深地被这个淳朴的青年感动了。我握住了他的手,心里面思绪万千,半天没有说出话来。我一直目送这个青年的背影消失在大街上熙熙攘攘的人群中,才转回身来。

泰姬陵是美的,是不朽的。然而,人们心里的真挚感情不是比泰姬陵更美,更不朽吗?上面说的这件小事,到现在,已经过了二十七年,在人的一生中,二十七年是一段漫长的时间。可是,不管我什么时候想起这件小事,那个学徒工的影像就栩栩如生地浮现在我的眼前。现在他大概都有四五十岁了吧。中间沧海桑田,世间多变。但是我却不相信,他会忘掉我,会忘掉中国,正如我不会忘掉他一样。据我看,这才是真正的美,真正的不朽。是美的、不朽的泰姬陵无法比拟的美,无法比拟的不朽。

1978 年

回到历史中去

一提到科钦,我就浮想联翩,回到悠久的中印两国友谊的历史中去。

中印两国友谊的历史,在印度,我们到处都听人谈到。人们都津津有味地谈到这一篇历史,好像觉得这是一种光荣,一种骄傲。

但是,有什么具体的事例证明这长达两千多年的友谊的历史呢?当然有的。比如唐代的中国和尚玄奘就是一个。无论在哪个集会上,几乎每一位致欢迎词的印度朋友都要提到他的名字,有时候同法显和义净一起提。听说,他的事迹已经写进了印度的小学教科书。在千千万万印度儿童的幼稚的心灵中,也有他这个中国古代高僧的影像。

但是,还有没有活的见证证明我们友谊的历史呢?也当然有的,这就是科钦。而这也就是我同另外一位中国同志冒着酷暑到南印度喀拉拉邦这个滨海城市去访问的缘由。

我原来只想到这个水城本身才是见证。然而,一下飞机,我就知道自己错了。机场门外,红旗如林,迎风招展。大概有上千的人站在那里欢迎我们这两个素昧平生的中国人。"印中友谊万岁"的口号声,此起彼伏,宛如科钦港口外大海中奔腾汹涌的波涛。一双双洋溢着火热的感情的眼睛瞅着我们,一只只温暖的手伸向我们,一个个照相机录音机对准我们,一串串五色缤纷的花环套向我们。科钦市长穿着大礼服站在欢迎群众的前面，同我们热烈握手，把两束极大的紫红色的溢着浓烈的香味的玫瑰花递到我们手中。

难道还能有比这更好的更适当的中国印度两国友谊的活的见证吗？

但这才刚刚是开始。

我们在飞行了一千多公里以后，只到旅馆里把行李稍一安排，立刻就被领到一个滨海的广场上，去参加科钦市的群众欢迎大会。这是多么动人的场面啊！还没有走到入口处，我们就已经听到人声鼎沸，鞭炮齐鸣，大人小孩，乐成一团。最使我们吃惊的是，我们在离开祖国千山万水遥远的异国，居然看到只有节日才能看到的焰火。随着一声声巨响，焰火飞向夜空，幻化出奇花异草，万紫千红。科钦地处热带，一年四季都是夏天。在大地上看到万紫千红的奇花异草，那就是"司空见惯浑闲事"。然而现在那长满了奇花异草的锦绣大地却蓦地飞上天去，谁会不感到吃惊而且狂喜呢？

就在这吃惊而且狂喜的气氛中，我们登上了大会的主席台。市长穿着大礼服坐在中间，大学校长和从邦的首府特里凡得琅赶来参加大会的部长坐在他的身旁。我们当然是坐在贵宾的位子上。大会开始了。只见万头攒动，掌声四起，估计至少也有一万人。八名幼女，穿着色彩鲜艳的衣服，手里拿着一些什么东西，迈着细碎而有节奏的步子，在主席台前缓慢地走了过去，像是一朵朵能走路的鲜花。后面紧跟着八名少女，也穿着色彩鲜艳的衣服，手里拿着烛台和灯，迈着细碎而有节奏的步子，在主席台前缓慢地走了过去，也像是一朵朵能走动的鲜花。我眼花缭乱，恍惚看到一团团大花朵跟着一团团小花朵在那里游动，耳朵里却是"时闻杂佩声珊珊"。最后跟着来的是一头大象,一个手撑遮阳伞的汉子踞坐在它的背上。大象浑身上下披挂着彩饰,黄的是金,白的是银,累累垂垂的是珊瑚珍珠,错彩镂金,辉耀夺目,五色相映,光怪陆离。它简直让人看不出是一头大象,只像是一个神奇的庞然大物,只像是一座七宝楼台,只像是一座嵚崎的山岳,在主席台前巍然地走了过去。在印度神话中,我们有时遇到天帝释出游的场面,难道那场面就是这个样子吗?在梵文史诗和其他著作中,我们常常读到描绘宫廷的篇章,难道那宫廷就是这样富丽堂皇吗?印度的大自然红绿交错,花团锦簇,难道这大象就是大自然的化身吗?我脑海里幻想云涌,联想蜂聚,一时排遣不开。但眼睛还要注视着眼前的一切情景,我真有点如入山阴道上应接不暇了。

　　但是,花环又献了上来,究竟有多少人多少单位送了花环,我看谁也说不清楚。我们都不懂马拉雅兰语。主席用马拉雅兰语朗读着献花单位的名称。于是,干部模样的、农民模样的、学生模样的、教员模样的,男的、女的、老的、少的,一个接一个地走到我们的桌前,往我们脖子上套花环。川流不息,至少有七八十人,或者更多一些。而花环的制作,也都匠心独运。有的长,有的短,有的粗大厚实,有的小巧玲珑;都是用各色各样的鲜花编成:白色的茉莉花和晚香玉,红色的石竹,黄色的月季,紫红色的玫瑰,还有许多不知名的花朵,都是用金线银线穿成了串,编成了团,扎成了球。我简直无法想象,印度朋友在编扎这些花环时用了多少心血,花环里面编织着多少印度人民的深情厚谊。花环套上脖子时,有时浓香扑鼻,有时感到愉快的沉重。在我心里却是思潮翻滚,感动得说不出话来。然而花环却仍然是套呀,套呀,直套到快遮住了我的眼睛,然后轻轻地拿下来,放在桌子上。又有新的花环套呀,套呀。我成了一个花人,一个花堆,一座花山,一片花海。一位印度朋友笑着对我说:"今天晚上套到你们脖子上的花至少有一吨重。"我恨不得像印度神话中的大梵天那样长出四个脑袋,那样就能有四个脖子来承担这些花环,有八只手来接受这些花环。最好是能像《罗摩衍那》中的罗刹王罗波那那样长出十个脑袋,那样脖子就增加到十个,手增加到二十只。这一吨重的花环承担起来也就比较容易了。当然,这些都是幻想。实际上,我们清醒地意识到,这些花环决不是送给我们个人的,送的对象是整个的新中国,全体新中国的人民。我们获得这一份荣誉来接受它们,难道还能有比这更令人欢欣鼓舞的事情吗?

我们就怀着这样的心情,在大会结束后,欣赏了南印度的舞蹈。一直到深夜,才回到旅馆前布置得像阆苑仙境一般的草坪上,参加市长举行的、有四个部长作陪的十分丰盛的晚宴。就这样度过了一个暴风骤雨的夜晚。

我们万没有想到,在第二天,在暴风骤雨之后,又来了一个风和日丽。在极端紧张的访问活动中,主人居然给我们安排了游艇,畅游了科钦港。我们乘一叶游艇,在波平如镜的海面上,慢慢地航行;在错综复杂的渔港中,穿来穿去。我们到处都看到用木架支撑起来的渔网。主人说:"本地人管它叫中国网。"我们走到长满椰林的一个小岛旁,主人问:"你们看小岛上的房屋是不是像中国建筑?"

我抬眼一看,果然像中国房屋:中国式的山墙,中国式的屋顶,整整齐齐地排列在那里。我的心忽然一动,眼前恍惚看到四五百年前郑和下西洋乘坐的宝船,一艘艘停泊在那小岛旁边。穿着明代服装的中国水手上上下下，忙忙碌碌，从船上搬下成捆的中国的青花瓷器，就堆在椰子树下。欢迎中国水手的印度朋友也是熙熙攘攘地拥挤在那里。我真地回到历史中去了。但是这一刹那的幻影，稍纵即逝。我在历史中游逛了一阵，终于还是回到了游艇上。艇外风静縠纹平，渔舟正纵横。摩托声响彻了渔港，红色的椰子在浓绿丛中闪着星星般的红光。

从历史中回到了现实世界以后，又到两个报馆去参观，受到了极其热烈的欢迎。又举行了一个像兄弟话家常般的别开生面的记者招待会，匆匆赶回旅馆，收拾了一下行李，立刻到了机场，搭乘飞机，飞向班加罗尔。

人虽然已经离开了科钦，但又似乎没有完全离开。科钦的水光椰影，大会的热烈情景，印度主人的一颦一笑，宛然如在眼前，无论如何也从心头拂拭不掉。难道真能成为"明日隔山岳，世事两茫茫"吗？到了今天，我回到祖国已经半个多月了。每当黎明时分，我伏案工作的时候，偶一抬眼，瞥见那一条陈列在书架上的科钦市长赠送的象牙乌木龙舟，我的心就不由地飞了出去，飞过了千山万水，飞向那遥远西天下的水城科钦。

1978 年 4 月 17 日

孟买，历史的见证

天下事真有出人意料的巧合：我二十七年前访问孟买时住过的旅馆，这一次来竟又住在那里。这一下子就激发起游兴，没有等到把行李安顿好，我就走到旅馆外面去了。

旅馆外面，只隔一条马路，就是海滨。在海滨与马路之间，是一条铺着石头的宽宽的人行道。人行道上落着一群鸽子——看样子是经常在那里游戏的——红红的眼睛，尖尖的嘴，灰灰的翅膀，细细的腿，在那里拥拥挤挤，熙熙攘攘，啄米粒，拍翅膀，忽然飞上去，忽然又落下来，没有片刻的宁静，却又一点也不令人感到喧哗。马路上车水马龙，人行道上行人摩肩接踵，但却没有人干扰这一小片鸽子的乐园。只是不时地有人停下来买点谷子之类的杂粮，撒到鸽子群中去喂它们。有几个小孩子站在这乐园边上拍手欢跳。卖杂粮的老人坐在旁边，一动也不动，活像一具罗丹雕塑的石像。

从这里再往前走几步，就到了海边。海边巍然耸立着一座极其宏伟壮丽的拱门，这就是英国人建造的著名的印度门。门前是汪洋浩瀚的印度洋，门后是幅员辽阔的印度大地。在这里建这样一座门，是殖民主义者征服印度的象征，是他们耀武扬威的出发点。据说，当年英国派来的总督就都从这里登岸，一过这座门，就算是到了印度。英国的皇太子，所谓威尔士亲王也曾从这里上岸访问印度。当年高车驷马、华盖如云的盛况，依稀还能想象得出。

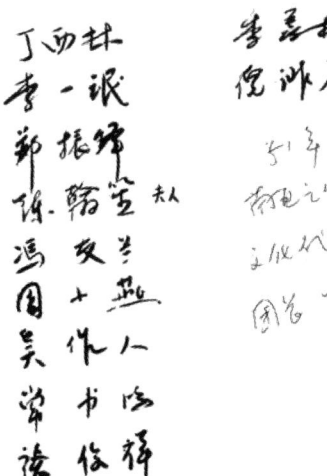

"二十七年前"（1951年）南亚之行文化代表团成员照片及名单，季羡林曾随团访问孟买。（见上页二排右一）

然而曾几何时，沧海桑田，风云变幻，当年那暴戾恣睢、不可一世的外来侵略者到哪里去了呢？只剩下大海混茫，拱门巍峨，海浪照样拍打着堤岸，涛声依旧震撼着全城。印度人民挺起腰杆走在自己的土地上。群鸽飞鸣，一片生机。这一座印度门就成了历史上兴亡盛衰的见证。

我第一次到孟买来的时候，就曾注意到这一座拱门。我们同殖民主义者相反，不是走进印度门，而是走出印度门。我们从这里乘汽艇到附近的爱里梵陀去看著名的石窟雕刻。石窟并不大，石雕也不多，而且没有任何碑文；但是每一座石雕都是一件珍贵的艺术品，结构谨严，气韵生动，完全可以置于世界名作之林。印度劳动人民的艺术天才留给我们的印象是永世难忘的。

同样使我们难忘的是当年孟买的印度朋友对我们显示的无比的热情。我们到孟买的时候正逢上印度最大的节日点灯节。记得有一天晚上，孟买的许多著名的文学家、艺术家、音乐家、舞蹈家，邀请我们共同欢度节日。我们走进了一座大院子。曲径两旁，草地边上都点满了灯烛，弯弯曲曲的两排，让我立刻想到沿着孟买弧形海岸的那两排电灯，那叫做"公主项链"的著名的奇景。我小时候在中国的某一些名山古刹的庙会上，在夜间，曾见过这样的奇景。我们就在这"项链"的中间走过去，走进一个大厅，厅内也点满了灯烛。虽然电灯都关闭了，但厅内仍然辉煌有如白日。大家都席地而坐，看和听印度第一流的艺术家表演绝技。首先由一个琵琶国手表演琵琶独奏。弹奏之美妙我简直无法描绘，我只好借用唐代大诗人白居易的几句诗："嘈嘈切切错杂弹，大珠小珠落玉盘。间关莺语花底滑，幽咽泉流冰下难。"弹奏快要结束的时候，余音袅袅，不绝如缕。打一个比喻的话，就好像暮春的游丝，越来越细，谁也听不出是什么时候结束的。接着是著名的舞蹈家表演舞蹈。最后由著名的乌尔都诗人朗诵自己的歌颂印中友谊的诗篇。我不懂乌尔都语，但是他那抑扬顿挫的声调，激昂动人的表情，特别是那些用三合元音组成的尾韵，深深地打动了我的心，我好像是获得了通灵，一下子精通了乌尔都语，完全理解了颂诗的内容。我的心随着他的诵声而跳动，而兴奋。夜已经很深了。我们几次想走；但是，印度朋友却牢牢地抓住我们不放。他们说："我们现在不让你们睡觉，我们要让你们在印度留一天就等于留两天。你们疲倦，回国以后再去睡觉吧。我们相信，我们到了中国，你们也不会让我们睡觉的。"我们还有什么话好说呢？印度朋友到了中国，我们不也会同样不让他们睡觉吗？到现在已经过去了二十七年；但是，当时的情景还历历如在眼前，朗诵声还回荡在我的耳边。印度人民的这种友谊使我们永生难忘。

一讲到人民的友谊，人们立刻就会想到柯棣华大夫。他的故乡就在孟买附近。他哥哥和几个妹妹一直到现在还住在孟买市内。四十年前，日本侵略者百万大军压境，在我们神圣的国土上狼奔豕突，践踏蹂躏。中华民族正处于风雨如磐的危急存亡之秋。当时，柯棣华大夫刚从大学医学院毕业。他像白求恩大夫一样，毅然决定，不远万里来到中国抗日战争的前线，穿上八路军的军服，全心全意为伤病员服务。后来他在中国结了婚，生了孩子。终于积劳成疾，死在离开自己的故乡孟买数万里、中间隔着千山万水的中国。我们不说他病死异乡，因为他并不认为中国是异乡。他是继白求恩之后的另一个伟大的国际主义战士。毛主席亲笔为他写了悼词，每个字都像小盆子那样大，气势磅礴，力透纸背。这幅悼词，现在仍然悬挂在孟买他哥哥的家中。二十年前，叶剑英委员长到印度来访问时，曾到过他家，让人把这幅悼词拍了照。我们这一次到孟买来，也到了他家，受到他哥哥和几个妹妹以及所有亲属的极其热烈的款待。我当时坐在那里，注视着墙上毛主席的题词，转眼又看到同样是悬挂在墙上的柯棣华的夭亡了的小孩柯印华的照片，镜框上绕着花环，我真是心潮翻涌，思绪万千，上下古今，浮想联翩。在中印两千多年的友谊史上，无数的硕学高僧、游客、负贩，来往于中印两国之间，共同培育了这万古长青的友谊。但是，像柯棣华这样的人，难道不可以说是空前的吗？毛主席对他作了那样高的评价，真是恰如其分。听说一直到今天，四十年已经过去了，柯棣华生前的许多中国老战友，一提起他来，还禁不住热泪盈眶。什么东西能这样感人至深呢？除了深厚的友谊之外，还能有别的什么呢？我在上面已经说过，孟买的印度门是历史的见证。它告诉我们，腐朽的邪恶的东西必然死亡。柯棣华的例子又告诉我们，新生的正义的东西必然永存。在这个意义上来说，孟买又成了中印人民友谊的历史的见证。

今天孟买人民完全继承了柯棣华的遗愿。他们竭尽全力来促进中印传统友谊的发展。我们从新德里乘"空中公共汽车"来到孟买的时候，已经过了半夜，绝大部分的居民早已进入睡乡。可是机场外面仍然聚集了一千多人，手举红旗，高呼口号。这是什么精神鼓舞着他们呢？马哈拉施特拉邦的邦长会见了我们。孟买市长会见了我们，并且设宴招待。许多知名人士亲自到旅馆来同我们会面。这又是为了什么呢？特别令人难忘的是那个规模极大的群众欢迎大会。举行的地点是在工人区内一个中学的操场上,在操场中间临时搭了一个主席台。参加大会的据说超过一万人,大部分是工人。操场周围高楼上住的也都是工人。他们的家属就站在阳台上往下看,他们也算是大会的参加者。鞭炮齐鸣,红旗高悬。每一个发言者都热烈歌颂印中友谊,会场上洋溢着热情友好的气氛。散会后,印度青年工人臂挽臂形成了两座人墙,让我们从中间走出去。那出色的组织能力和纪律性给我们留下了深刻的印象。当我们乘汽车回到旅馆的时候,天已经完全黑了下来。我们就从"公主项链"下面驶过。那两排电灯,每一盏都像是一颗光辉灿烂的夜明珠,绕着弧形的海岸,亮上去,亮上去,一直亮到遥远的天际。这又让我立刻回想到二十七年前在孟买同印度文学艺术界的朋友共同欢度点灯节时的情景。岁月流逝,而友谊长青。今天我们又到了孟买,受到了同当时一样的甚至是更热烈的款待。我真有点抑制不住自己的兴奋激动了。

孟买是比较年轻的城市,是一座工业城市。比起科钦来,它只能算是小弟弟。我在过去常常有一种偏见:我愿意访问古老的文化遗迹,而对于新兴工业城市则不太感兴趣。我愿意在断壁颓垣下,古塔佛寺旁,发思古之幽情,怀传统之友谊。顾而乐之,往往流连忘返。然而今天我来到孟买,我发现它同样能够成为历史的见证,同样能让我们怀念古老的友谊。在巍峨的拱门下,在熙攘的马路上,在高矗的大厦旁,在鳞比的商肆间,我们不但可以怀念过去,而且可以瞻望未来。在怀念古老的传统的友谊之余,我们看到站起来的印度人民,想到倒下去的老殖民主义者,看到生气勃勃的鸽群,听到混茫的大海的涛声,真禁不住要"问苍茫大地,谁主沉浮?"答案远在天边,近在眼前,作为历史的见证的孟买恰恰就回答了这个问题。

天雨曼陀罗
——记加尔各答

到了加尔各答，我们的访问已经接近尾声。我们已经访问了十一个印度城市，会见过成千上万的印度各阶层的人士。我自己认为，对印度人民的心情已经摸透了；决不会一见到热烈的欢迎场面就感到意外、感到吃惊了。

然而，到了加尔各答，一下飞机，我就又感到意外、感到吃惊起来了。

我们下飞机的时候，已经过了黄昏。在淡淡的昏暗中，对面的人都有点看不清楚。但是，我们还能隐约认出我们的老朋友巴苏大夫，还有印中友协孟加拉邦的负责人黛维夫人等。在看不到脸上笑容的情况下，他们的双手好像更温暖了。一次匆忙的握手，好像就说出了千言万语。在他们背后，站着黑鸦鸦的一大群欢迎我们的印度朋友。他们都热情地同我们握手。照例戴过一通花环之后，我们每个人脖子上、手里都压满了鲜花，就这样走出了机场。

因为欢迎的人实在太多了，在机场前面的广场上，也就是说，在平面上，同欢迎的群众见面已不可能。在这里只好创造发明一下了：我们采用了立体的形式，登上了高楼，在三楼的阳台上，同站在楼下广场上的群众见面。只见楼下红旗招展，万头攒动，宛如波涛汹涌的大海。口号声此起彼伏，惊天动地，这就是大海的涛声。在訇隐汹磕的涛声中隐约听到"印中友谊万岁"的喊声。我们站在楼上拼命摇晃手中的花束。楼下的群众就用更高昂的口号声来响应。楼上楼下，热成一片，这热气好像冲破了黑暗的夜空。

第二天一大早，旅馆楼下的大厅里就挤满了人：招待我们的人、拜访我们的人、为了某种原因想看一看我们的人。其中有白发苍苍的大学教授，有活泼伶俐、满脸稚气的青年学生，有学习中国针灸的男女青年赤脚医生，有柯棣华纪念委员会和印中友好协会的工作人员，也有西孟加拉邦政府派来招待我们的官员。他们都热情、和蔼、亲切、有礼。青年人更是充满了求知欲。他们想了解新中国的政治、经济、文化、教育。他们想了解我们学习印度语言，其中包括梵文和巴利文的情况。他们想了解我们翻译印度文学作品的数量。他们甚至想了解我们对待中外文学遗产的做法。总之，有关中国的事情，他们简直什么都想知道。大概是因为他们知道我是在大学工作的，所以我往往就成了被包围的对象。只要我一走进大厅，立刻就有人围上来，像查百科全书似的问这问那。我看到他们那眼神，深邃像大海，炽热像烈火，灵动像流水，欢悦像阳春，我简直无法抑制住内心的激动了。

在旅馆以外，也有类似的情况。有一天下午，我参加了一个同印度知识界会面的招待会。出席的都是教授、作家、新闻记者等文化人。我被他们团团围住。许多著名的学者把自己的著作送给我们，书里面签上自己的名字。接着就是一连串的问题。我当然也不放过向他们学习的机会。我向他们了解大学的情况，文学界的情况，我也向他们提出了一连串的问题。我们就像分别多年的老友重逢一般相对欢笑着，互相询问着，专

海外风光

心一志，完全忘记了周围发生的事情，忘记了时间和空间。我有时候偶尔一抬头，依稀瞥见台上正有人唱着歌，好像中印两国的朋友都有；隐约听到悠扬的歌声，像是初夏高空云中的雷鸣声。再一转眼，就看到湖中小岛上参天古树的枝头落满了乌鸦，动也不动，像是开在树枝上的黑色的大花朵。

我们曾参观过加尔各答郊区的一个针灸中心。这里的居民一半是农民，一半是工人。同在其他地方一样，我们在这里也受到极其热烈的欢迎。附近工厂里的工人高举红旗，喊着口号，拦路迎接我们。农村的小学生穿上制服，手执乐器，吹奏出愉快的曲调，慢步走在我们前面，走过两旁长满了椰子树的乡间小路，走向针灸中心。农民站在道旁，热情地向我们招手。到了针灸中心，我们参加了村民欢迎大会。加尔各答四季皆夏，此时正当中午，炎阳直晒到我们头上。有七八个身穿盛装的女孩子，手执印度式的扇子，站在我们身后，为我们驱暑。我们实在过意不去，请她们休息。但是她们执意不肯，微笑着说："你们是最尊敬的客人，我们必须尽待客之礼。"尽管我们心里总感到有点不安，但是这样的感情，我们只有接受下来了。

更使我高兴的是，我们在加尔各答看到了真正的农民舞蹈。这一专场舞蹈是西孟加拉邦政府特别为我们安排的。新闻和广播部长亲自陪我们观看演出。在演出的过程中，他告诉我们演员都是农民，是刚从田地里叫来的。说实话，我真有点半信半疑。因为，在舞台上，他们都穿着戏装，戴着面具，我们看到的是珠光宝气，金碧辉煌。而且他们的艺术水平都很高超。难道这些人真正是农民业余演员吗？我真有点难以置信了。但是，演出结束后，他们一卸装，在舞台上排成一队，向我们鼓掌表示欢迎，果然都是面色红黑，粗手粗脚，是地地道道的劳动农民。我心里一阵热乎乎的，望着他们那淳朴憨厚的面孔，久久不想离去。

我们在加尔各答接触的人空前地多，接触面空前地广，给我们留下的印象也同印度其他城市不同。在其他城市，我们最多只能停留一两天；我们虽然也都留有突出的印象，但总是比较单纯的。但是，到了加尔各答，万汇杂陈，眼花缭乱，留给我们的印象之繁复、之深刻，是其他城市无法比拟的。我们在这里既有历史的回忆，又有现实的感受。加尔各答之行好像是我们这一次访问的高潮，好像是一个自然形成的总结。光是我们每天从工人、农民、知识分子手中接过来的花环和花束，就多到无法计算的程度。每一个花环，每一束花，都带着一份印度人民的情谊。每一次我们从外面回来，紫红色的玫瑰花瓣，洁白的茉莉花瓣，黄色的、蓝色的什么花瓣，总是散乱地落满旅馆下面大厅里的地毯，人们走在上面，真仿佛是"步步生莲花"一般。芬芳的暗香飘拂在广阔的大厅中。印度古书上常有天上花雨的说法，"天雨曼陀罗"的境界，我没有经历过。但眼前不就像那样一种境界吗？这花雨把这一座大厅变成了一座花厅、一座香厅。这当然会给清扫工作带来不少的麻烦。我们都感到有点歉意。但是旅馆的工作人员看来却是高兴的，他们总是笑嘻嘻地看着这一切。就这样，不管加尔各答给我们的印象是多么繁复，多么多样化，但总有一条线贯穿其中，这就是印度人民的友谊。

而这种友谊在平常不容易表现的地方也表现了出来。我们在加尔各答参观了有名的植物园，这是我前两次访问印度时没有来过的。园子里古木参天，浓荫匝地，真像我们中国旧小说中常说的，这里有"四时不谢之花，八节长春之草"。给我印象最深的是一株大榕树。据说这是世界上最大的一株榕树。一棵母株派生出来了一千五百棵子树，结果一棵树就形成了一片林子。现在简直连哪棵是母株也无法辨认了。这一片"树林"的周围都用栏杆拦了起来。但是，栏杆可以拦住人，却无法挡住树。已经有几个地方，大榕树的子树，越过了栏杆，越过了马路，在老远的地方又扎了根，长成了大树。陪同我们参观的一位印度朋友很有风趣地说道："这棵大榕树就像是印中友谊，是任何栏杆也拦不住的。"多么淳朴又深刻的话啊！

友谊是任何栏杆也拦不住的。如果疾病也算是一个栏杆的话，我就有一个生动的例子。我在加尔各答遇到了一个长着大胡子、满面病容的青年学生。他最初并没能引起我的注意，但是，他好像分身有术，我们所到之处几乎都能碰到他。刚在一处见了面，一转眼在另一处又见面了。我们在旅馆中见到了他；我们在加尔各答城内见到了他；我们在农村针灸中心见到了他；我们又在植物园里见到了他。他就像是我们的影子一样，紧紧地跟随着我们。我不由自主地想到了印度古代史诗《罗摩衍那》中的神猴哈奴曼，想到了中国长篇小说《西游记》中的孙悟空。难道我自己现在竟进入了那个神话世界中去了吗？然而我眼前看到的决不是什么神话世界，而是活生生的现实。那个满面病容的、长着大胡子的印度青年正站在我们眼前，站在欢迎人群的前面，领着大家喊口号。一堆人高喊："印中友谊——"另外一堆人接声喊："万岁！万岁！"在这两堆人中间，他都是带头人。但是，有一天，我注意到他在呼喊间歇时，忽然拿出了喷雾器，对着自己嘴里直喷。我也知道，他是患着哮喘。我连忙问他喘的情况，他腼腆地笑了一笑，说道：

"没什么。"第二天看到他没带喷雾器,我很高兴,问他:"今天是不是好一点?"他爽朗地笑了起来,连声说:"好多了!好多了!"接着又起劲地喊起"印中友谊万岁"来。他那低沉的声音似乎压倒了其他所有人的声音。他那苍白的脸上流下了汗珠。我深深地为这情景所感动。我无法知道,在这样一个满面病容的印度青年的心里蕴藏着多少对中国人民的深情厚谊。一直到现在,一直到我写这篇短文的时候,我还恍惚能看到他的面容,听到他的喊声。亲爱的朋友!可惜我由于疏忽,连你的名字也没有来得及问。但是,名字又有什么意义呢?我想把白居易的诗句改动一下:"同是心心相印人,相逢何必问姓名!"年轻的朋友,你是整个印度人民的象征,就让你永远做这样一个无名的象征吧!

1978年5月14日

海德拉巴

我脑海里有两个海德拉巴：一个是二十七年以前的，一个是今天的。

二十七年前，当我第一次访问印度时，我曾来到这里，而且住了三四天之久。时间相隔既然是这样悠久，我对海德拉巴的记忆，就只剩下了一些断片，破碎支离，不能形成一个清晰的整体。在一团灰色的回忆的迷雾中，时时闪出了巨大的红色的斑点，这是木棉花。我当时曾惊诧于这里木棉树之高、之大，花朵开得像碗口那样大，而且开在参天的巨树上，这对于我这生长在北国的人来说，确实像是一个奇迹，留在脑海里的印象就永生难忘了。

但是，除了木棉花之外，再也不能清晰地回忆起什么东西来。只还记得住在尼扎姆的迎宾馆中，庭院清幽，台殿阒静，绿草如茵，杂花似锦；还有一些爬山虎之类的蔓藤，也都开着五彩斑斓的花，绿叶肥大，花朵绚丽，红彤彤，绿油油，显出一片茂盛热闹的景象。至于室内的情况，房屋的结构，则模糊成一团，几乎完全回忆不起来了。

我们到海德拉巴的第一天晚上，就到一个富丽堂皇的宫殿般的邸宅里去拜会尼扎姆的一位兄弟还是什么亲属，我记不清楚了。印度著名的女诗人奈都夫人好像同他也有什么亲戚关系。奈都夫人的女儿陪我们游遍全印。我们就在这里遇到奈都夫人的弟弟。他对我们非常热情，同我们谈到印度农民的生活情况，他们每年的收入，以及他们养的牛和收成等等，给我留下了深刻的印象。同印度上流社会的人物谈印度农民，这是比较少见的事。从他的言谈中，我体会到，他对印度农民怀有深切的关怀。这当然使我很受感动。他说话的情态，说话时的眼神至今一闭眼仿佛就出现在眼前。我的印象：印度各阶层的人，许多都是希望同中国加强联系，继承和发扬我们两国人民之间的传统友谊。

二十七年前的海德拉巴留给我的印象就只剩下了这一点点。如果需要归纳一下的话，我可以归纳为八个字：清新美妙，富丽堂皇。

一转瞬间，时间竟过去了二十七年，今天我又来到了海德拉巴。我看到的却完全是另一番景象：拥挤不堪的街道，熙熙攘攘的人群，中间奔驰着横冲直撞纵横交错的各种车辆。20世纪的汽车、摩托车，同公元前的马车、牛车并肩前进，快慢悬殊，而且好像是愿意怎样走就怎样走，愿意在什么地方停，就在什么地方停，这当然更增加了混乱。行人的衣着也是五光十色，同这一些车辆配合在一起形成了一幅色调迷乱但又好像有着内在节奏的图画；奏成了一曲喧声沸腾但又不十分刺耳的大合唱。

这就是我看到的今天的海德拉巴。如果需要归纳一下的话，我也可以归纳为八个字：喧阗吵闹，烟雾迷腾。

我有点迷惘，有点不解：难道这就真是海德拉巴吗？我记忆中的海德拉巴完全不是这个样子的，那一个海德拉巴要美妙得多，幽静得多。但是我眼前看到的却确实就是这个样子。那么究竟哪一个海德拉巴是真实的呢？两个当然都是真实的，但是两个似乎又都不够真实。最真实的只有印度人民对中国人民的深情厚谊。二十七年前是这样,今天仍然是这样。这一点是丝毫也不容怀疑的。

在海德拉巴,同在印度其他大城市一样,我们接触到的人民,对我们都特别友好。我们在这里参加过群众大会,也是人山人海,万头攒动,花环戴得你脖子受不住,眼睛看不见,花香猛冲鼻官,从鼻子一直香到心头。我曾到奥斯玛尼亚大学去参加全校欢迎大会,教授和学生挤满了大礼堂。副校长(在印度实际上就是校长)亲自出面招待,主持大会,并亲自致欢迎词。他在致词中说,希望我讲一讲教育和劳动的问题。我感到这个题目太大,大有不知从何处说起之感,临时决定讲中国唐代研究梵文的情况,讲到玄奘,讲到义净的《梵语千字文》和礼言的《梵语杂名》等等,似乎颇引起听众的兴趣。我知道,在印度,只要讲中印友谊,必然博得热烈的掌声,在海德拉巴也不例外。我们也参加了中印友好协会海德拉巴分会举行的欢迎大会。这次大会开得颇为新颖别致,同时却又生动热烈。大家都盘腿坐在地上,主席台上下完全一样。台上铺着极大的白布垫子,我们都脱掉鞋子坐在上面。照例给中国朋友大戴其花环。黄色花朵组成的花环,倒也罢了。红色玫瑰花组成的花环却引起了一点不安。鲜红的玫瑰花瓣从花环上不停地往下掉落,撒满了坐垫,原来雪白的坐垫,一下子变成了红色花毯。我们就坐在玫瑰花瓣丛中。坐碎了的花瓣染得白布上点点如桃花,芬芳的香气溢满鼻孔,飘拂在空中。我们就在这香气氤氲中倾听着中印两国朋友共颂中印友谊。

所有这一切当然都给我留下难以忘怀的甜蜜的回忆。但是最难以忘怀、最甜蜜的还是对海德拉巴动物园的参观。

印度许多大城市都有动物园。二十七年前我到印度的时候,曾经参观过不少。有的并且规模非常大,比如加尔各答的动物园,在世界上也是颇有一点名气的。印度由于气候的关系,动物繁殖很容易,所以动物的种类很多,数量很大。大象、猴子和蛇,更是名闻世界。海德拉巴的动物园并不特别大,里面动物也不算太多,但是却具有几个其他动物园没有的特色。为了让濒于绝种的狮子能够自由繁殖,人们在这个动物园里特别开辟了一大片山林,把狮子养在里面。一头雄狮可以带多至八个母狮,它们就这样组成了一个狮子家庭,自由自在地生活在荒草密林中,而要参观狮子的人却必须乘坐在带铁笼子的汽车里,开着汽车,到处寻觅狮子。陪我们参观的园主任很有风趣地说:"在别的地方是动物被锁在铁笼子里,让人来参观。在这里却是人被锁在铁笼子里,让动物来参观。"我们心惊胆战地坐在车上,在丛莽榛榛的密林中绕了许多圈子,终于在一片树林中发现了狮子家庭。我们的心情立即紧张起来,满以为它们会大声一吼扑上前来。然而不然。狮子家庭怡然傲然躺在地上树荫里,似乎在午睡。听到汽车声,一动也不动。有几只母狮只懒洋洋地把眼睛了睁,又重新闭上,大有不屑一顾之状。我们都有点失望了,没有得到我们心中所期望的那种惊险。我们喊了几声,狮群也是置之不理,我们的汽车停了一会,就又重新开出门禁森严的狮子林。我们都是生平第一次坐在铁笼里被野兽来欣赏。这当然别有风味在心头,我们也就都很满意了。

出了狮子林,又进老虎山。这里的老虎山也别具特色。我们到的时候,老虎还在山中河畔奔跳嬉戏。饲虎人发出了一声怪调,老虎立刻跑回到铁栅栏里,饲虎人乘机把一个铁门放下来,挡住了老虎的退路。老虎只好呆在一个几丈见方的铁栅栏里，来回地绕圈子。这时园主任就亲切地招呼我们把手从铁柱子的缝隙里伸进铁栅栏去摸老虎。我们开头确实有点胆怯，手想伸又缩。中国俗话说"老虎屁股摸不得"，这话早已深入人心，老虎如何能去摸呢？但是园主任却再三敦促解释，说这老虎是在动物园里养大的，人抚摩它，它会感到高兴，吼上两声，是表示它内心的快乐，决无恶意，用不着害怕。他并且还再三示范，亲自把手伸进铁栅栏，抚摩老虎的脖子和屁股。我也就战战兢兢地把手伸了进去，摸了一下老虎的屁股。中国俗话说是摸不得的东西我终于摸了，这难道不是一生中难以忘怀的事情吗？

我们转身又去看一只病豹，它被夹在一个铁笼子里，不能转身，不能乱动，这样医生就可以随意给它扎针注射。我们还去看了一只小老虎。园主任说，这只小老虎从小养在他家里，他的小孩就同它玩，像一只小猫似的。现在，不过才八个月，但已经知道龇牙咧嘴，大有不逊之意，不像小时候那样驯服好玩，只好把它关在笼子里了。

我们就这样参观了海德拉巴的动物园。这一切都可以说是奇遇，都是毕生难忘的。但是，这一切之所以难忘，并不在于猎奇，而在于印度劳动人民对我们自然流露出来的友好情谊。据我了解，在印度饲养狮虎的人大抵都是出身于低级种姓的劳动人民。我们刚进动物园的时候，并没有注意到他们，因为他们好像影子似的，悄悄地走路，悄悄地干活，不发出一点声音。仿佛到了狮子林老虎山，他们才突然出现在我们眼前。狮子林中，老虎山上，饲养员就是他们这一些人。另外还有一个狮子山，里面养着几头狮子，同前面讲的狮子林不是一回事，在这里狮子是圈在一片山林中的，人们站在壕沟旁边来欣赏它们。一个皮肤黝黑的饲养员发出一种类似"来,来"的声音。这当然不是中文的"来",而好像是狮子的名字。听到呼喊自己的名字,猛然从密林深处响起一片惊雷似的怒吼,一头大雄狮狂奔过来。山洞中怒吼的回声久久不息。我们冷不防吃了一惊,我们下意识地就想躲开,但一看到前面的壕沟,知道狮子是跳不过来的,才安定了心神,以壕沟对面的雄狮为背景,大照其相。

到了此时,我才认真注意到这位饲养员的存在,如果没有他,我们是无论如何也无法把狮子叫过来的。我默默地打量着那位淳朴老实的印度劳动人民,心里油然兴起感激之情。

在上面讲到狮林虎山中,照管狮子老虎的也同样是这些皮肤黝黑的劳动人民。他们大都不会讲英语。连我在二十七年前住在印度总统府中时遇到的那一位服务员也不例外。我们无法同他们攀谈,不管我们的主观愿望是如何地迫切。但是,只要我们一看他们那朴素的外表、诚恳的面容、和蔼的笑貌、老实的行动,就会被他们吸引住。如果再端详一下他们那黧黑的肤色,还有上面那风吹日晒的痕迹,我们就更会感动起来。同我们接触,他们不免有些拘谨,有些紧张,有些腼腆,甚至有些不知所措。但是他们那一摇头、一微笑的神态,却是充满了热情的。此时无言胜有言,这些无言的感受反而似乎胜过千言万语。语言反而成为画蛇添足的东西了。至于他们对新中国是怎样了解的,我说不清楚。恐怕连他们自己也说不清楚。他们可能认为中国是一个很神秘的国家,一个非常辽远的国家,但又是一个很友好的国家。他们可能对中国有一些不切实际的幻想。但是他们对中国有感情,对中国人民有感情,这是一眼就可以看出来的。至于像园主任这样的知识分子,他们都能讲英语，我们交流思想是没有困难的。他们对中国、对中国人的感情可以直接表达出来。此时有言若无言，语言作为表达人民之间的感情也是未可厚非的了。

我现在不再伤脑筋去思索究竟哪一个海德拉巴是真实的了。两者都是真实的，或者两者都不是真实的，这似乎是一个玄学的问题，完全没有回答的必要。勉强回答，反落言筌。不去回答，更得真意。海德拉巴的人民，同印度全国的人民一样，都对中国人民友好。因此，对我来讲，只有一个海德拉巴，这就是对中国友好的海德拉巴。这个海德拉巴是再真实不过的，我将永远怀念这样一个海德拉巴。

1979 年 2 月 21 日

佛教圣迹巡礼

我第二次来到了孟买,想到附近的象岛,由象岛想到阿旃陀,由阿旃陀想到桑其,由桑其想到那烂陀,由那烂陀想到菩提伽耶,一路想了下来,忆想联翩,应接不暇。我的联想和回忆又把我带回到三十年前去了。

那次,我们是乘印度空军的飞机从孟买飞到了一个地方。地名忘记了。然后从那里坐汽车奔波了大约半天整,天已经黑下来了,才到了阿旃陀。我们住在一个颇为古旧的旅馆里,晚饭吃的是印度饭,餐桌上摆着一大盘生辣椒。陪我们来的印度朋友看到我吃印度饼的时候,居然大口大口地吃起辣椒来,他大为吃惊。于是吃辣椒就成了餐桌上闲谈的题目。从吃辣椒谈了开去,又谈到一般的吃饭。印度朋友说,印度人民中间有很多关于中国人民吃东西的传说。他们说,中国人使用筷子已经到了出神入化的境界,用筷子连水都能喝。他们又说,四条腿的东西,除了桌子以外,中国人什么都吃;水里的东西,除了船以外,中国人也什么都吃。这立刻引起我们的哄堂大笑。印度朋友补充说,敢想敢吃并不是一件简单的事情。敢吃才能添加营养,增强体质。印度有一些人却是这也不吃,那也不吃。结果是体质虚弱,寿命不长,反而不如中国人敢想敢吃的好。有关中国人的这些传说虽然有些荒诞不经,但反映出印度老百姓对中国既关心又陌生的情况。于是餐桌上越谈越热烈,有时间杂着大笑。外面是黑暗的寂静的夜,这笑声仿佛震动了外面黑暗的、一点声音都没有的夜空。

我从窗子里看出去，模模糊糊看到一片树的影子，看到一片山陵的影子。在欢笑声中，我又时涉遐想：阿旃陀究竟在什么地方呢？它是在黑暗中哪一个方向呢？我们什么时候才能看到它呢？我真有点望眼欲穿了。

第二天一大早，我们就起身向阿旃陀走去。穿过了许多片树林和山涧，走过一条半山小径，终于到了阿旃陀石窟。一个个的洞子都是在半山上凿成的。山势形成了半圆形，下临深涧，涧中一泓清水。洞子有大有小，有深有浅，有高有低，沿着半山凿过去，一共有二十九个。窟内的壁画、石像，件件精美，因为没有人来破坏，所以保存得都比较完整。印度朋友说，唐朝的中国高僧玄奘曾到这里来过。以后这些石窟就湮没在荒榛丛莽中，久历春秋，几乎没有人知道这里还有这样一些洞子了。一百多年前，有一个什么英国人上山猎虎，偶尔发现了这些洞子，这才引起人们的注意。以后印度政府加以修缮，在洞前凿成了曲曲折折的石径，有点像中国云南昆明的龙门。从此阿旃陀石窟就成了全印度全世界著名的佛教艺术宝库了。

我们走在洞子前窄窄的石径上，边走边谈，边谈边看，注目凝视，潜心遐想。印度朋友告诉我说，深涧对面的山坡上时常有成群成群的孔雀在那里游戏、舞蹈，早晨晚上孔雀出巢归巢时鸣声响彻整个山涧。我随着印度朋友的叙述，心潮腾涌，浮想联翩。我仿佛看到玄奘就踽踽地走在这条石径上，在阴森黑暗的洞子中出出进进，时而跪下拜佛，时而喃喃诵经。对面山坡上的成群的孔雀好像能知人意，对着这位不远万里而来的异国高僧舞蹈致敬。天上落下了一阵阵的花雨，把整个山麓和洞子照耀得光辉闪闪。

"小心！"印度朋友这样喊了一声，我才从梦幻中走了出来。眼前没有了玄奘，也没有了孔雀。盼望玄奘出现，那当然是完全不可能的。但是，盼望对面山坡上出现一群孔雀总是可能的吧。我于是眼巴巴地望着山涧彼岸的山坡，山坡上绿树成荫，杂草丛生，榛莽中一片寂静，郁郁苍苍，却也明露荒寒之意。大概因为不是清晨黄昏，孔雀还没有出巢归巢，所以只是空望了一番而已。我们这样就离开了阿旃陀。石壁上绚丽的壁画，跪拜诵经的玄奘的姿态，对面山坡上跳舞的孔雀的形象，印度朋友的音容笑貌，在我眼前织成一幅迷离恍惚的幻影。

离开阿旃陀，我们怎样又到了桑其的，我现在已经完全记不清楚了。在我的记忆里，这一段经过好像成了一段曝了光的底片。

越过了这一段，我们已经到了一个临时搭成的帐篷里，在吃着什么，或喝着什么。然后是乘坐吉普车沿着看样子是新修补的山路，盘旋驶上山去。走了多久，拐了多少弯，现在也都记不清楚了。总之是到了山顶上，站在举世闻名的桑其大塔的门前。说是塔，实际上同中国的塔是很不一样的。它是一个大冢模样的东西，北海的白塔约略似之。周围绕着石头雕成的栏杆，四面石门上雕着许多佛教的故事。主要是佛本生的故事。大塔的来源据说可以追溯到公元前阿育王时代。无论如何这座塔总是很古很古的了。据说，它是同释迦牟尼的大弟子大目犍连的舍利有联系的。现在印度学者和世界其他国家学者之所以重视它，还是由于它的美术价值。这一点我似乎也能了解一点。我看到石头浮雕上那些仙人、隐士、老虎、猴子、花朵、草叶、大树、丛林，都雕得形象逼真，生动饱满，简简单单的几个人和物就能充分表达出一个完整的故事。内行的人可以指出哪一块浮雕表现的是哪一个故事。艺术概括的手段确实是非常高明的。我完全沉浸在艺术享受中了。

事隔这样许多年，我们在那座小山上呆的时间又非常短，我现在再三努力搅动我的回忆；但是除了那一座圆圆的所谓塔和周围的石雕栏杆以外，什么东西也搅动不出。山势是什么样子？我说不出。塔的附近是什么样子？我说不出。那里的山、水、树、木都是什么样子？我也说不出。现在在我的记忆里，就只剩下一座圆圆的、光秃秃的、周围绕着石栏杆、栏杆上有着世界著名的石雕的大塔，矗立在荒烟蔓草之间……

我们怎样到的那烂陀，现在也记不清楚了。对于这个地方我真是"久仰大名，如雷贯耳"。在长达几百年的时间内，这地方不仅是佛学的中心，而且是印度学术中心。从晋代一直到唐代，中国许多高僧如法显、玄奘、义净等都到过这里，在这里求学。玄奘在《大唐西域记》里面对那烂陀有生动的描述。《大唐大慈恩寺三藏法师玄奘传》里对那烂陀的描述更是详尽：

> 六帝相承，各加营造，又以砖垒其外，合为一寺，都建一门。庭序别开，中分八院。宝台星列，琼楼岳峙；观竦烟中，殿飞霞上。生风云于户牖，交日月于轩檐。加以渌水逶迤，青莲菡萏，羯尼花树，晖焕其间。庵没罗林，森竦其外。诸院僧室，皆四重重阁。虬栋虹梁，绿栌朱柱，雕楹镂槛，玉础文㮰。甍接瑶晖，榱连绳彩。印度伽蓝，数乃万千；壮丽崇高，此为其极。僧徒主客，常有万人。

对于玄奘来到这里的情况，这书中也有详尽生动的叙述：

> 向幼日王院安置于觉贤房第四重阁。七日供养已，更安置上房，在护法菩萨房北，加诸供给。日得瞻步罗果一百二十枚，槟榔子二十颗，豆蔻二十颗，龙脑香一两，供大人米一升。其米大于乌豆，作饭香鲜，余米不及。唯摩揭陀国有此粳米，余处更无。独供国王及多闻大德，故号为供大人米。月给油三升，酥乳等随日取足，净人一人，婆罗门一人，免诸僧事，行乘象舆。

除了玄奘以外，还有别的一些印度本地的大师。《大唐西域记》里写道：

> 至如护法、护月，振芳尘于遗教；德慧、坚慧，流雅誉于当时。光友之清论，胜友之高谈，智月则风鉴明敏，戒贤乃至德幽邃。

看了这段描述，我眼前仿佛出现了一座极其壮丽宏伟的寺院兼大学。四层高楼直刺入印度那晴朗悠远的蓝天。周围是碧绿的流水，水里面开满了荷花。和煦的微风把荷香吹入我的鼻中。我仿佛看到了上万人的和尚大学生，不远千里万里而来，聚集在这里，攻读佛教经典和印度传统的科学宗教理论，以及哲学理论。其中有几位名扬国内外的大师，都享受特殊的待遇。这些大师都峨冠博带，姿态肃穆。或登坛授业，或伏案著书。整个那烂陀寺远远超过今天的牛津、剑桥、巴黎、柏林等等著名的大学。梵呗之声遐云霄，檀香木的香烟缭绕檐际。夜间则灯烛辉煌，通宵达旦。节日则帝王驾临，慷慨布施。我眼前是一派堂皇富丽，雍容华贵的景象。

我仿佛看到玄奘也居于这些大师之中，住在崇高的四层楼上，吃着供大人米，出门则乘着大象。我甚至仿佛看到玄奘参加印度当时召开辩论大会的情况。他在辩论中出言锋利，如悬河泻水，使他那辩论的对手无所措手足，终至伏地认输。输掉的一方，甚至抽出宝剑，砍掉自己的脑袋。我仿佛看到玄奘参加戒日王举行的大会，他被奉为首座。原野上毡帐如云，象马如雨，兵卒多如恒河沙数，刀光剑影，上冲云霄。戒日王高踞在宝帐中的宝座上，玄奘就坐在他的身旁……

所有这一些幻象都是非常美妙动人的。但幻象毕竟是幻象，一转瞬间，就消逝了。书上描绘的那种豪华的景象早已荡然无存。我眼前看到的只是一片废墟。连断壁颓垣都没有，只有从地里挖掘出来的一些墙壁的残迹。"庭序别开，中分八院"，约略可以看出来。到于崇楼峻阁，则只能相寻于幻想中。如果借用旧诗词的话，那就是"西风残照，汉家陵阙"。

我们在这一片废墟中徘徊瞻望。抚今追昔，感慨万端。虽然眼前已没有什么东西可看，但是又觉得这地方很亲切，而为之流连忘返。为了弥补我们幻想之不足，我们去参观了旁边的那烂陀展览馆。那是一座不算太大的楼房，里面陈列着一些从那烂陀遗址中挖掘出来的文物。还陈列着一些佛典，记得还有不少是从斯里兰卡送来的东西。所有这一切，似乎也没能给我们留下多么深刻的印象。只有玄奘的影子好像总不肯离开我们。中国唐代的这一位高僧不远万里，九死一生，来到了印度，在那烂陀住了相当长的时间，攻读佛典和印度其他的一些古典。他受到了印度人民和帝王的极其优渥的礼遇。他回国以后完成了名著《大唐西域记》，给当时的印度留下极其翔实的记载。至今被印度学者和全世界学者视为稀世珍宝。在印度人民中，一直到今天，玄奘这名字几乎是家喻户晓，妇孺皆知，我们在印度到处都听到有人提到他。在中国，伟大的文学家鲁迅在他的《中国人失掉自信力了吗？》这篇文章中，列举了埋头苦干的人，拼命硬干的人，为民请命的人，舍身求法的人，明白地说这些人都是"中国的脊梁"。他虽然没有提到玄奘的名字，但在"舍身求法的人"中显然有玄奘在。我们同鲁迅一样，对宗教并不欣赏，也不宣扬，但玄奘却不仅仅是一个宗教家。对于这样一位高僧，我平常也是非常崇敬的。今天来到印度，来到了他长期学习生活过的地方，回想到他不是很自然的吗？他的影子不肯离开我们不也是很容易理解的吗？我们抚今追昔，把当时印度人民对待玄奘的情况，同今天印度人民热情款待我们的情况联想起来，对比起来，看到了中印友谊的源远流长；看到这友谊还会长期存在下去，发展下去，我们心里就会热乎乎的，不也是很自然的吗？我们就是怀着这样的心情依依不舍地离开了那烂陀。回望那些废墟又陡然化成了崇楼峻阁，画栋雕梁，在我们眼里闪出异样的光芒。

我们从巴特那，乘坐印度空军的飞机，飞到菩提伽耶，在一个小小的比较简陋的飞机场上降落，好像没用了多少时间。

这里是佛教史上最著名的圣迹。根据古代佛典的记载，释迦牟尼看破红尘出家以后，曾到处游行，寻求大道。碰了许多钉子，曾一度修过苦行，饿得眼看就要活不了了，于是决定改弦更张，喝了一个村女献给他的粥，身体和精神都恢复了一下。最后来到菩提伽耶这个地方，坐在菩提树下，发下宏愿大誓：如果不成正道，就决不离开这个地方。

这个故事究竟可靠到什么程度，今天的佛教学者哪一个也不敢确说。究竟有没有一个释迦牟尼？释迦牟尼是否真到这里来过呢？这些问题学者们都提起过。我们来到这里参观访问，对这些传说都只能姑妄言之姑妄听之。听一听的话，也会觉得很好玩，很有趣，也可以为之解颐。至于追根究底去研究，那是专门家学者的事，我们眼前没有那个余裕，没有那个兴趣。就让这个地方涂上一些神话的虹彩，又何尝不可呢？眼前的青山、绿水、竹篱、茅舍，比那些宗教祖师爷对我更有内容，更有吸引力。

同在那烂陀寺一样，法显、玄奘和义净等等著名的中国和尚都是到这里来过的。他们留下的记载都很生动、翔实，又很有趣。当然他们都是虔诚的佛教信徒，对这一切神话，他们都是坚信不疑的。我们没有也不可能有那种坚定的信仰。我们只是踏在印度土地上，想看一看印度土地上的一切现实情况，了解一下印度人民的生活情况，如此而已。对于菩提伽耶，我们也不例外。

我们于是就到处游逛，到处参观。现在回想起来，这里的宝塔、寺庙，好像是非常多。详细的情景，现在已经无从回忆起。在我的记忆里，只是横七竖八的矗立着一些巍峨古老的殿堂，大大小小的宝塔，个个都是古色斑斓，说明了它们已久历春秋。其中最突出的一座，就是紧靠金刚座的大塔。我已经不记得有关这座大塔的神话传说，我也不太关心那些东西，我只觉得这座塔非常古朴可爱而已。

紧靠这大塔的后墙，就是那一棵闻名世界的菩提树。玄奘《大唐西域记》卷第八说：

金刚座上菩提树者，即毕钵罗之树也。昔佛在世，高数百尺，屡经残伐，犹高四五丈。佛坐其下成等正觉，因而谓之菩提树焉。茎干黄白，枝叶青翠，冬夏不凋，光鲜无变。每至如来涅槃之日，叶皆凋落，顷之复故。是日也，诸国君王，异方法俗，数千万众，不召而集，香水香乳，以溉以洗。于是奏音乐，列香花，灯炬继日，竞修供养。

今天我们看到的菩提树大概也只高四五丈，同玄奘看到的差不多，至多不过有一二百年的寿命。从玄奘到现在，又已经历了一千多年。这一棵菩提树恐怕也已经历了几番的"屡经残伐"了。不过玄奘描绘的"茎干黄白，枝叶青翠，冬夏不凋，光鲜无变"，今天依然如故。在虔诚的佛教徒眼中，这是一棵神树。他们一定会肃然起敬，说不定还要跪下，大磕其头，然而在我眼中，它只不过是一棵枝叶青翠、叶子肥绿的树，觉得它非常可喜可爱而已。

树下就是那有名的金刚座。据佛典上说，这个地方"贤劫初成，与土地俱起，据三千大千之中，下极金轮，上齐地际，金刚所成"，世界动摇，独此地不动，简直说得神乎其神。前几年，唐山地震，波及北京，我脑海里曾有过一闪念：现在如果坐在金刚座上，该多么美呀！这当然只是开开玩笑，我们是决不会相信那神话的。

但是我们也有人，为了纪念，在地上拣起几片掉落下来的叶片，当时给我们驾驶飞机的一位印度空军军官，看到我们对树叶这样感兴趣，出于好心，走上前去，伸手抓住一条树枝，从上面把一串串的小树枝条折了下来，让我们尽情地摘取树叶。他甚至自己摘落一些叶片，硬塞到我们手里。我们虽然知道这棵树的叶片是不能随便摘取的，但是这位军官的厚意难却，我们只好每个人摘取几片，带回国来，做一个很有意义的纪念品了。

同在阿旃陀和那烂陀一样，在这里玄奘的身影又不时浮现到我的眼前。不过在这里，不止是玄奘一个人，还添了法显和义净。我仿佛看到他们穿着黄色的袈裟，跪倒在地上磕头。我仿佛看到他们在这些寺院殿塔之间来往穿行。我仿佛看到他们向那一棵菩提树顶礼膜拜。我仿佛看到他们从金刚座上撮起一小把泥土，小心翼翼地包了起来，准备带回中国。我在这里看到的玄奘似乎同别处不同：他在这里特别虔诚，特别严肃，特别忙碌，特别精进。我小时候阅读《西游记》时已经熟悉了玄奘。当然那是小说家言，不能全信。现在到了印度，到了菩提伽耶，我对中国这一位舍身求法的高僧，心里不禁油然涌起了无限的敬意。对于增进中印两国人民的友谊，他的作用是不可估量的。在中国人民心目中，在印度人民心目中，他实际上变成了中印友谊的象征。他将长久地活在人民的心中。

我眼前不但有过去的人物的影子，也还有当前的现实的人物。正当我们在参观的时候，好像从地里钻出来一样，突然从远处跑来了一个年老的中国妇女，看样子已经有七十多岁了。她没有削发，却自称是个尼姑。她自己说是湖北人，前清时候来到印度。详细的过程我没有听清楚，也没听清楚她住在什么地方。总之是，她来到了菩提伽耶，朝佛拜祖，在这里带发修行。印度的农民供给她食用之需，待她非常好。看样子她也不懂多少经文，好像连字——不管是中国字还是印度字，也不认识。她缠着小脚,走路一瘸一拐地,却飞也似的冲着我们跑过来,直跑得上气不接下气。恐怕她已经好久没有看到祖国来的人了。今天忽然听说祖国人来,她就不顾一切,拼命跑了过来。她劈头第一句话就是:"老爷们的行李下在哪个店里?"我乍听之下,不禁心里一抖:她"不知秦汉,无论魏晋"。我们同她之间的距离已经大到无法想象的程度了,我们好像已经不是同一个世纪的人物了。她对祖国的感情,对祖国来的亲人的感情看样子是非常浓厚的,但是她无法表达。我们对她这样一个桃花源中的人物,也充满了同情。在离开祖国万里之外的异域看到这样一个人物,心里酸甜苦辣,什么滋味都有。我们又是吃惊,又是怜悯,又是同情,又是高兴,但是我们也无法表达。我脑海中翻腾出许许多多的问题:在现在这个世界上,怎么还能有这样的人物呢?在过去漫长的四五十年中,她的生活是怎样过的呀!她不懂印度话,同印度人民是怎样往来呀?她是住在茅庵里,还是大树上呀!她吃饭穿衣是怎样得来的呀?她形单影孤,心里想些什么呀?西天佛祖真能给她以安慰吗?如果我们现在告诉她祖国的情况,她能够理解吗?如此等等,一系列的问号涌上心头。面对着这样一个诚恳朴实又似乎有点痴呆的老年妇女,我们简直不知说些什么好,简直是无所措手足。我们唯一的办法就是给她一些卢比,期望她的余年过得更好一点,此外再也没有什么话可说了。在她那一方面,也似乎有些不知所措。她伸手接过我们给的钱,又激动,又吃惊,又高兴,又悲哀,眼睛里涌出了泪水,说话声音也有些颤抖了。当我们的汽车开动时,她拖着那一双小脚一瘸一拐地跟在我们车后紧跑了一阵。我们从汽车的后窗里看到她的身影,眼睛里也不禁湿润起来……

佛教圣地遍布印度各地，我无法一一回忆。况且事情已经隔了将近三十年，我努力把我的回忆来搅动，目前也只能搅动出这么多来。其余零零碎碎的回忆还多得很，让它们暂且保留在我的记忆中吧！

              1979 年 3 月

德里风光

在印度，德里不是最古的城，也不是最美的城。但它却是一个很有个性的城。游过一次，终身难忘。

而我游德里，不是一次，是三次。

第一次是在建国初期。我当时被招待住在总统府内。这是一座红砂石垒成的建筑。从下面乘车走上去，经过一片开阔的草地和马路，至少有三四里路，两旁也都是一座座宫殿式的建筑。走到尽头，一座规模极大的建筑，矗立在眼前，宏伟巍峨，气势逼人。印度古代神话中吉罗娑神山顶上的神仙宫阙，大概也不外就是这个样子。这就是印度的总统府。

德里的名胜古迹，当然不限于总统府。从古迹的角度来看，总统府是算不上数的。你如果问一个本地人：什么古迹最有名？他会毫不犹疑地回答：红堡。第一次来，因为住在总统府内，所以先参观了总统府，然后才参观红堡。第二次、第三次来，我就径直地参观红堡。

红堡的建筑风格，同总统府是完全不相同的。同阿格拉的红堡一样，它修建于16世纪莫卧儿王朝。顾名思义，它是红色的伊斯兰式的建筑。但这红色仅仅只限于城墙。人们一进去，里面的楼、台、殿、阁却另是一种颜色。这些建筑基本上都是用灰白色的大理石建造的。大理石柱上、壁上，都镶嵌着许多红、绿、黄、紫的宝石，衬着灰白色的大理石，相映成趣，闪闪发光。来到这里，人们很容易想到伊斯兰的文化，想到古代伊朗的文学艺术，想到阿拉伯的《一千零一夜》，做起伊斯兰的梦来。

完全可以同红堡媲美的是库图布高塔。高塔周围的建筑群，在风格上，可以明显地分为两类：一类是印度古代固有的风格，一类是后来传进来的伊斯兰风格；泾渭分明，但又和谐。原来大概都是印度古式建筑，信伊斯兰教的统治者来到以后，拆旧建新，就成了现在这个样子。拆建的痕迹，赫然在目。印度古式建筑，远远望去，黑糊糊一片，有点"浓得化不开"；细看却是精雕细刻，栩栩如生。如果借用一句中国论诗的话来形容，那就是：沉郁顿挫。伊斯兰风格完全相反：线条简明。也借用一句中国论诗的话：清新俊逸。两种风格相映成趣，成为印度印回两大文化的象征。

高塔是德里最高的建筑，共有五层，高约 22 丈，建于 12 世纪末叶，至今已有七八百年的历史。建筑风格是典型的伊斯兰式，与印度古代的塔（窣堵波）完全不同。我先后三次登上高塔，每次攀登的时候，总不由自主地想到唐代著名诗人岑参《与高适薛据登慈恩寺浮屠》的诗：

> 塔势如涌出，
> 孤高耸天宫。
> 登临出世界，
> 蹬道盘虚空。

这样的诗句，用来形容这一座高塔，不是非常合适的吗？

德里的名胜古迹还多得很，一篇短文是介绍不完的，我也就不再介绍了。

不管这些名胜古迹给我留下了多么深刻的印象，离开了人的名胜古迹，即使再美，也是一堆没有生命的东西。最使我难忘的还是印度人民的友情。这种深厚的友情，以这些名胜古迹为背景，二者相得益彰，才真是终身难忘。四年前，我第三次访问印度，在德里大学受到无比热烈的欢迎。那些可爱的印度大学生，一双双温暖的手，一双双热情的眼睛，真使我感动极了。我这样一个微不足道的人，为什么能受到这样的欢迎呢？他们是把我当做中国人民的一个代表，这种热烈的友情是针对中国人民的，我不过碰巧了成为接受者而已。友情，同名胜古迹，同总统府、红堡、高塔不一样，无法用图片来表达，它没有形体，没有颜色，但有重量，就让我把印度人民极重极重的友情，贮藏在我的内心深处吧！

1982年12月11日

游唐大招提寺

多么凑巧的事情，又是多么可喜的事情！唐大和尚鉴真回国探亲，我们在北京刚见过面；他回到日本不久，我们又来探望参拜他了。

一走进唐大招提寺，我们仿佛回到了祖国。此地的一草一木，一梁一柱，无不让我们感到亲切可爱。连踏在脚下的砂粒，似乎也与别处不同。我们的心情又兴奋，又宁静；又肃穆，又虔诚。我们明确地意识到，这不是一个普普通通的地方，这是一个神圣的地方；这是中日两国人民悠久的传统友谊结晶的地方，决不能等闲视之。

我们现在看到的当然是历历在目的大殿、经堂、佛像、神龛。但是我的心却一下子回到了一千多年以前的历史上去，回到鉴真生活的时代中去。这样的经历我从前曾经有过一次，那是在印度瞻谒玄奘遗迹的时候。我当时曾看到玄奘的身影无所不在。今天，印度换成了日本，玄奘换成鉴真了。同玄奘一样，鉴真的面貌我们都是熟悉的。我现在在这一座古寺里到处看到的就是鉴真的慈祥肃穆的面容。我仿佛看到他慈眉善目，庞眉铺目，到处烧香礼佛。看到他盘腿坐在莲花座上，讲经说法，为天皇、皇太子、贵族、平民传法授戒。他在整个寺院里让人搀扶着来来往往地行走。我不但能看到他的身影，而且能听到他的声音，虽然我并说不出，他的声音究竟是个什么样子。我们今天满怀虔敬之心踏在这一座古寺的土地上。我们知道,这一座古寺的每一寸土地都留有鉴真的足迹。我们脚下踏着的就是鉴真当年留下的足迹。因此,我们的步履轻而又轻,谨慎而又谨慎。特别是当我们走过一座重门深锁的院落的时候,我们的步子更轻了,我们仿佛在临深履薄,戒慎恐惧。这院落"庭院深深深几许",在望之如云端仙境的重楼上,鉴真的漆像就作为国宝保存在那里。这门是经常锁着的。我们不由得面向楼阁深处,合十致敬。

鉴真爱不爱日本人民呢?他当然是爱的。他怀着满腔炽热的感情爱日本,爱日本人民。他同中国人民一样,深深地体会到中日两国人民的亲密关系,决心为日本人民牺牲自己的一切,把他认为能济世度人的佛法传到日本去。为了日本人民的幸福,他毅然决然离开了自己的祖国。在当时想到日本去,简直难于上青天。今天讲一衣带水,形容两国邻近,非常轻松,非常惬意。然而海中波涛滚滚,龙蛇飞舞,用木头造的船横渡,其艰险决非今日所能想象。鉴真尝试过几次,都失败了,最后终于九死一生,到了日本。如果对日本人民不抱有最深沉的爱,能做到这一步吗?他到日本时,双目已完全失明,什么东西都看不见了。但是,我相信,他能够看到一切。他看到的日本、日本人民、日本的自然风光,决不比任何人少,而且会比任何人都更多,更深刻。他看到了别人看不到的东西,他看到了日本人民的心。他的心同日本人民的心共同跳动,"心有灵犀一点通"。他们心心相印。就凭着这一点,虽然他不懂日本语言——我猜想,他初到日本时是不懂当地的语言的——他却完全能同日本各阶层的人民交流思想,沟通感情。日本人民的喜怒哀乐就是他的喜怒哀乐。他同日本人民浑然一体。"海为龙世界,天是鸟家乡",日本就成了他的海,成了他的天了。

鉴真会不会怀念祖国呢？当然会的。他同样也是怀着满腔炽热的感情爱着自己的伟大的祖国。否则他决不会在离开祖国一千多年以后又不远千里不顾年老体衰仆仆风尘回国探亲。不但探望了扬州，而且还探望了他离开祖国时还不存在的首都北京。他是一位高僧，不会有什么尘世俗念。但是爱国之情是人们最基本的感情，高僧也不能例外。遥想他当年远离祖国，寄身异邦，每天在礼佛讲经之余，一灯荧然，焚香静坐，殿外的春花秋月、夏雨冬雪，难免逗起一腔怀乡之情。檐边铁马的叮咚不会让他想到扬州古寺中的铁马吗？日本古代大俳句家松尾芭蕉非常了解鉴真的心情。他有一首著名的俳句，前有小引："唐招提寺开山祖鉴真和尚来日时，于船中遇难七十余次。其间，因海风侵袭双目，终成盲圣。今日拜谒尊像，得诗一首。"诗云：

新叶滴翠，
摘来拂拭尊师泪。（林林译文）

像鉴真这样的高僧，断七情，绝六欲，眼中的泪珠从何而来呢？除了因怀念祖国而流泪之外，还能有什么原因呢？大诗人芭蕉不愧是真正的诗人，他能深切体会鉴真的心情，发而为诗，才写出这样感人的诗句，使我们今天的人，不管是中国人，还是日本人，读到它，还为之感动不已。

我们中国人，不管读没读过芭蕉的名句，好像都能体会鉴真爱国思乡的心情。因此，当他这次回国探亲时，不管走到什么地方，扬州也好，北京也好，他都受到热烈的欢迎。今天他看到的祖国同他当年的祖国相比，已经完完全全变了样子；但是，祖国的人民、祖国人民的心，特别是对他那一片赤诚之心，则是一点也没有变的。我想，鉴真是完全擦干了眼泪带着微笑回到他的第二祖国日本去的吧！即使在日本再呆上几百年，甚至几千年，他内心里也感到欣慰吧！

中国人民对鉴真的敬爱还表现在另外一个方面。今天，凡是到日本来的中国人，只要有可能，没有不到唐大招提寺来参谒的。我们几个人现在就来到了这里。我走在这一座清净肃穆的大寺院里，花木扶疏，竹石掩映，到处干干净净，宛然一处人间仙境。但是我心中却是思潮腾涌，片刻不停，上下数千年，纵横数千里，遍照三世，神驰四极，对眼前的景物有时候视而不见。连自己走过的道路也有时候清楚，有时候不清楚。在不知不觉中，我们终于来到了鉴真的墓塔跟前。这一座墓塔并不特别高大巍峨，同中国常见的高僧墓塔样子和大小都差不多。这里就是鉴真永远安息的地方。我亲眼看到，日本人民男女老少成群结队，怀着极端虔敬的心情，到这里来参谒墓塔。走近墓塔的时候，他们面容严肃，脚步迈得轻轻的，唯恐惊扰了墓中的高僧。鉴真活着的时候，为日本人民的利益而牺牲了自己的一切。到了今天，他圆寂已经一千多年了，他仍然活在日本人民心中，他好像仍然生活在日本人民中间，天天受到他们的礼敬。鉴真死而有知，他一定感到莫大的欣慰吧！

墓塔的周围，茂树参天，绿竹挺秀，更显得特别清幽阒静。离开墓塔不远，有一片荷塘。此时正是夏天，塘里荷花盛开。这里的荷花很有点特色，花瓣全是白的，只有顶上有一抹鲜红，闪出红彤彤的光，宛如富士山雪峰顶上照上一片红霞。我在中国许多地方，世界上许多地方，都看到过荷花；在荷花的故乡印度也看到过荷花。白荷花、红荷花，甚至蓝荷花、黄荷花，都看到过。但是像鉴真墓旁这样的荷花却从来没有见过。难道是富士山之灵钟于荷花上面了吗？难道是鉴真的神灵飞附到这荷花瓣上来了吗？

不管我是多么依恋唐大招提寺，多么依恋鉴真的墓塔，多么依恋池塘里的荷花，我们的活动是有时间限制的。经过了两三个小时的漫游，我们终于必须离开了。我们怀着依依难舍的心情，一步三回首，慢慢地踱出了这一座举世闻名的古寺。登上汽车以后，仍然从车窗里回望那些巍峨的大殿楼阁，直至车子转弯，它的影子完全消失为止。这些影子在眼前消失了，然而却落入我的心灵深处，将永远留在那里。

敬爱的鉴真大和尚！我们暂时告别了。倘若有朝一日我还能来到日本，我一定再来参谒你。我会从祖国最神圣的地方，最神圣的一棵树上，采下一片最神圣的嫩叶，来拂拭你眼中的泪珠。

1980年7月23日于日本箱根写草稿
1985年1月29日于北京抄毕

下 瀛 洲

我仿佛正飞向一个古老又充满了神话的世界,心里有点激动,又有点好奇。但我又知道,这是一个崭新的完完全全现实的世界,我的心情又平静下来……

我就是怀着这样复杂多变的心情,平静地坐在机舱内。飞机正飞行在万米高空。我觉得,仿佛是自己生上了翅膀,"排空驭气奔如电",飞行的是我自己,而不是飞机。下面是茫茫云海,大地上的东西,什么都看不到。但是,从时间上来推算,我大体上能知道,下面是什么地方。两个多小时以后,茫茫云海并没有改变。但是我明确地知道,下面是大海。又过了一些时候,飞行速度似乎在下降。不久,凭机窗俯望,就看到海岸像一抹绿痕:日本到了。

我是第一次到日本来。但是我从小就读了大量关于日本的书籍,什么瀛洲,什么蓬莱三岛。虽然我不大懂这些东西,"山在虚无缥缈间",可是日本对我并不陌生。今天我竟然来到了这里。对来过的人说来,也许是司空见惯的事。对我说来,却是满怀新奇之感。机舱中那种复杂的心情,又向我袭来。我不禁有点兴奋起来了。

同行的一位青年教师说:"来到日本,似乎是出了国,又似乎没有出。"短短几句话很形象地道出了一个中国人初到日本的心情。事情确实是这样。时间只相隔两三个小时,短到让我们决不会想到自己已经远适异域。东京大街上的招牌、匾额,甚至连警察厅的许多通告和条例，基本上都是汉字，我们一看就能明白。街上接踵联袂的行人，面孔又同我们差不多。说是已经身在异国，似乎是不大可信的。从前一位中国诗人到了法国巴黎，写了两句有名的诗："对月略能推汉历，看花苦为译秦名。"在东京，也同在巴黎一样，是在国外；但是我们却决不会有这样的感觉。"月是故乡明"，在日本也同样地明了，至于花，好多花的名字，中日文是一致的。倘若我们不仔细留意，我们决不会感到，我们已经是在离开祖国几千里外的异域了。

但是，最重要的还不是这些表面上的东西，而是日本人民的心。近两三年来，我在北京大学接待过几十个日本代表团。其中有重要的政治家，有著名的学者和作家，有年高德劭的大和尚，有声名远扬的亲台派，有老人，有青年，有男子，有妇女。他们的职业和经历都是完全不同的，政治见解也是五花八门。但是，他们几乎都有一颗对中国人民诚挚的心。他们对于中国过去的文化曾经帮助过日本这一件事，表示由衷地感谢；对于极少数军国主义者给中国人民造成的灾难，又表示真诚地内疚。我曾多次为这样一颗颗的心而感动。我感到，从我们嘴里说出的和我们耳朵里听到的"中日人民世世代代友好下去"这一句话，表示了我们两国人民的真诚愿望，决不是一句空洞的话。

就在不久以前，我招待一个日本大学校长代表团。团长是一位学自然科学的大学校长。他纯朴热情，诚挚忠厚，真正是一位学者。看样子，他并不擅长词令，但是说出来的话却句句能激动人心。在一次宴会上，喝了几杯茅台之后，他脸上泛起了一点红潮，样子已经有几分酒意了。他站起来讲话，又讲到日中文化关系，讲到日本军国主义者对中国人民的骚扰。这些话并没有新的内容，我已经听过许多遍，毫不陌生了。但是，现在从这样一位学者口中说出来，却似乎有异常的力量，让我永远难忘。

今天我自己来到了日本，接触到许多日本学者，接触到广大的日本人民。尽管我不能同所有的日本人民都谈话；但是，从一粒沙中可以看到宇宙，从少数日本朋友的谈话中，我仿佛听到了广大日本人民的声音。我在国内从日本代表团那里得到的印象，今天都完全得到了证实。

日本这个国家，整个就是一座大花园。到处树木蓊郁，绿草芊芊，很难找到一块不干净的地方。如果你想丢掉一团用不着的废纸什么的，那还真不容易，你简直找不到一块可以丢废纸的地方。家家户户，不管庭院有多么小，总要栽上一点花木。最常见的是一种矮而肥的绿松，枝干挺拔，绿意逼人。衬托着后面的小楼，看上去令人怡情悦目。

至于住在这里的人，都彬彬有礼，"谢谢！""对不起！"经常挂在嘴上。日本人民九十度的鞠躬是闻名全世界的。

但是，彬彬有礼并不等于慢慢腾腾。初到日本的人，大概都会感到，日本人走路、办事，都是急急忙忙，精神高度集中。连穿着高跟鞋走路的女士们，也都像赶路似的，脊背挺直，精神抖擞，得、得、得一溜小跑。好像前面有什么东西吸引着，后面有什么东西追赶着。日本人重视工作，重视工作效率，重视时间，决不肯浪费一点时间的。有的外国人把日本人描绘为"只知道工作的蜜蜂""工作中毒"等等。这些说法，我觉得丝毫没有讽刺的意思，而是充满了敬佩与赞美。第二次世界大战结束时，日本战败了，国破家亡，疮痍满目，过了一段非常艰苦的日子。一直到今天，年纪大一点的人，谈起来还心有余悸。然而在短短的一二十年中，他们又勇敢地站了起来，创造了让全世界都瞠目结舌的奇迹。这似乎难以理解，实际上却非常自然。联想到我上面说到的日本人民的那种精神，创造些子奇迹，又有什么可以吃惊的呢?

我今天来到的就是这样一个国家：既陌生，又熟悉；既有神话，又有现实；既属于历史，又属于当前；即显得很远，又显得很近；既令人惊诧难解，又令人感到顺理成章。向这样一个国家和人民，我们有许多东西是可以学习的。如果说从前的蓬莱、瀛洲都隐在一团虚无缥缈的神话的迷雾中，那么今天的日本却明明白白、毫不含糊地摆在我的眼前。我就这样怀着好奇而又激动的矛盾心情，开始了对日本的访问。

1981年7月原稿

1982年1月4日抄完

日本人之心

今年五月,我应邀访问日本,曾在早稻田大学讲演过一次。题目是日本主人出的,叫做"东洋之心"。由于自己水平低,又是临时抱佛脚,从理论上来看,讲演内容确实是卑之无甚高论。但是,在参观日本名胜古迹过程中,也就是说,在实践方面,我深有体会,好像是摸到了日本人之心。下面就写两件小事。

诗仙堂

我从来没有听说过诗仙堂的名字,我们的日程安排上也没有。我们从京都到岚山的路上,汽车忽然在一座园子门前停了下来,主人说,这里是有名的诗仙堂。

大门是用竹竿编成的,门旁立着一块石碑,上面镌着三个汉字:诗仙堂。门上有匾,横书三个汉字:小有洞。我们一下子仿佛回到了祖国,在江南苏州一带访问一座名园。我们到日本以后,从来没有置身异域的感觉。今天来到这里,心理距离更消泯得无影无踪了。

进门是石阶,阶尽处是木头结构的房子,同日本其他地方的房子差不多。整个园子并不大,但是房屋整洁,结构紧凑;庭院中有小桥流水,通幽曲径,枝头繁花,水中涟漪,林中鸟鸣,幽篁蝉声,一下子把我们带进了一个清幽的仙境。

小园中的一切更加深了我们在门前所得的印象：整个园子泛滥着浓烈的中国风味。我们到处看到汉字匾额，堂名、轩名、楼名，无一不是汉字，什么啸月楼，什么残月轩，什么跃渊轩，什么老梅关，对我们说来，无一不亲切、熟悉，心中油然升起故园之情。

园子的创建人是四百多年前天正十一年（公历1583年）诞生的石川丈山。他是著名的文人和书法家，受过很深的中国文化的熏陶，能写汉诗。这是他晚年隐居的地方。根据宽永二十年（公历1643年）林罗山所撰的《诗仙堂记》，石川早岁入仕，五十六岁时，辞官建诗仙堂，"而后丈人不出，而善仕老母以养之，游事艺阳者有年矣。至于杯圈口泽之气存焉，抛毛义之檄，乃来洛阳，相攸于台麓一乘寺边，伐恶木，剌奥草，决疏沮洳，搜剔山脚，新肯堂，揭中华诗人三十六辈之小影于壁上，写其诗各一首于侧，号曰诗仙堂"。这就是诗仙堂的来源。三十六诗人以宋代陈与义为首，其下是宋黄庭坚、宋欧阳修、宋梅尧臣、宋林逋、唐寒山、唐杜牧、唐李贺、唐刘禹锡、唐韩愈、唐韦应物、唐储光羲、唐高适、唐王维、唐李白、唐杜审言、晋谢灵运、汉苏武、晋陶潜、宋鲍照、唐陈子昂、唐杜甫、唐孟浩然、唐岑参、唐王昌龄、唐刘长卿、唐柳宗元、唐白居易、唐卢仝、唐李商隐、唐灵徹、宋邵雍、宋苏舜钦、宋苏轼、宋陈师道、宋曾几。选择的标准看来并不明确，其中有隐逸诗，有僧人诗，有儒家诗，有官吏诗，花样颇多，总的倾向是符合石川那种隐逸的心情的。三十六诗仙都是中国著名的诗人，可见中国诗歌对他影响之大，也可见他沉浸于中国文化之深。在诗仙堂中其他的轩堂里，还可以看到石川手书的《朱子家训》、"福禄寿"三个大字，还有"既饱"两个

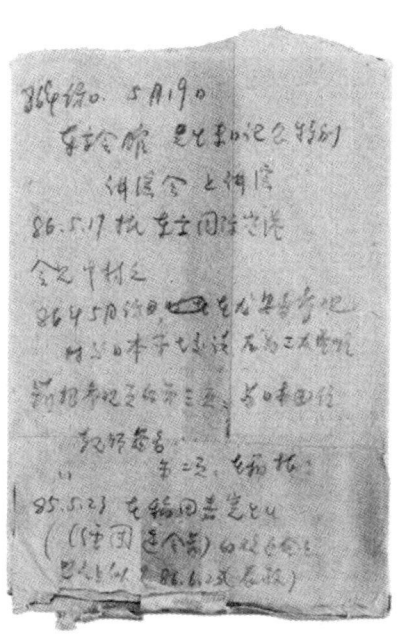

1986年，季羡林应邀访日。图为记有日程的信封和对应照片，"86.5.17，抵东京国际空港"。

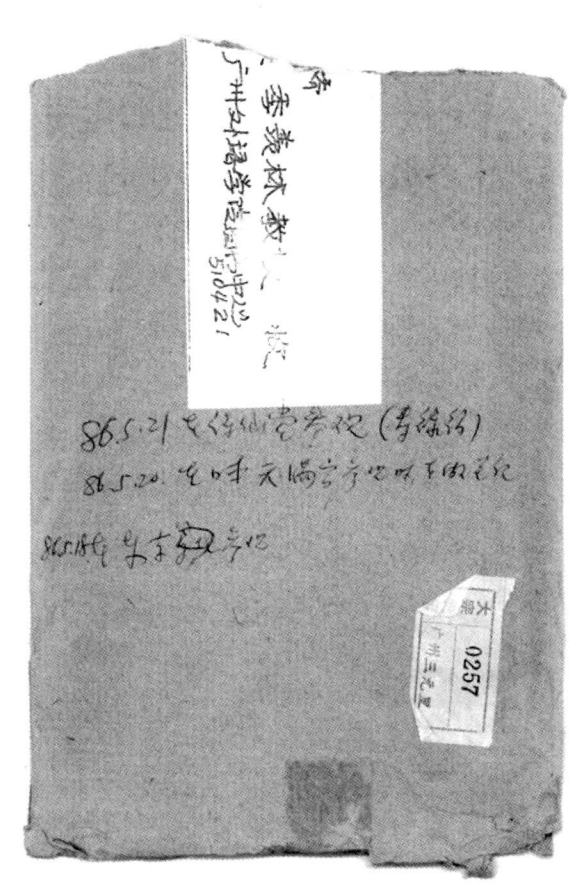

记有日程的信封,"86.5.21,在诗仙堂参观"。

大汉字。石川深通汉诗,酷爱中国儒家思想。从诗仙堂整个气氛中,可以看出他对中国文化了解之深、热爱之切。我相信,今天来这里参观的中国人,谁都会萌发亲切温暖之感,自然而然地想到中日两国文化关系之源远流长,两国人民友谊之既深且厚。回天无方,缩地有术,诗仙堂仿佛一下子把我带回了祖国,不禁发思古之幽情了。

但是,一转瞬间,我却发现,不管诗仙堂怎样触动了我的心,真正震动我的灵魂的还不是诗仙堂本身,而是一群年纪不过十四五岁的女中学生,她们都穿着整整齐齐的中学生制服,朴素大方,神态自若。我不大了解日本中学生的情况。据说一放暑假,男女中小学生都一律外出旅行。到祖国各地参观,认识祖国。我这次访日,大概正值放暑假,我在所有我经过的车站上,都看到成群结队的小学生,坐在地上,或者站在那里,等候火车,活泼而不喧闹,整齐而不死板,给人留下深刻的印象。在诗仙堂里,我们也遇到了他们。因为看惯了,最初我并没有怎么介意。但是,我一抬头,却看到一个女孩子对着我们微笑。我也报之以微笑。没想到,她竟走上前来,同我握手。我不懂日本话,我猜想,日本中学生都学习英语,便用英语试探着同她搭话:

"Do you speak English?"

"Yes, I do."

"How do you do?"

"Well, thank you!"

"What are you doing here?"

"We are travelling during summer vacation."

"May I ask, what is your name?"

"My name is——"

她说了一个日本名字,我没有听清楚,也没有再去追问。因为,我觉得,人之相知,贵相知心,区区姓名是无所谓的。只要我知道,我眼前站着的是一个日本少女,这也就足够足够了。

我们站在那里交谈了几句,这一个小女孩,还有她的那一群小伙伴,个个笑容满面,无拘无束,眼睛里流露出一缕天真无邪的光辉,仿佛一无恐惧,二无疑虑,大大方方,坦坦荡荡,似乎眼前站的不是一个异域之人,而是自己的亲人。我们仿佛早就熟识了,这一次是久别重逢。我相信,这一群小女孩中没有哪一个曾来过中国,她们为什么对中国不感到陌生呢?难道说这一所到处洋溢着中国文化芳香的诗仙堂在无形中,在潜移默化中起了作用,让中日两国人民之心更容易接近吗?我无法回答。按年龄来说,我比她们大好几倍,而且交流思想用的还是第三国的语言。但是,所有这一切都没能成为我们互相理解的障碍。到了现在,我才仿佛真正触摸到了日本人之心,比我在早稻田大学讲演时对东洋之心了解得深刻多了,具体多了。我感到无比的欣慰。"同是东洋地上人,相逢何必曾相识?"连今后能不能再会面,我也没有很去关心。日本的少女成千上万,哪一个都能代表日本人之心,又何必刻舟求剑,一定要记住这一个少女呢?

箱　　根

箱根算是我的旧游之地。上一次来到这里,只住了一夜,因而对箱根只留下了一个朦胧的印象;虽然朦胧,却是非常美的;也可以说,唯其朦胧,所以才美。

我们到达饭店的时候，天已经晚下来了。我们会见了主人室伏佑厚的夫人千津子，他的大女儿厚子和外孙女朋子。我抱起了小朋子，这一位刚会说话的小女孩偎依在我的怀里，并不认生。室伏先生早就对我说，要我为朋子祝福，现在算是祝福了。室伏先生说，朋子这个名字来源于"我们的朋友遍天下"这一句话。这一家人对中国感情之深厚概可想见了。他们想在小孩子心中也埋下友谊的种子。室伏先生自己访问中国已达数十次，女婿三友量顺博士和二女儿法子也常奔波于两国之间，在学术界和经济界缩紧友谊的纽带。同这样一家人在一起，我们感到异常地温暖，不是很自然的吗？

晚饭以后，我们走出旅馆，到外面湖滨上散步。此时万籁俱寂，月色迷濛。缕缕的白云像柳絮一般缓缓飘来，仿佛伸手就能抓到一把。路旁的绿草和绿色灌木，头顶上的绿树，在白天，一定是汇成了弥漫天地的绿色；此时，在月光和电灯光下，在白云的障蔽中，绿色转黑，只能感到是绿色，眼睛却看不出是绿来了，只闪出一片黑油油的青光。茫茫的芦湖变成了一团暗影，湖上和岸边，什么东西都看不清楚。就因为不清楚，我的幻想反而更有了驰骋的余地。我可以幻想这里是人间仙境，我可以幻想这里是蓬莱三山。我可以幻想这，我可以幻想那，越幻想越美妙，越美妙越幻想，到了最后，我自己也糊涂起来：我是在人间吗？不，不！这里决非人间；我是在天堂乐园吗？不，不！这里也决非天堂乐园。人间天上都不能如此美妙绝伦。我现在所在的地方成了一个地地道道的人间仙境了。

夜里我做了一个仙境的梦。第二天，我们没能看到芦湖的真面目，就匆匆离开。只有这一个仙境的梦伴随着我，一转眼就是几年。

现在我又来到了箱根。

邀请我的还是同一个主人：室伏佑厚先生。他同法子小姐和女婿三友量顺先生亲自陪我们乘汽车来到这里。上一次同来的日本东京大学名誉教授中村元博士也赶来聚会。室伏夫人和长女厚子、外孙女朋子都来了。朋子长大了几岁，反而有点腼腆起来；她又有了一个小妹妹，活泼可爱，满脸淘气的神气。我们在王子饭店里热热闹闹地吃了一顿十分丰盛的晚餐，很晚才回到卧室。这一夜，我又做了一个仙境的梦。

第二天，一大早晨，我就一个人走出了旅馆的圆厅，走到芦湖岸边，想看一看上一次没能看到的芦湖真面目。我脑海中的那一个在迷濛月色下的人间仙境一般的芦湖不见了——那一个芦湖是十分美妙绝伦的。现在展现在我眼前的芦湖，山清水秀，空翠弥天；失掉了那朦胧迷幻的美，却增添了真实澄澈的美——这一个芦湖同样是十分美妙绝伦的。哪一个芦湖更美呢？我说不出，也用不着说出，我强烈地爱上了两个芦湖。

又过了一天的早晨，我又到芦湖岸边散步，这一次不是我孤身一人，主人室伏佑厚先生、法子小姐和三友量顺先生都陪来了。以前我没能真正认识芦湖，"不识芦湖真面目，只缘身在此湖中"。今天，我站在湖边上，仿佛是脱离开了芦湖，我想仔仔细细地认识一番。但是湖上云烟缭绕，真面目仍然无法辨认。我且同主人父女在湖边草地上漫步吧！

我们边走边谈，芦湖似乎存在，又似乎不存在。散策绿草地，悠然见芦湖。我好几次都有陶渊明悠然见南山的感觉。我们走过两棵松树，样子非常像黄山的迎客松。我告诉主人，我想为它取名迎客松。主人微笑首肯，认为这是一个好名字。他望着茫茫的湖水，告诉我说，在黄昏时分，湖上会落满了野鸭子。现在是早晨，鸭子都飞到山林里面去了，我们一只也看不到。话音未落，湖上云气转淡，在伸入水中的木桥头上，落着一只野鸭子。此时晨风微拂，寂无人声，仿佛在整个宇宙这一只野鸭子是唯一活着的东西。我们都大喜过望，轻手轻脚地走上木桥。从远处看到野鸭子屁股下面有一个白白的东西。我们一走近，野鸭子展翅飞走，白白的东西就拿在我们手中，原来是一个圆圆的鸭蛋。我们都非常兴奋，回看那一只野鸭已经飞入白云中，绕了几个圈子，落到湖对岸的绿树林里，从此就无影无踪了。

当我们从浮桥上走回岸边的时候，有四个老年的日本妇女正踏上浮桥。我们打一个招呼，就各走各的路了。此时，湖水依然茫茫渺渺，白云依然忽浓忽淡。大概因为时间还很早，湖上一只船都没有。岸边绿草如茵，花木扶疏，我心头不禁涌现出来了一句诗："宫花寂寞红。"这里的花也有类似的情况：园花寂寞红。除了湖水拍岸的声音之外，什么声音也没有。我们几个人好像成了主宰宇宙沉浮的主人。我心里有说不出来的一种滋味，有点失神落魄了。猛回头，才发现室伏先生没有跟上我们，他站在浮桥上，正同那几个老妇人聊天。过了一会儿，他终于同那四个妇女一齐朝我们走来。室伏先生把她们一一介绍给我。原来她们都是退休的女教师，现在来箱根旅游。她们每个人都拿出了小本本，让我写几个字。我自然而然地想到那两句著名的古诗：

海内存知己，

天涯若比邻。

于是我就把这两句诗写在每人的小本本上，合拍了一张照片，又客套了几句,就分手了。

我原以为这不过是萍水相逢,虽然感人,但却短暂,没有十分去留意。但是,我回国以后不久就接到一封日本来信,署名的就是那四位日本退休女教师。又过了不久,一盒装潢十分雅致漂亮的日本横滨名产小点心寄到我手中。我真正感动极了,这真是大大地出我意料。我现在把她们的信抄在下面,以志雪泥鸿爪:

季羡林先生:

前些日子有幸在箱根王子饭店见到您,并承先生赐字,一起合影留念,不胜感激。我将万分珍视这次意想不到的初次会面。

从室伏那儿得知先生在贵国担任着重要的工作。望多多保重身体,并祝先生取得更大的成绩。

昨天我给先生寄去了横滨传统的点心——喜乐煎饼,请先生和各位品尝,如能合先生口味,将不胜欣慰。

请向担任翻译的女士问候。

四年前我曾去贵国做过一次愉快的旅行,在北京住了三天,在大同住了三天。

我思念中国,怀念平易近人的先生,并期待着能与先生再次见面。怀此心情给您写了这封信。

归山绫子

6月28日

(李强 译)

信写得朴素无华，却充满了感情。我立刻写了封回信：

归山绫子女士并其他诸位女士：

  大札奉悉，赐寄横滨名产喜乐煎饼，也已收到，感荷无量。

  箱根邂逅诸位女士，给我留下了深刻的印象，将永远忆念难忘。从你们身上可以看到中日人民之间的友谊确实是根深蒂固，源远流长。我们两国人民一定能世世代代永远友好下去。

  敬请
暑安

季羡林
1986年7月12日

  这确实是一件小事，前后不过半个小时。在人生的长河中，这不过是一个涟漪，一个小水泡。然而它显然深深地印在四位日本普通妇女的记忆中；通过她们的来信也深深地印在我的记忆中。借用佛家的说法，这叫做缘分。缘分一词似乎有点迷信。如果我们换一个词儿，叫做偶然性，似乎就非常妥当了。缘分也罢，偶然性也罢，其背后都有其必然性，这就是中日两国人民之间的深情厚谊，这是几千年中形成的一种情谊，不会因个别小事而被抹掉。

  呜呼，吾老矣！但自认还是老而不朽。在过去半个多世纪中，我对日本没有什么研究，又由于过去的个人经历，对日本决没有什么好感。经过最近几年同日本朋友的来往，又两度访问日本，我彻底改变了看法，而且也逐渐改变了感情。通过同室伏佑厚先生一家人的交往，又邂逅了这样四位日本妇女，我现在真仿佛看到了日本人之心。我希望，而且相信，中日两国人民都能互相看到对方的心。世世代代永远友好下去这一句大家熟悉的话将不仅仅是一句口号了。我馨香祝之。

1986年7月28日晨于庐山

乌鸦和鸽子

傍晚，我们来到了清凉宫。正当我全神贯注地欣赏绿玉似的草地和珊瑚似的小红花的时候，忽然听到天空里一阵哇哇的叫声。啊！是乌鸦。一片黑影遮蔽了半个天空。想不到暮鸦归巢的情景竟在这里看到了。

这使我立即想起了三十多年以前我第一次缅甸之行。我首先到了仰光，那种堆绿叠翠的热带风光牢牢地吸引住了我。但是，更吸引住了我、使我感到无限惊异的是那里的乌鸦之多。我敢说，在世界的任何地方都不会有这么多的乌鸦。据说，缅甸人虔信佛教，佛教禁止杀生到了可笑的地步。乌鸦就乘此机会大大地繁殖起来，其势猛烈，大有将三千大千世界都化为乌鸦王国的劲头。

我曾在距离仰光不太远的伊洛瓦底江口看到我生平第一次见到的最大的乌鸦群，恐怕有几万只。停泊在江边的大小船上的桅杆上、船舱上、船边上，到处都落满了乌鸦，漆黑一大片。在空中盘旋飞翔的，数目还要超过几倍。简直成了乌鸦的世界，乌鸦的天堂，乌鸦的乐园，乌鸦的这个，乌鸦的那个，我理屈辞穷，我说不出究竟是乌鸦的什么了。

今天早晨，也就是到清凉宫去的第二天的早晨，我参观哈奴曼多卡古王宫时，我又第二次看到了我生平见到的最大的乌鸦群之一，大概有上千只吧。它们忽然一下子从王宫高塔的背面飞了出来，唿哨一声，其势惊天动地，在王宫天井上盘旋了一阵，又唿哨一声，飞到不知道什么地方去了。

乌鸦在中国古代不被认为是吉祥的动物，名声不佳。人们听到它们的鸣声，往往起厌恶之感。可是这些年以来，在北京，甚至在树木葱茏的燕园里面，除了麻雀以外，别的鸟很少见到了。连令人讨厌的乌鸦也逐渐变得不那么讨厌了。它们那种决不能算是美妙的叫声，现在听起来大有日趋美妙之势了。

我在加德满都不但见到了乌鸦，而且也见到了鸽子。

鸽子在北京现在还是能够见到的，都是人家养的，从来没有听说过野鸽子。记得我去年春天到印度新德里去参加《罗摩衍那》的作者蚁垤国际诗歌节，住在一所所谓五星旅馆的第十九层楼上。有一天，我出去开会，忘记了关窗子。回来一开门，听到鸽子咕噜咕噜的叫声。原来有两位长着翅膀的不速之客，乘我不在的时候，到我房间里来了。两只鸽子就躲在我的沙发下面亲热起来，谈情说爱，卿卿我我，正搞得火热。看到我进来，它俩坦然无动于衷，丝毫没有想逃避的意思，也看不出一点内疚之意。倒是我对于这种"突然袭击"感到有点局促不安了。原来印度人决不伤害任何动物。鸽子们大概从它们的鼻祖起就对人不怀戒心，它们习惯于同人们和平共处了。反观我们自己的国家，情况有很大的不同。专就北京来说，鸟类的数目越来越少。每当我在燕园内绿树成荫的地方，或者在清香四溢的荷花池边，看到年轻人手持猎枪、横眉竖目，在寻觅枝头小鸟的时候，我简直内疚于心，说不出话来。难道在这些地方我们不应该向印度等国家学习吗？

我不是哲学家，也不喜欢，更不擅长去哲学地思考。但是古今中外都有不少的哲人，主张人与大自然应该浑然一体，人与鸟兽（有害于人类的适当除外）应该和睦相处，相向无猜，谁也离不开谁，谁都在大自然中有生存的权利。我是衷心地赞成这些主张的。即使到了人类大同的地步，除了人与人之间的关系应该同过去完全不同之外，人与大自然的关系，其中也包括人与鸟兽的关系，也应该大大地改进。我不相信任何宗教，我也不是素食主义者。人类赖以为生的动植物，非吃不行的，当然还要吃。只是那些不必要的、损动物而不利己的杀害行为，应该断然制止。写到这里，我忽然想到一件不大不小的事：过去有一段时间，竟然把种草养花视为修正主义。我百思不得其解。有这种主张的人有何理由？是何居心？真使我惊诧不置。世界一切美好的东西，不管是人类，还是鸟兽虫鱼，花草树木，我们都应该会欣赏，有权利去欣赏。我认为，这是天经地义的真理。难道在僵化死板的气氛中生活下去才算得上唯一正确吗？

　　写到这里，正是黎明时分。窗外加德满都的大雾又升起来了。从弥漫天地的一片白色浓雾的深处传来了咕咕的鸽子声，我的心情立刻为之一振，心旷神怡，好像饮了尼泊尔和印度神话中的甘露。

1986年11月26日凌晨
本文选自《尼泊尔随笔》

雾

浓雾又升起来了。

近几天以来,我早晨起床后第一件事就是推开窗子,欣赏外面的大雾。

我从来没有喜欢过雾。为什么现在忽然喜欢起来了呢?这其中有一点因缘。前天在飞机上,当飞临西藏上空时,机组人员说,加德满都现在正弥漫着浓雾,能见度只有一百米,飞机降落怕有困难。加德满都方面让我们飞得慢一点。我当时一方面有点担心,害怕如果浓雾不消,我们将降落何方?另一方面,我还有点好奇:加德满都也会有浓雾吗?但是,浓雾还是消了,我们的飞机按时降落在尼泊尔首都机场,机场上阳光普照。

因此,我就对雾产生了好奇心和兴趣。

抵达加德满都的第二天凌晨,我一起床,推开窗子:外面是大雾弥天。昨天下午我们从加德满都的大街上看到城北面崇山峻岭,层峦叠嶂,个个都戴着一顶顶的白帽子,这些都是万古雪峰,在阳光下闪出了耀眼的银光。这是我生平第一次看到这种景象,我简直像小孩子一般地喜悦。现在大雾遮蔽了一切,连那些万古雪峰也隐没不见,一点影子也不给留下。旅馆后面的那几棵参天古树,在平常时候,高枝直刺入晴空,现在只留下淡淡的黑影,衬着白色的大雾,宛如一张中国古代的画。昨天抵达旅馆下车时,我看到一个尼泊尔妇女背着一筐红砖，倒在一大堆砖上。现在我看到一个男子，手里拿着一堆红红的东西。我以为他拿的也是红砖。但是当他走得近了一点时，我才发现那一堆红红的东西簌簌抖动，原来是一束束红色的鲜花。我不禁自己笑了起来。

正当我失神落魄地自己暗笑的时候，忽然听到不知从哪里传来了咕咕的叫声。浓雾虽然遮蔽了形象，但是却遮蔽不住声音。我知道，这是鸽子的声音。当我倾耳细听时，又不知从哪里传来了阵阵的犬吠声。这都是我意想不到的情景。我万万没有想到，我在加德满都学会了喜欢的两种动物：鸽子和狗，竟同时都在浓雾中出现了。难道浓雾竟成了我在这个美丽的山城里学会欣赏的第三件东西吗？

世界上，喜欢雾的人似乎是并不多的。英国伦敦的大雾是颇有一点名气的。有一些作家写散文，写小说来描绘伦敦的雾，我们读起来觉得韵味无穷。对于尼泊尔文学我所知甚少，我不知道，是否也有尼泊尔作家专门写加德满都的雾。但是，不管是在伦敦，还是在加德满都，明目张胆大声赞美浓雾的人，恐怕是不会多的，其中原因我不甚了了，我也没有那种闲情逸致去钻研探讨。我现在在这高山王国的首都来对浓雾大唱赞歌，也颇出自己的意料。过去我不但没有赞美过雾，而且也没有认真去观察过雾。我眼前是由赞美而达到观察，由观察而加深了赞美。雾能把一切东西：美的、丑的，可爱的、不可爱的，一塌括子都给罩上一层或厚或薄的轻纱，让清楚的东西模糊起来，从而带来了另外一种美，一种在光天化日之下看不到的美，一种朦胧的美，一种模糊的美。

一些时候以前，当我第一次听到模糊数学这个名词的时候，我曾说过几句怪话：数学比任何科学都更要求清晰，要求准确，怎么还能有什么模糊数学呢？后来我读了一些介绍文章，逐渐了解了模糊数学的内容。我一反从前的想法，觉得模糊数学真是一个了不起的发现。在人类社会中，在日常生活中，在社会科学和自然科学中，有着大量模糊的东西。无论如何也无法否认这些东西的模糊性。承认这个事实，对研究学术和制定政策等等都是有好处的。

在大自然中怎样呢？在大自然中模糊不清的东西更多。连审美观念也不例外。有很多东西，在很多时候，朦胧模糊的东西反而更显得美。月下观景，雾中看花，不是别有一番情趣在心头吗？在这里，观赏者有更多的自由，自己让自己的幻想插上翅膀，上天下地，纵横六合，神驰于无何有之乡，情注于自己制造的幻象之中；你想它是什么样子，它立刻就成了什么样子，比那些一清见底、纤毫不遗的东西要好得多。而且绝对一清见底、纤毫不遗的东西，在大自然中是根本不存在的。

我的幻想飞腾，忽然想到了这一切。我自诧是神来之笔，我简直陶醉在这些幻象中了。这时窗外的雾仍然稠密厚重，它似乎了解了我的心情，感激我对它的赞扬。它无法说话，只是呈现出更加美妙更加神秘的面貌，弥漫于天地之间。

1986 年 11 月 26 日

本文选自《尼泊尔随笔》

游兽主大庙

我们从尼泊尔皇家植物园返回加德满都城，路上绕道去看闻名南亚次大陆的印度教的圣地兽主（Paśupati）大庙。

大庙所处的地方并不冲要；要走过几条狭窄又不十分干净的小巷子才能走到。尼泊尔的圣河，同印度圣河恒河并称的波特摩瓦底河，流过大庙前面。在这一条圣河的岸边上建筑了几个台子，据说是焚烧死人尸体的地方，焚烧剩下的灰就近倾入河中。这一条河同印度恒河一样，据说是通向天堂的。骨灰倾入河中，人就上升天堂了。

兽主是印度教三大主神之一，平常被称做湿婆的就是。湿婆的象征 linga，是一个大石柱。这里既然是湿婆的庙，所以 linga 也被供在这里，就在庙门外河对岸的一座石头屋子里。据说，这里的妇女如果不生孩子，来到 linga 前面，烧香磕头，然后用手抚摩 linga，回去就能怀孕生子。是不是真正这样灵验呢？就只有天知道或者湿婆大神知道了。

庙门口皇皇然立着一个大木牌，上面写着："非印度教徒严禁入内"。我们不是印度教徒，当然只能从外面向门内张望一番，然后望望然去之。庙内并不怎样干净，同小说中描绘的洞天福地迥乎不同。看上去好像也并没有什么神圣或神秘的地方。古人诗说："凡所难求皆绝好。"既然无论如何也进不去，只好觉得庙内一切"皆绝好"了。

人们告诉我们，这座大庙在印度也广有名气。每年到了什么节日，信印度教的印度人不远千里，跋山涉水，到这里来朝拜大神。我们确实看到了几个苦行僧打扮的人，但不知是否就是从印度来的。不管怎样，此处是圣地无疑，否则挂竹杖梳辫子的圣人苦行者也不会到这里来流连盘桓了。

说老实话，我从来也没有信过任何神灵。我对什么神庙，什么兽主，什么linga，并不怎么感兴趣。引起我的兴趣的是另外一些东西，庙中高阁的顶上落满了鸽子。虽然已近黄昏，暮色从远处的雪山顶端慢慢下降，夕阳残照古庙颓垣，树梢上都抹上了一点金黄。是鸽子休息的时候了。但是它们好像还没有完全休息，从鸽群中不时发出了咕咕的叫声。比鸽子还更引起我的兴趣的是猴子。房顶上，院墙上，附近居民的屋子上，圣河小桥的栏杆上，到处都是猴，又跳又跃，又喊又叫。有的老猴子背上背着小猴子，或者怀里抱着小猴子，在屋顶与屋顶之间，来来往往，片刻不停。有的背上驮着一片夕阳，闪出耀眼的金光。当它们走上桥头的时候，我也正走到那里。我忽然心血来潮，伸手想摸一下一个小猴。没想到老猴子决不退避，而是龇牙咧嘴，抬起爪子，准备向我进攻。这种突然袭击，真正震慑住了我，我连忙退避三舍，躲到一旁去了。

我忽然灵机一动，想入非非。我上面已经说到，印度教的庙非印度教徒是严禁入内的。如果硬往里闯，其后果往往非常严酷。但这只是对人而言，对猴子则另当别论。人不能进，但是猴子能进。难道因为是畜类而格外受到优待吗？猴子们大概根本不关心人间的教派、人间的种姓、人间的阶级、人间的官吏，什么法律规章，什么达官显宦，它们统统不放在眼中，加以蔑视。从来也没有什么人把猴子同宗教信仰联系起来。猴子是这样，鸽子也是这样，在所有的国家统统是这样。猴子们和鸽子们大概认为，人间的这一些花样都是毫无意义的。它们独行独来，天马行空，海阔纵鱼跃，天空任鸟飞，它们比人类要自由得多。按照一些国家轮回转生的学说，猴子们和鸽子们大概未必真想转生为人吧！

我的幻想实在有点过了头，还是赶快收回来吧。在人间，在我眼前的兽主大庙门前，人们熙攘往来。有的衣着讲究，有的浑身褴褛。苦行者昂首阔步，满面圣气，手拄竹杖，头梳长发，走在人群之中，宛如鸡群之鹤。卖鲜花的小贩，安然盘腿坐在小铺子里，恭候主顾大驾光临。高鼻子蓝眼睛满头黄发的外国青年男女，背着书包，站在那里商量着什么。神牛们也夹在中间，慢慢前进。讨饭的瞎子和小孩子伸手向人要钱。小铺子里摆出的新鲜的白萝卜等菜蔬闪出了白色的光芒。在这些拥挤肮脏的小巷子里散发出一种不太让人愉快的气味，一团人间繁忙的气象。

我们也是凡夫俗子，从来没有想超凡入圣，或者转生成什么贵人，什么天神，什么菩萨等等，等等。对神庙也并不那么虔敬。可是尼泊尔人对我们这些"洋鬼子"还是非常友好，他们一不围观，二不嘲弄。小孩子见了我们，也都和蔼地一笑，然后腼腼腆腆地躲在母亲身后，露出两只大眼睛瞅着我们。我们觉得十分可爱，十分好玩。我们知道，我们是处在朋友们中间。兽主大庙的门没为我们敞开，这是千百年来的流风遗俗，我们丝毫也不介意。我们心情怡悦。当我们离开大庙时，听到圣河里潺潺的流水声，我们祝愿，尼泊尔朋友在活着的时候就能通过这条圣河，走向人间天堂。我们也祝愿，兽主大庙千奇百怪的神灵会加福给他们！

1986年11月30日离别尼泊尔前，于苏尔提旅馆

本文选自《尼泊尔随笔》

望 雪 山
——游图利凯尔

其实,在加德满都城内,到处都可以望到雪山。六天以前,我一走下飞机,就惊异于此地山岭之多,抬眼向四周一看,几乎都是高高低低起伏如波涛的山峦。在碧绿的群山背后,有几处雪峰,高悬天际,初看宛如片片白云。白雪皑皑的峰巅,夕阳照上去,闪出耀眼的银光。

前几天,在世界佛教联谊会的大会开幕仪式上,我坐在主席台上,台下万头攒动,蓦抬头,看到远处的万古雪峰横亘天际。唐人诗说:"林表明霁色,城中增暮寒。"我想改换一下:"天际明雪色,城中增暮寒。"约略能够表达出当时的情景。

又过了两天,代表团中有的同志建议,到离雪山更近一点的图利凯尔去看雪山,我欣然同意。我历来对雪山有好感,但是我看到的雪山并不多。只在新疆乌鲁木齐附近的天池看过两次,觉得非常新鲜。下面是炎热的天气,然而抬头向上一看,仿佛就在不远的地方却是险峰积雪,衬着蔚蓝的晴空,愈显得像冰心玉壶;又仿佛近在眼前,抬腿就可以走到,伸手就可以抓到一把雪。实际上,路是非常遥远的。从雪峰下来的采莲人手持雪莲,向游客兜售。淡黄色的雪莲仿佛带来了万古雪峰顶上的寒意,使我们身处酷夏,而心在广寒。此情此景,终生难忘。

现在，我来到了尼泊尔。这里雪峰之多，远非天池可比。仅仅从加德满都城里面就能够看到不少。在全世界上，也只有我国西藏和尼泊尔有这样多这样高的雪峰。我到这里来的时候，曾在飞机上看过雪山。那是从上面向下看。现在如果再从下面向上看一看的话，那该是多么有趣多么新鲜啊！怀着这样热切期待的心情，我们八个人立即驱车到了图利凯尔。

这个地方离雪峰近了一点，但是同加德满都比较起来也近不了多少。可是因为此地踞小峰之巅，前面非常开阔，好像是一个大山谷，烟树迷离，阡陌纵横。山谷对面，一片云雾上面就是连绵数千百里的奇峰峻岭。从这里看雪山，清晰异常。因此，多少年以来，此地就成了饱览雪山风光的胜地，外国旅游者没有不到这里来的。如果不到这里来，不管你在尼泊尔看到过多少地方，也算是有虚此行，离开之后，后悔莫及了。

今天，天公确实真是作美。早晨照例浓雾蔽天，八九点钟了，还没有消退的意思。尼泊尔朋友说，今天恐怕要全天阴天了，看雪山有点问题了。然而我们的汽车一驶出加德满都，慢慢地向上行驶的时候，天空里忽然烟消云散，一轮红日高悬中天。尼泊尔主人显然高兴起来，他们认为让中国客人看到雪山是自己的职责。我们也同样激动起来。我们不远万里而来，如果不能清晰地看一下雪山的真面目，能不终生感到遗憾吗？

在半山坡的绿草地上，早已有人铺上了白布，旁边的桌子上摆满了食品，几辆挂着国旗的小轿车停在附近，看样子是哪一个国家的大使馆的车子。大人、小孩、男男女女，在草地上溜达着，手里拿着望远镜，指指点点，大概是议论对面雪峰的名称。在我们眼前隔着那一条极为广阔的峡谷，对面群峰林

"山谷对面,一片云雾上面就是连绵数千百里的奇峰峻岭。"图为1986年季羡林访问尼泊尔时留影。

立,从右到左,蜿蜒不知道有几百几千里,只见黑鸦鸦的一片崇山峻岭,灰色的云彩在上面飘动。简直分不清哪是云,哪是山。在这群山后面或者上面,是一座座白皑皑的万古雪峰,逶迤也不知道几百几千里,巍然耸立在那里。偶然一失神,这一座座的雪峰仿佛流动起来,像朵朵的白云飘动在灰蓝色的山峰上面。这些雪峰太高了,相距那么远,还要抬头去看。我还从来没有看到过这样多、这样高、这样白的雪峰。我知道这些雪峰下面蓝色的云团也并不是云彩,而是真正的山。仿佛比这蓝色云团再高的地方就不应该再有山峰了。可是那些飘浮在这些蓝色云团的白色的云彩,确确实实是真正的雪峰。这真可以算是宇宙奇景,别的地方看不到的了。

按照地图,从右到左,一共排列着十三座有名有姓的雪峰,在世界上都广有名声。其中有不少还从来没有被凡人征服过。上面什么样子,谁也说不清楚。人们可以幻想,大概只有神仙才能住在上面吧。过去的人确实这样幻想过,中国古代的昆仑山上不就住着神仙吗?印度古代的神话也说雪山顶上是神仙的世界。可是世界上哪里会有什么神仙呢?然而,如果说雪峰上面什么都没有,我的感情似乎又有点不甘心。那不太寂寞了吗?那样晶莹澄澈的广寒天宫只让白雪统治,不太有点煞风景了吗?我只好幻想,上面有琼楼玉宇、阆苑天宫,那里有仙人,有罗汉,有佛爷,有菩萨,有安拉,有大梵天,有上帝,有天老爷,不管哪一个教门的神灵们,统统都上去住吧。他们乘鸾驾凤,骑上猛狮、白象,遨游太虚吧。

别人看了雪山想些什么,我说不出。我自己却是浮想联翩,神驰六合。自己制造幻影,自己相信,而且乐在其中,我真有流连忘返之意了。当我们走上归途时,不管汽车走到什么地方，向右面的茫茫天际看去，总会看到亮晶晶的雪山群峰直插昊天。这白色的群峰好像是追着我们的车子直跑，一直把我们送进加德满都城。

1986年12月1日于北京大学朗润园
本文选自《尼泊尔随笔》

别加德满都

古时候,佛教禁止和尚在一棵树下连住上三宿,怕他对这一棵树产生了眷恋之心。佛教的立法者们的做法是煞费苦心而又正确的。

说老实话,我初到加德满都的时候,看到这地方街道比较狭窄,人们的衣着也不太整洁,尘土比较多,房屋也低暗。我刚刚从日本回来,不由自主地就要对比两个国家,我立刻萌发了一个念头:赶快离开这里回国吧!

但是,过了不到半天,我的想法就来了一个一百八十度的大转弯。我乘着车子走过了许多条大大小小宽宽窄窄的街道,街道确实不能说是十分干净的,人们的面貌也确实不像日本那样同我们简直是一模一样,望上去让人没有陌生之感。可是我忽然发现,这里同我的祖国有很多相似的地方。特别是同我幼年住过的山东乡村、六十年代初期"四清"时呆过的京郊农村,更是非常相似。在那里,到处都有我最喜爱的狗,猪也成群结队地在街道上哼着叫着,到垃圾堆里去寻找食物,鸭子和鸡也叫着、跳着,杂在猪狗之间。小孩子同小狗、小猪一起玩耍,活蹦乱跳。偶尔还有炊烟从低矮黑暗的屋子里飘了出来,气味并不好闻,但却亲切、朴素,真正是乡村的气息。加德满都是一个大城市,同乡村不能完全一样;但是乡村的气息还是多少有一点的。这使我想到家乡,愉快之感在内心里跃动。

晚上走过这里的大街,电灯多半不十分耀眼明亮。霓虹灯不能说是没有，但比较少，也不十分光辉夺目。有的地方甚至灯光暗淡，人影迷离。同日本东京的银座之夜比较起来，天地悬殊。在那里，光明晃耀，灯光烛天，好像是从东海龙王那里取来了夜光宝珠，又从佛教兜率天取来了水晶琉璃，修筑了黄金宝阶、白银栏杆、千层宝塔、万间精舍，只见宇宙一片通明，直上灵霄宝殿，遍照三千大千世界。美则美矣，可我觉得与自己无关。我在惊奇中颇有冷漠之感。

在这里，在加德满都，没有那样光明，没有那样多彩，没有那样让人吃惊，没有那样引人入胜；可我从内心深处觉得亲切、淳朴、可爱、有趣，仿佛更接近自己的心灵。街旁的神龛里供着一些神像，但是没像在印度那样上面洒满了象征鲜血的红水。参天大树挺立在那里，告诉我们这个城市的古老。间或也能看到四时不谢的鲜花，红的、黄的都有，从矮矮的围墙后面探出头来，告诉我们，此时在我国虽然已是冬天，此地却仍然是春意盎然，这是一座四时皆春的春城。

除了上面这一些表面上能看到的东西以外，在我们心里还蕴涵着一种感情，是在任何别的地方都难以产生的。在尼泊尔流传着一个神话传说，说加德满都峡谷原来是大水弥漫，只有鱼虾，没有人类。文殊菩萨手挥巨剑，把一座小山劈成两半，中间留了一个口子，大水从此地流出，于是出现了陆地，出现了居民，出现了加德满都城，尼泊尔从此繁衍滋生，成为现在这个样子。而文殊菩萨的故乡则是在中国的五台山，至今他还住在那里。尼泊尔人视此山为圣地。

这当然只是一个神话，但是神话也是有背景的。为什么尼泊尔人民不把文殊菩萨的故乡说成是在别的国家，而偏偏说成是在中国呢？对中尼两国人民来说，这是一个多有意义的神话啊！尼泊尔人本来就是一个温顺和平的民族，再加上这样一个神话，所以他们每一个人都对中国怀有纯真深厚的感情。现在我们所到之处都能体会到这样一种感情，都能看到微笑的面孔，我们都陶醉在尼泊尔人民的友谊中了。

我们总共在加德满都只呆了六天。可是这六天已经是佛祖允许和尚在一棵树下住宿时间的两倍。我们的所见所闻是很有局限的。可是，经过了我上面说过的思想感情一百八十度的大转变之后，我对于这一座不能算是太大的城市的感情与日俱增，与时俱增。临别的那一天的早晨，我很早就起来了。我打开窗子，面对着外面每天早晨都必然腾起的浓雾，浓雾把眼前的一切东西都转变成了淡淡的影子。我又听到从浓雾中的某一个地方传来了犬吠声和不知从哪一家屋顶上传来了鸽子咕咕的叫声。我此时确实看不到我最喜欢看的雪山——它完全被浓雾遮蔽住了。但是，我的眼睛似乎有了佛教所谓的天眼通的神力，我能看到每一座雪峰，我的心飞到了这些雪峰的顶上，任意驰骋。连象征中尼友好的世界第一高峰珠穆朗玛峰，我似乎都看到了。我的心情又是激动，又是眷恋，又感到温暖，又觉得冷森，一时之间，我简直有点不知所措了。

别了，加德满都！

我相信，有朝一日，我还会回来的。

1986年12月2日下午于北京大学朗润园

本文选自《尼泊尔随笔》

报德善堂与大峰祖师

到曼谷的第二天,主人就带领我们去访问报德善堂。

我们是昨晚很晚的时候才来到这里的。到现在,仅仅隔了一夜,也不过十个小时,曼谷这一座陌生的大城市,对我来说,仍然是迷离模糊,像是一座迷楼。而报德善堂,只是这个名称就蕴含着一层神秘的意味,更是迷离模糊,像是一座迷楼。但是,俗话说:"客随主便"。我们只能遵守主人的安排了。

我在北京时,曾多方打听曼谷的情况。据知情者说,曼谷此时正是夏季的开始,气温能高达三十几到四十出头的摄氏度。换句话说,同北京的温差有三十多摄氏度。我行年望九,走南闯北,数十年于兹矣。对什么温差之类的东西,我自谓是"曾经沧海难为水"了。那一年,我从北非的阿尔及利亚的卡萨布兰卡飞越撒哈拉大沙漠,到中非的马里去。马里有世界火炉之称,我们到的时候,又正是盛暑。也许是由于心理关系,当飞机飞临马里上空将要下降时,我蓦地觉得自己变成了一只正待下锅的饺子,锅里翻腾着滚开的水。飞机越往下降,我心里的气温越高。着陆时,气温是四十六摄氏度。我这一只饺子真正掉在热锅里了。这一次到曼谷来,是否再一次变成下锅的饺子呢?我心里颇为惴惴不安。

然而,天公好像是有意作美。我们到的前一天,下了雨。夜里又下了一场大雨。据说,按时令现在还不是下雨的时候。

结果天气不但不酷热，而且还颇有一点凉意。泰国的华侨朋友说：

"是你们把冷气从北京带来了。"

"是托你们的福，我们才带来的。"

大家哈哈一笑，出门上了车。

我脑筋里忽然又闪出了昆明的影子。那里的气候是："四时皆是夏，一雨便成秋。"曼谷是不是也属于这个范畴呢？不管怎样，我们坐在车内，是并不感到热的。车外，大马路上，千车竞驶，时有堵塞。大雨虽晴，积水甚多。曼谷的下水道，以不能及时排水，蜚声全球。有的地方积水深达半呎，长达几小时或几日。汽车走在水里，宛如中国江南水乡的小船。那些摩托车，由于体积小，能够在群车缝罅里穿来穿去，宛如水中的游鱼。一幅非常奇怪的街头景象。

我们终于来到了报德善堂。

到了以后，我才知道，这个报德善堂是同中国宋代的一位叫大峰祖师的高僧紧密地联系在一起的。中国距泰国数千里，宋代距现在将近一千年。这一位大峰祖师——他的画像就悬挂在这里的会客室中——怎么会浮海到泰国来了呢？我心里疑团郁结。

原来这里面有一个相当长又相当曲折的故事。大峰不见于中国的《高僧传》。明隆庆《潮阳县志》、清乾隆《潮州府志》等书都有关于他的记载，但都语焉不详。民间传说颇有一些谈到他的地方。总起来看，大峰祖师诞生于宋吴越国温州，俗姓林，名灵噩，字通叟。生于北宋宝元二年（1039年，一说生于1093年），卒年南宋建炎丁未（1127年）。中过进士，做过县令。年届花甲，才辞官出家。后来云游到了广东潮阳。他信仰的大概是当时颇为流行的禅宗。他行了不少善事，为乡民祈福禳灾，施医赠药，给灾民治病，同时收验路尸，施棺赠葬，这当然会受到当地贫困老百姓的敬仰。他还曾募化建桥。关于建桥的事，传说中讲到了，大峰祖师利用科学原理，把桥基稳置于江底硬地之上，使桥有了坚固的基础。总之，建桥一事，因为便利交通，为民造福，历来受到人民的称扬。一个名不见《高僧传》的和尚在当地却声誉极隆。祖师圆寂后，到了南宋绍兴年间，邑人建堂崇祀，名曰"报德堂"，八百余年来，香火历久不辍，这在中国佛教史上也是少见的。这个堂广行善事，诸如施茶、验尸、修桥、造路、赈灾、赠药等等，受到老百姓的赞誉，群众起而效之。岭表构建善堂崇祀祖师，几无处无之。二战前统计，粤东共建善堂五百余所。中国改革开放以来，潮汕各县陆续恢复了大量的善堂。旅泰华侨中潮汕人占绝大多数。因此，报德善堂传往泰国，应该说是很自然的事。泰国报德善堂创建于1897年，距今已有九十七年的历史。这个善堂继承大峰祖师的衣钵，仍然是广行善事，其中包括收验无主尸骸。后来又有人回到家乡中国潮阳和平乡，把那里供奉的大峰祖师的金身迎至泰国，几经转移，最后修建了大峰祖师庙，颜其额曰报德堂，就在我们今天到的报德善堂总部的对门。

我们今天的访问算是非正式的，但已给我留下了深刻的印象。堂里面当然会有点宗教气氛的，但并不浓。办公室布置得同现代化的大公司一般无二。我们听完了主人的介绍，走出门来，想到街对过大峰祖师庙去瞻谒。但是街上的积水，比我们来时不但未减，似乎还有点增涨。虽然近在咫尺，但步行无法过渡。我们只能临"河"伫观。但是，决不是像庄子说的那样：

"两涘渚崖之间，不辨牛马。"整个对岸和大街就在眼底下，看得清清楚楚。被堵塞的汽车泡在水里，宛如中国江南水乡的小船，摩托车在船的缝罅里穿来穿去，宛如水中的游鱼。

我们伫观了一会儿，主人建议过一天再来，我们就转回了旅馆。

过了几天，我们果然又正式访问了报德善堂。雨早已停了，天已经晴好了。堂前的马路已经由"沧海"变为"桑田"。我们只走了几十步，就过了街，来到了大峰祖师庙。我以为这样一位受到万人崇敬具有无量功德的祖师，他的庙一定会庄严雄伟，殿阁巍峨，金身十丈，弟子五百。然而我眼前的这一座庙却同我国乡下的土地庙或关帝庙差不多大小。一进山门，就是庭院，长宽不过二十来尺。走几步就进了正殿，偏殿、后殿似乎都没有。金身也只有几尺高，真可谓渺矣微矣，无足道者。然而在这个渺小的庭院和大殿中却挤满了善男信女，一派虔诚肃穆又热气腾腾的景象，能够感染任何走进来的人，我顾而乐之。

在庭院中，一群妇女围坐在那里，把金纸和银纸折叠成方形、菱形的东西，不知道叫什么。我小的时候曾见过这样的金纸和银纸，多半是在为亡人发丧的时候叠成金银元宝烧掉。祭祖的时候极为少见，祭神的时候则从未见过。我从来没有推究过其原因。今天在曼谷大峰祖师庙，又见到这东西，但已经不是金银元宝的形状，于是引起我一连串的回忆与思考。难道是因为亲人初亡，到了阴间，人（按应作"鬼"）生地疏，多给他们带点盘缠有利于他们的生活（按此有语病，一时想不起恰当的名词，姑仍用之）吗？不给祖先烧金银元宝，难道是因为他们移民阴间，为时已久，有的下了海，成了大款、大腕，根本用不着子孙的金银元宝了吗？至于不给神仙烧，原因似极简单。他们当了官，有权斯有钱，再给他们烧金银元宝，似乎如俗话所说的"六指划拳，多此一招"了。

  我这样胡思乱想，有点失敬。但是我既然想到了，就写了出来，我只郑重声明一句：我说的祖先是指中国祖先，与泰国无涉。我从幻想中走了回来，看了看只有几丈长宽的正殿里的情景。大峰祖师的金身并不太高，端坐在神龛正中。像前地面上铺着几个蒲团，上面跪满了人，都是双手合十，口中喃喃，念的是什么经文，说的是什么话，谁也不清楚，但是虔诚之色，溢于颜面。神龛里烛光明亮，殿堂中香烟缭绕，大峰祖师好像是面含微笑，张口欲言，他在对信徒们降祉赐福。但是，我凝神观看，在氤氲的香气中，我又陷入迷离模糊，有点同刚到曼谷时的迷离模糊似乎相似，而实则极不相同。在缭绕的似云又似雾的烟气中，我恍惚看到了被大峰祖师赈济的灾民，看到了被他收殓的枯骨，甚至看到了他家乡的由他募化修建的那一座大桥，他今天已经成为把泰国的华侨和华裔紧密地同祖国联系在一起的金桥。我看到他微笑得更动人了，更让人感到福祉降临了。在这样的迷离模糊中，我走出了大峰祖师庙。

1994 年 5 月 17 日
本文选自《曼谷行》

鳄鱼湖

人是不应该没有一点幻想的，即使是胡思乱想，甚至想入非非，也无大碍，总比没有要强。

要举例子嘛，那真是俯拾即是。古代的英雄们看到了皇帝老子的荣华富贵，口出大言："彼可取而代也"，或者："大丈夫当如是也"。我认为，这就是幻想。牛顿看到苹果落地而悟出了地心吸力，最初难道也不就是幻想吗？有幻想的英雄们，有的成功，有的失败，这叫做天命，新名词叫机遇。有幻想的科学家们则在人类科学史上占了光辉的位置。科学不能靠天命，靠的是人工。

我说这些空话，是想引出一个真人来，引出一件实事来。这个人就是泰国北榄鳄鱼湖动物园的园主杨海泉先生。

鳄鱼这玩意儿，凶狠丑陋，残忍狞恶，从内容到形式，从内心到外表，简直找不出一点美好的东西。除了皮可以为贵夫人、贵小姐制造小手提包，增加她们的娇媚和骄纵外，浑身上下简直一无可取。当年韩文公驱逐鳄鱼的时候，就称它们为"丑类"，说它们"睅然不安溪潭，据处食民畜、熊、豕、鹿、獐，以肥其身，以种其子孙"。到了今天，鳄鱼本性难移，毫无改悔之意，谁见了谁怕，谁见了谁厌；然而又无可奈何，只有怕而远之了。

然而唯独一个人不怕不厌，这个人就是杨海泉先生。他有幻想，有远见。幻想与远见相隔一毫米，有时候简直就是一码事。他独具慧眼,竟然在这个"丑类"身上看出了门道。他开始饲养起鳄鱼来。他的事业发展的过程,我并不清楚。大概也必然是经过了千辛万苦,三灾八难,他终于成功了。他成了蜚声寰宇的,也许是唯一的一个鳄鱼大王,被授予了名誉科学博士学位。关于他的故事在世界上纷纷扬扬,流传不已。鳄鱼,还有人妖,成了泰国旅游的热点,大有"不看鳄鱼非好汉"之慨了。

今天我来到了鳄鱼湖。天气晴朗,热浪不兴,是十分理想的旅游天气。我可决没有想到,杨先生竟在百忙中亲自出来接待我们。我同他一见面,心里就吃了一惊:站在我面前的难道就是杨海泉先生本人吗?这样一个传奇式的人物,即使不是三头六臂,铢齿獠牙,至少也应该有些特点。干脆说白了吧,我心中想象的杨先生应该粗一点,壮一点,甚至野一点。一个不是大学出身,不是科举出身,而又天天同吃人不眨眼的"丑类"打交道的人,没有上面说的三个"一点",怎么能行呢?然而站在我面前的人,温文尔雅,谦虚热情,话说不多,诚恳却溢于言表,同我的想象大相径庭。然而,事实就是这个样子,我只有心悦诚服地接受了。

杨先生不但会见了我们,而且还亲自陪我们参观,这样一个世界知名的鳄鱼湖,又有这样理想的天气。园子里挤满了游人,黑眼黑发,碧眼黄发,耄耋老人,童稚少年,摩登女郎,淳朴村妇,交相辉映,满园喧腾,好一派热闹景象。我看,我们中国大陆来的人,心情都很好,在热带阳光的照晒下,满面春风。

我们先在一座大会议厅里看了本园概况和发展历史的影片,然后走出来参观。但是,偌大一个园子,简直如一部二十四史，不知从何处看起，幸亏园主就在我们眼前，还是听他调度吧。

他先带我们到一个完全出乎我意料的地方去：一个地上趴着一只猛虎的亭子里，我原以为是一个老虎标本，摆在那儿，供人照相用做背景的。因为这里并没有像其他动物园里那样有庞大的铁笼子，没有铁笼子怎么敢养老虎呢？然而，我仔细一看，地上趴的确确实实是一只活老虎，脖子上拴着铁链子。一个小男孩蹲在虎的背后，面对老虎的是几个拍照的小姑娘。我一看，倒抽了一口冷气。说老实话，双腿都有些发颤了。我看了看那几个泰国的男女小孩，又看了看园主，只见他们面色怡然，神情坦然，我也只好强压下紧张的情绪，走了进去。跨过一个铁栏杆，主人领我转到老虎背后，要与虎合影，我战战兢兢地跟在主人身后，同园主一起，摆好了照相的架势。园主示意我用手抚摩老虎的脖子。俗话说："老虎屁股摸不得。"老虎的屁股都摸不得，哪里还敢抚摩老虎的脖子呢？我曾在印度海德拉巴德动物园中摸过老虎的屁股，但那是老虎被锁在仅容一身的铁笼子里，人站在笼子外面，哆里哆嗦地摸上一把，自己就仿佛成了一个准英雄了。今天是同老虎在一起，中间没有铁栏杆。我的手实在不敢往下放。正在这关键时刻，也许是由于园主的示意，饲虎的小男孩用一根木棒捣了老虎一下，老虎大怒，猛张血盆大口，吼声震耳欲聋，好像是晴天的霹雳，吓得我浑身汗毛都竖了起来。此情此景，大概我一生只仅有这一次——然而这一次已经足够足够了。

此时，我真是五体投地地佩服园主，我佩服他的幻想，一个没有幻想的人，能想得出这样前无古人的绝招吗？

紧接着是参观真正的鳄鱼湖。鳄鱼被养在池塘中。池塘有大有小，有方有圆，没有一定的规格，看样子是利用迁就原来的地形，只稍稍加以整修。我们走过跨在湖上的骑湖楼，楼全是木结构，中间铺木板，两旁有栏杆。前后左右全是池塘，池塘养着多寡不等的鳄鱼。据主人告诉我们说，这样的池塘群还有十五个，水面面积之大可想而知。鳄鱼是按照种类，按照年龄分池饲养的。这样多的鳄鱼，水里的鱼早被吃光了，只能每天按时用鱼来饲养。我看鳄鱼条条肥壮，足征它们的饭食是不错的。池中的鳄鱼千姿百态，有的趴在岸边，有的游在水里。我们走过一个池塘，里面的鳄鱼，条条都长过一丈。行动迟缓，有的一动也不动，有的趴在太阳里，好像是在那里负暄，修身养性。主人说，这个池塘是专门饲养五六十岁以上的老年鳄鱼。在人类社会中，近些年来，中外都有一些人高喊什么老龄社会，大有惶惶不可终日之慨。鳄鱼大概还没有进化到这个程度，不会关心什么老龄不老龄。然而这个鳄鱼湖的主人却为它们操心，给它们创建了这个舒适的干休所，它们可以在这里颐养天年了。至于变成了女士们的手提包，鳄鱼们是不会想到的。有一个问题我们参观的人都很关心，我想别的人也一样，这就是：这个鳄鱼湖究竟饲养了多少条鳄鱼。主人说是四万条。这真是一个惊人的数字。我想，在茫茫大地上，在任何地方，即使是鳄鱼最集中的地方，也决不会四万条聚集在一起的。

此时，我更是五体投地地佩服我们的园主，佩服他的幻想。一个没有幻想的人能够把四万条鳄鱼集中在一起成为人类的奇迹吗？

紧接着我们走上了林荫大道，浓荫匝地，暑意全消。蒙杨海泉先生照顾，因为我年纪最大，他特别调来了一辆只能坐两人的敞篷车，看样子是他专用的。我们俩坐上，开到了一个像体育馆似的地方。周围是看台，有木凳可坐。园主请中国客人坐在最前排。下面是鳄鱼的运动场。周围环水，中间有块陆地，有几条鳄鱼在上面睡觉，还有几条在水里露出脑袋来。走进来了两个男孩子，穿着颇为鲜艳的衣服。他们俩向周围看台上的泰、外观众合十致敬，然后走到水中拉出几条大鳄鱼，是拽着尾巴拉的，都拉到环水的陆地上。一个男孩掀开一条鳄鱼的大嘴，不知道是念了一个什么咒，鳄鱼的嘴就大张着，上下颚并不并拢起来。没看清男孩是用什么东西，戳鳄鱼的什么地方，只听得乓的一声巨响，又乓的一声，不知道是从哪里发出来的声音。小男孩又把自己的脑袋伸入鳄鱼嘴中，在上下两排剑一般的巨齿中间，莞尔而笑。然后抽出脑袋，把鳄鱼举在手中，放在脖子上。又让鳄鱼趴在地上，他踏上它的背部。两个孩子把几条吃人不眨眼的鳄鱼耍弄得服服帖帖。有时候我们真替他们捏一把汗。然而两个孩子却怡然自得，光着脚丫，在水中和陆上来回奔波。

　　走出了鳄鱼馆，又来到了另一个也像体育场似的场所。周围也是看台，同样是坐满了全世界许多国家的旅游者。但这里是大象和杂技表演的场所，台下没有水，而是一片运动场似的地。场中有几个同样穿着彩衣的男女青年。他们先把一大堆玻璃瓶之类的东西砸碎，然后有一个男孩光着膀子，躺在碎玻璃碴子上，打滚，翻筋斗，耍出种种的花样。最后又有一个男孩踩在他身上。在他身子下面，碎玻璃仿佛变成了棉花或者羊毛或者鸭绒什么的，简直是柔软可爱。看了这些表演，对中国人来说，这简直是司空见惯；然而对碧眼黄发的人来说，却是颇为值得惊奇的。于是一阵阵的掌声就从周围的看台上响起了。接着进场的是几头大象，脖子上戴着花环，背上，毋宁说是鼻子上骑着一个男孩子。先绕场一周，向观众致敬，大象无法用泰国常见的方式，合十致敬，只能把鼻子高高举，表达一番敬意了。大象在小孩子的指挥下，表演了许多精彩的节目。然后又绕场走起来。我原以为这只是节目结束后例行的仪式，然而，我立刻就看到，看台上懂行的观众，掏出了硬币，投向场中，不管硬币多么小，大象都能用鼻子一一捡起，递到骑在鼻子上的小孩的手中。坐在前排的观众，掏出了纸币，塞到大象的嘴里——请注意，是嘴，不是鼻子——，大象叼起来，仍然递到小孩子手中。我同园主坐在前排正中。大概男孩知道，园主正陪贵宾坐在那里，于是就用不知什么方法示意大象，大象摇晃着鼻子来到我们眼前。我一下子窘了起来，我口袋中既无硬币，也无纸币。聪明的主人立刻递给我几个硬币和几张纸币，这就给我解了围。我把纸币放在大象嘴中，又把硬币放到伸到我眼前的鼻子中，我的手碰到了大象柔软的鼻尖上的小口，一阵又软又滑又湿的感觉，从我的手指头尖上直透我的全身，有一种无法用言语形容舒适清凉的 ecstasy，我的全身仿佛在颤抖。

此时，我更真正是五体投地地佩服我们的园主，佩服他的幻想。一个没有幻想的人能够想出这样训练鳄鱼，这样训练大象吗？

我们的参观结束了，但是我的感触却没有结束，而且永远也不会结束。杨海泉先生生养的虽然是极为丑陋凶狠的鳄鱼，然而他的目标却是：

绍述文化今鉴古——
卿云霭霭，邹鲁遗风。

作圣齐贤吾辈事，
民胞物与，人和政通。
世变沧桑俱往矣！
忠荩毋我，天下为公。
静、安、虑、得、勤观照，
辉煌禹甸，乐见群龙。
忠孝礼义仁为本，
发聋启瞶新民丰。

杨先生的广阔的胸襟可见一斑了。他这一番奇迹般的伟大事业，已经给寰宇的炎黄子孙增添了光彩，已经给世界文化增添了光彩，已经给炎黄文化增添了光彩，已经给泰华文化增添了光彩。对于这一点我焉能漠然淡然没有感触呢？海泉先生虽然已经做出了这样的事业，但看上去他仍然是充满了青春活力的。他那令人吃惊的幻想能力已经呈现出极大的辉煌，但是看来还大有用武之地，还是前途无量的。我相信，等我下一次再来曼谷时，还会有更伟大更辉煌的奇迹在等候着我。这是我坚定不移的信念。

1994 年 5 月 7 日
本文选自《曼谷行》

奇石馆

石头有什么奇怪的呢？只要是山区，遍地是石头，磕磕绊绊，走路很不方便，让人厌恶之不及，哪里还有什么美感呢？

但是，欣赏奇石，好像是中国特有的传统的审美情趣。南南北北，且不说那些名园，即使是在最普通的花园中，都能够找到几块大小不等的太湖石，甚至假山。这些石头都能够给花园增添情趣，增添美感，再衬托上古木、修竹、花栏、草坪、曲水、清池、台榭、画廊等等，使整个花园成为一个审美的整体，错综与和谐统一，幽深与明朗并存，充分发挥出东方花园的魅力。

我现在所住的燕园，原是明清名园，多处有怪石古石。据说都是明末米万钟花费了惊人的巨资从南方运来的。连颐和园中乐寿堂前那一块巨大的石头，也是米万钟运来的，因为花费太大，他这个富翁因此而破了产。

这些石头之所以受人青睐，并不是因为它大，而是因为它奇，它美。美在何处呢？据行家说，太湖石必须具备四个条件，才能算是美而奇：透、漏、秀、皱。用不着一个字一个字地来分析解释。归纳起来，可以这样理解：太湖石最忌平板。如果不忌的话，则从山上削下任何一块石头来，都可以充数。那还有什么奇特，有什么诡异呢？它必须是玲珑剔透，才能显现其美，而能达到这个标准，必须是在水中已经被波浪冲刷了亿万年。夫美岂易言哉！岂易言哉！

以上说的是大石头。小石头也有同样的情况。中国人爱小石头的激情，决不下于大石头。最著名的例子就是南京的雨花石。雨花大名垂宇宙，由来久矣。其主要特异之处在于小石头中能够辨认出来的形象。我曾在某一个报刊上读到一则关于雨花石的报导，说某一块石头中有一幅观音菩萨的像，宛然如书上画的或庙中塑的，形态毕具，丝毫不爽。又有一块石头，花纹是齐天大圣孙悟空，也是形象生动，不容同任何人、神、鬼、怪混淆。这些都是鬼斧神工，本色天成，人力在这里实在无能为力。另外一种小石头就是有小山小石的盆景。一座只有几寸至多一尺来高的石头山，再陪衬上几棵极为矮小却具有参天之势的树，望之有如泰岳，巍峨崇峻，咫尺千里，真的是"一览众山小"了。

总之，中国人对奇特的石头，不管大块与小块，都情有独钟，形成了中国特有的审美情趣，为其他国家所无。美籍华人建筑大师贝聿铭先生设计香山饭店时，利用几面大玻璃窗当作前景，窗外小院中耸立着一块太湖石，窗子就成了画面。这种设计思想，极为中国审美学家所称赞。虽然贝聿铭这个设计获得了西方的国际大奖，我看这也是为了适应中国人的审美情趣，碧眼黄发人未必理解与欣赏。现在文化一词极为流行，什么东西都是文化，什么茶文化、酒文化，甚至连盐和煤都成了文化。我们现在来一个石文化，恐怕也未可厚非吧。

我可是万万没有想到，竟在离开北京数千里的曼谷——在旧时代应该说是万里吧——找到了千真万确的地地道道的石文化，我在这里参观了周镇荣先生创建的奇石馆。周先生在解放前曾在国立东方语专念过书，也可以算是北大的校友吧。去年10月，我到昆明去参加纪念郑和的大会，在那里见到了周先生。蒙他赠送奇石一块，让我分享了奇石之美。他定居泰国，家在曼谷。这次相遇，颇有一点旧雨重逢之感。

他的奇石馆可真让我大吃一惊，大开眼界。什么叫奇石馆呢？因为我从来没有见过这样的馆，难免有一些想象。现在一见到真馆，我的想象被砸得粉碎。五光十色，五颜六色，五彩缤纷，五花八门，大大小小，方方圆圆，长长短短，粗粗细细，我搜索枯肠，把我所知道的一切带数目字的俗语都搜集到一起，又到我能记忆的旧诗词中去搜寻描写石头花纹的清词丽句。把这一切都堆集在一起，也无法描绘我的印象于万一。在这里，语言文字都没用了，剩下的只有心灵和眼睛。我只好学一学古代的禅师，不立文字，明心见性。想立也立不起来了。到了主人让我写字留念的时候，我提笔写了"琳琅满目，巧夺天工"，是用极其拙劣的书法，写出了极其拙劣的思想。晋人比我聪明，到了此时，他们只连声高呼："奈何！奈何！"我却无法学习，我要是这样高呼，大家一定会认为我神经出了毛病。

听周先生自己讲搜寻石头的故事，也是非常有趣的。他不论走到什么地方，一听到有奇石，便把一切都放下，不吃，不喝，不停，不睡，不管黑天白日，不管刮风下雨，不避危险，不顾困难，非把石头弄到手不行。馆内的藏石，有很多块都隐含着一个动人的故事。中国古书上说："精诚所至，金石为开。"这话在周镇荣先生身上得到了证明。宋代大书法家米芾酷爱石头，有"米颠拜石"的传说。我看，周先生之颠决不在米芾之下。这也算是石坛佳话吧。

无独有偶，回到北京以后，到了4月26日，我在《中国医药报》上读到了一篇文章：《石头情结》，讲的是著名美学家王朝闻先生酷爱石头的故事。王先生我是认识的，好多年以前我们曾同在桂林开过会。漓江泛舟，同乘一船。在山清水秀弥漫乾坤的绿色中，我们曾谈过许多事情，对其为人和为学，我是衷心敬佩的。当时他大概对石头还没有产生兴趣,所以没有谈到石头。文章说:"十多年前在朝闻老家里几乎见不到几块石头,近几年他家似乎成了石头的世界。"我立即就想到:"这不是另外一个奇石馆吗?"朝闻老大器晚成,直到快到耄耋之年,才形成了石头情结。一旦形成,遂一发而不能遏止。他爱石头也到了颠的程度,他是以一个雕塑家美学家的目光与感情来欣赏石头的,凡人们在石头上看不到的美,他能看到。他惊呼:"大自然太神奇了。"这比我在上面讲到的晋人高呼"奈何!奈何!"的情景,进了一大步。

石头到处都有,但不是人人都爱。这里面有点天分,有点缘分。这两件东西并不是人人都能有的。认识这样的人,是不是也要有点缘分呢?我相信,我是有这个缘分的。在不到两个月的短短的时间内,我竟能在极南极南的曼谷认识了有石头情结的周镇荣先生,又在极北极北的北京知道了老友朝闻老也有石头情结。没有缘分,能够做得到吗?请原谅我用中国流行的办法称朝闻老为北颠,称镇荣先生为南颠。南北二颠,顽石之友。在茫茫人海芸芸众生中,这样的颠是极为难见的。知道和了解南北二颠的人,到目前为止,恐怕也只尚有我一个人。我相信,通过我这一篇短文,通过我的缘分,南北二颠会互相知名的,他们之间的缘分也会启发出来的。有朝一日,南周北王会各捧奇石相会于北京或曼谷,他们会掀髯(可惜二人都没有髯,行文至此,不得不尔)一笑的,他们都会感激我的。这样一来,岂不猗欤盛哉!我馨香祷祝之矣。

1994年5月24日凌晨,细雨声中写完,心旷神怡。

本文选自《曼谷行》